师道

贾植芳和他的学生们

陈晓兰 编

山西出版传媒集团 北岳文艺出版社
BEIYUE LITERATURE & ART PUBLISHING HOUSE
·太原·

图书在版编目(CIP)数据

师道: 贾植芳和他的学生们 / 陈晓兰编. — 太原 : 北岳文艺出版社,2021.1

ISBN 978-7-5378-6182-3

Ⅰ. ①师… Ⅱ. ①陈… Ⅲ. ①贾植芳—传记 Ⅳ. ①K825.6

中国版本图书馆CIP数据核字(2020)第056801号

师道:贾植芳和他的学生们

陈晓兰　编

//

责任编辑
庞咏平

封面设计
张永文

印装监制
郭　勇

出版发行:山西出版传媒集团·北岳文艺出版社
地址:山西省太原市并州南路57号
邮编:030012
电话:0351-5628696(发行部)　0351-5628688(总编室)
传真:0351-5628680
网址:http://www. bywy. com E - mail:bywycbs@163. com
经销商:新华书店
印刷装订:山西基因包装印刷科技股份有限公司

开本:787×1092　1/16
字数:341千字　印张:28.75
版次:2021年1月第1版
印次:2021年1月太原第1次印刷
书号:ISBN 978-7-5378-6182-3
定价:69.80元

贾植芳先生（1916—2008）

贾植芳简传

宋明炜

贾植芳（1916—2008），著名作家、翻译家、学者，“七月派”主要成员，高等学校中国现当代文学学科和比较文学学科的奠基者之一。早年主要从事文艺创作和翻译，曾赴东京日本大学学习。1949年后曾任震旦大学中文系主任，复旦大学中文系教授、博士生导师，中国比较文学学会第一届副会长，上海比较文学研究会第一届会长。是高等学校中国现当代文学学科的第一批创设者之一，也是改革开放后重建的比较文学学科的奠基者之一。晚年担任复旦大学图书馆馆长，在此岗位上退休。主要代表作品有小说《人生赋》（1947）、回忆录《狱里狱外》（1995），学术论著《近代中国经济社会》（1949）、《劫后文存》（1991）、《历史的背面》（1998），译著《住宅问题》（1951）、《契诃夫手记》（1953）等，结集为《贾植芳小说选》（1983）、《贾植芳文集》（四卷，2004）、《海上文学百家文库·贾植芳卷》（殷国明编，2010）、《贾植芳全集》（十卷，2018）等。

贾植芳先生1929年7月考入太原的私立成成中学。1931年以笔名“冷魂”在《太原晚报》发表处女作《一个兵的日记》。1932年9月考入北平教会学校崇实中学，开始在《京报·飞鸿》《大公报·小公园》《申报·自由谈》发表小说、杂文等。因参加1935年“一二·九”学生运动，1936年初被逮捕关押，出狱后由伯父资助，5月赴日留学，9月考入日本大学经济科，旋即转入社会科，师从圆谷弘教授攻读社会学。1937年初在神田区内山书店看到上海生活书店出版的《工作与学习丛刊》第1、2期，即投小说《人的悲哀——自一个记忆》(后在该刊第4期《黎明》发表)，由此与编者胡风结缘。1937年“七七事变”爆发，继以上海“八一三”战事发生，感情上受到强烈冲击，决定弃学回国参加抗战，途中滞留神户、香港数月。在香港期间拒绝了伯父的劝说，放弃留在香港或去欧洲继续学业，于1937年11月在广州“留日学生归国接待处”报名参加“中央政治学校留日学生特别训练班”；12月经广州、汉口抵达南京，到孝陵卫加入了该“特训班”；此后随队转徙江西庐山、湖北江陵、武昌南湖军校等地。1938年4月在武汉加入“中华全国文艺界抗敌协会”，6月从“特训班”毕业，被授予上尉军衔、派往抗战前线山西南部中条山战区作战部队。7月在《七月》发表独幕剧《家——呈婵娥君之亡灵》，8月被胡风委派为七月社西北战地特派员和特约撰稿人。1939年11月到重庆，任国民政府军事机关报《扫荡报》编辑。1940年3月奉调陕西宜川县秋林镇军事委员会战时新闻检查局山西新闻检查处，5月到任，为副主任、中校军衔。期间，在周作人协助下，帮助由北京逃往西安的其嫂、李大钊之女李星华及其弟李光华和儿子贾森林秘密赴延安。1942年6月结识西安商业专科学校统计系女生任敏，后结为夫妻，患难终生。在此期间，因有“共党嫌疑”，数经调职，屡历险境。1944年5月逃离部队，开始流亡生活。1945年5月在徐州遭日伪警察拘捕，日本投降后出狱。1946年6月与妻子任敏一起到上海，寄居胡风家，始定居上海，自谓“正式下海卖文为生”，曾主编《时事新报·青光》、协助胡风处理《希望》和《七月文丛》稿件等。在《大公报·文艺》《文汇报》《联合晚报》《时代日报》发表作品。1947年4月以笔名“杨力”在海燕书店出版小说集《人生赋》（《七月文丛》之一），9月因“煽动学潮”，被捕入上海中统局本部。1948年始经留日同学关系保释。出狱后先后隐居沪郊、青岛，写成论著《近代中国经济社会》，译《晨曦的儿子——尼采传》（佚失）等。

1949年5月上海解放后，6月以笔名“杨力”在文化工作社出版散文集《热力》（《工作文丛》之一）；7月青岛解放后，8月返回上海，加入中华全国文学工作者协会（中国作家协会前身）；9月出版论著《近代中国经济社会》；10月出版中篇小说集《人的证据》。1950年4月出版译著《人民民主的长成与发展》，10月到震旦大学中文系兼任教授。1951年3月受聘为震旦大学中文系专职教授，7月出版苏联巴鲁哈蒂《契诃夫的戏剧艺术》译著，11月出版恩格斯《住宅问题》译著。1952年3月受聘为震旦大学中文系主任；8月因全国高校院系调整，调任复旦大学中文系教授和现代文学教研室主任，开设“现代文学作品选读”“俄苏文学”“外国文学史”和“写作”等课程。1953—1954年先后出版捷克基希《论报告文学》《契诃夫手记》、苏联谢尔宾娜等《俄国文学研究》译著。1955年5月因胡风反革命集团案被捕。其妻任敏随后亦遭逮捕，被关押年余后获释；1958年被下放青海任小学教师，旋被收监；1963年3月出狱后到工厂劳动；10月回先生家乡山西省襄汾县古城公社侯村大队十一小队“接受劳动改造”。1966年3月以“胡风反革命集团骨干分子”

罪名，被判处有期徒刑十二年（刑期自被捕之日起算）；4月出狱，被押回原单位复旦大学的印刷厂“监督劳动”；5月与任敏通信，恢复夫妻间中断十一年的联络。1967年9月，任敏获准来上海探亲，夫妻团聚十余天。其后十余年间，任敏于1969年、1972年、1976年、1977年来上海探亲四次，每次一个月左右。1978年9月被宣布解放，回中文系，到资料室帮助管理图书。10月中旬开始参加中国现当代文学作家作品研究资料丛书的相关工作。12月，任敏得以调回上海定居。

1980年12月，先后到校组织部阅中共上海市委“撤销对贾植芳的原判，宣告无罪”文件、到上海市中级人民法院听法官宣判：“一、撤销本院（66）年度中刑（一）字第二十五号刑事判决。二、宣布贾植芳无罪。”1981年1月恢复教授职称，2月回中文系现代文学教研组恢复教学工作，6月和7月相继出版编著《赵树理专集》和《巴金专集》第一册（《中国当代文学研究资料》之二），11月招收攻读比较文学的硕士研究生和出国预备生两名，12月接中国作家协会公函告知恢复会籍、接上海市公安局公函通知恢复名誉。1982年9月出版编著《闻捷专集》（《中国当代文学研究资料》之一）。1983年8月任复旦大学图书馆馆长，9月出版《贾植芳小说选》。1984年7月参加中国作家协会上海分会第四次大会，当选为理事；9月出版编著《巴金写作生涯》。1985年出版编著《文学研究会资料》（三卷）和《巴金作品评论集》。1987年8月退休，仍被聘为中文系研究生导师，当年起招收中国现代文学专业博士研究生。1988年4月应香港中文大学新亚书院邀请，偕妻在香港做为期半月的学术访问。1989年出版编著《中国现代文学社团流派》（两卷）。1990年2月出版编著《中国现代文学的主潮》；10月应母校日本大学文理学部邀请，偕妻抵日作为期三周的学术访问，先后在东京大学、一桥大学、横滨大学、神户大学、东京都立大学、日本大学的社会学部和文学部做学术报告。1991年9月招收最后一届硕、博士生，10月获国务院颁的“政府特殊津贴”和证书，年底出版作品集《悲哀的玩具——贾植芳作品选》《劫后文存——贾植芳序跋集》（孙乃修编）。1992年2月始在《新文学史料》连载回忆录《在这个复杂的世界里（生活回忆录）》，后经修订结集为《狱里狱外》（收入《火凤凰文库》），于1995年3月由上海远东出版社出版，1996年由日本广岛大学小林文男等译成日文在《状况与主体》连载。1993年12月出版与俞元桂先生合作主编的《中国现代文学总书目》。1994年8月，孙乃修著《苦难的超度——贾植芳传》（收入《中国文化名人传记》丛书）在台湾业强出版社出版。1995年8月，获得由中国作家协会颁赠给抗战时期老作家留念的“以笔为枪，投身抗战”（1937—1945）纪念铜牌，10月，复旦大学、上海市作家协会联合举办“庆祝贾植芳先生八十华诞暨文学生活六十五周年教学活动四十五周年”纪念活动。1996年6月，应“台湾《中央日报》”副刊部邀请，赴台北出席“百年来中国文学国际学术研讨会”，12月偕妻赴京出席第五届中国作家协会代表大会。1997年8月出版作品集《暮年杂笔》；10月，妻子任敏突患中风、脑溢血，留下失语、瘫痪的后遗症。1998年6月出版作品集《雕虫杂技》，10月在山东教育出版社出版《历史的背面：贾植芳自选集》（《世纪学人文丛》之一）。2000年3月出版与妻子任敏合著的书信集《解冻时节》，4月出版书信集《写给学生》。2001年4月在《书屋》发表《贾植芳致胡风（1938—1954）》，6月出版作品集《不能忘却的纪念——我的朋友们》。2002年5月获第五届“上海文学艺术奖”杰出贡献提名奖，7月出版作品集《老人老事》，11月，任敏逝世。2003年4月，沈建中先生采访笔录的《世纪老人的话·贾植芳卷》出版。2004年10月出版与陈思和合著的《中外文学关系史资料汇编（1898—1937）》（两卷），复旦大学中文系会同复旦大学中国古代文学研究中心、苏州大学中文系、上海比较文学研究会、上海通俗文学研究会等单位联合举办了"庆祝贾植芳先生九十华诞学术交流会"；11月出版《贾植芳文集》（四卷）。2005年4月出版《早春三年日记：1982—1984》。2008年1月出版作品集《历史背影》，4月病逝于上海。2014年4月，贾先生藏书捐赠于复旦大学对口支援的西部地区高校甘肃张掖河西学院，以此为契机，该院设立了"贾植芳藏书陈列馆""贾植芳研究中心"和"贾植芳讲堂"。2016年是贾先生的百年诞辰，7月，由上海市作家协会、复旦大学、上海市比较文学学会与河西学院共同策划联合主办的"贾植芳与中国新文学传承国际学术研讨会"在河西学院举行。

2018年是贾植芳先生逝世十周年，复旦大学左翼文艺研究中心创设"植芳讲座"作为复旦大学中国现当代文学学科的荣誉讲坛；3月19日，由来自先生留学日本时的母校日本大学，也是先生生前友人的山口守教授做了第一讲。5月14日，上海市社会科学界联合会公布首批"上海社科大师"入选名单，贾植芳与包括陈望道、孟宪承、贺绿汀、王元化、陆谷孙等在内的六十八位社会科学界已故著名学者当选。

2018年1月16日

一个传颂在美丽校园里的美丽故事（代序）

刘仁义[①]

祁连山下，黑水之滨，有一所陇上最美的大学——河西学院，那里安放着世间最美的灵魂——贾植芳，传颂着一个个最美的师道故事——贾植芳和他的弟子们。

2014年4月28日，经过陈思和等贾门弟子和河西学院近半年的精心策划和认真准备，复旦大学图书馆部分藏书和前任馆长贾植芳藏书计三万余册捐赠河西学院仪式在复旦大学图书馆举行。捐赠仪式上，数位贾门弟子先后发言，深情回顾了贾植芳先生生前对于图书的热爱与珍惜，引述贾植芳先生的名言："读书、写书、教书、译书、编书……知识分子的财产就在一点书"，回忆先生用自己微薄的收入购买和积累图书的过程。此次捐书，将复旦大学、师门学者与河西学院的关系联结得更紧密，贾植芳先生的藏书捐赠河西，书籍所承载的学术思想、学术精

①刘仁义，河西学院前任院长，现为甘肃省政协教科卫体委员会副主任。

神也将在河西生根发芽，这正是对贾先生精神最好的传承。

2014年7月7日，陈思和教授率领复旦大学图书馆十名中层干部专程赴河西学院参加贾植芳藏书陈列馆、复旦学者文库揭牌暨复旦大学图书馆与河西学院图书馆合作备忘签字仪式。陈思和馆长邀请上海著名书法家蔡仲瑜先生为“贾植芳藏书陈列馆”题写牌匾。揭牌仪式上，陈思和先生为河西学院收藏恩师贾植芳藏书深深感动，发自肺腑地说：“书在人就在，生命就在。贾先生的书在河西学院，他的精神和灵魂就在河西学院，河西学院就是我的家，我一定会再来。只要河西学院需要我、召唤我，要我上课、讲学、做任何事情，如果你们愿意，我都会抽时间来，因为这里就是我的家。”他深情回顾了自己与河西的半世情缘，现场朗诵了他为贾植芳先生藏书陈列河西学院题写的三首诗，讲述了“贾门三代情诚系，遗书护送到祁连”的感人故事。陈思和先生还为全校师生做了“人学与文学——从贾植芳的人生与著作说起”的学术报告。

2015年10月11日，复旦大学校友、贾植芳先生的学生，《人民日报》高级记者、编辑、著名作家李辉先生专程奔赴河西学院，瞻拜贾植芳藏书陈列馆，并为师生做了题为“一个人和一个时代——巴金对80年代作家群体的影响”学术报告。在贾植芳藏书陈列馆，李辉噙着热泪，饱含深情地说：“贾先生就是我的父亲，没有贾先生就没有我的今天。”他在留言簿中写道：“历史有缘，与贾先生相遇复旦，一生从此改变。感恩唯有回报，愿为河西尽心尽力。文化传承，先生永在。”

在陈思和与李辉先生的总策划下，学校相继创建了集文献收藏、学术研究和学术交流三位一体的贾植芳藏书陈列馆、贾植芳研究中心和贾植芳讲堂。提出，贾植芳研究中心将以“非虚构写作”为核心，开展贾植芳与“七月派”以及“非虚构文学”的研究，打造河西学院人文学科人才培养和科学研究的特色。李辉先生还欣然应邀受聘担任贾植芳研究中心研究员和贾植芳讲堂特邀主持人，并表示愿动员更多的知名文化人和贾门弟子给河西学院捐书、来河西学院贾植芳讲堂讲学。

2016年7月2日，由复旦大学图书馆、中文系和河西学院联合举办的“纪念贾植芳先生一百周年诞辰暨贾植芳与中国新文学传承”国际学术研讨会在河西学院隆重举行。来自复旦大学、河西学院以及美国、日本、韩国和中国台湾地区的专家学者、贾门弟子及贾植芳后人和亲友代表等近百人参加了此次纪念和研讨活动。

会议期间，在贾植芳藏书陈列馆，举行了贾植芳雕像揭幕和“贾植芳研究中心”“贾植芳讲堂”揭牌、黄永玉先生为“贾植芳研究中心”“贾植芳讲堂”题名的书法作品捐赠等仪式。李辉先生还捐出了他与恩师贾植芳先生二百多封通信中珍贵的三十六封书信和四十多箱计两千七百多册图书。

这天，经过重新设计装饰布展的贾植芳藏书陈列馆，书卷飘香、群贤毕至。一间按复旦大学第九宿舍贾植芳先生故居复原的贾植芳先生的书房，原样摆放着贾先生的亲属任桂芙女士捐赠的贾植芳先生书房的六个书柜、一组沙发、一张圆桌、一张写字台等物品。馆内三个展柜中，珍藏着李辉先生捐赠的书信和贾先生生前的部分用品（衣服、手杖等）。陈列馆西面墙壁上，是贾植芳先生的生平图片展。许多复旦学者参观后感叹：“身临其境、如回复旦。”

仪式上，陈思和先生深情地朗诵了他的诗《对着先生的雕像》，表达了对贾先生的深切怀念，对先生藏书良好归宿的欣慰和对先生精神品格的赞美。

当晚，我有幸主持了新命名揭牌的“贾植芳讲堂”第一讲，陈思和与李辉做了题为“贾植芳先生的印象与非虚构写作”的精彩报告。

自此，李辉老师风尘仆仆，运筹策划，一次次邀请和陪同国内最顶尖的学者、作家、艺术家等走进河西学院，走进贾植芳讲堂，为新一代大学生提供心灵与精神的滋补，给身处祖国大西北偏僻一隅的万千河西学子和张掖市民带来了一场又一场文化盛宴。从2016年7月至今，马未都、曹景行、熊光楷、梁鸿、毕飞宇、何冀平、王亚彬、白岩松、范稳、陈立、陈晓卿、王贻芳（院士）、赵国屏（院士）、金勇先、陈子善、张新颖、朴宰雨〔韩〕、陈思和、冯骥才、周大新、邵建武、韩浩月等专家、学者、作家、艺术家应邀到贾植芳讲堂演讲。

2016年9月19日，中国非虚构写作研究中心成立暨揭牌仪式在河西学院举行，著名作家、中国文联常务副主席冯骥才先生为中心题名，人民文学出版社副总编辑、著名作家应红女士和中国人民大学梁鸿教授前来参加中心成立揭牌仪式并做学术报告。李辉和夫人应红女士又为中心捐赠了十一箱一千一百六十六本图书。

中心成立以后，李辉老师亲自推动和指导中心的研究工作，亲自部署和设计研究课题与发展计划，并为师生讲授非虚构写作课，建立了由三十多名师生组成的非虚构写作学习讨论群，在河西学院催生了非虚构文学写作和研究的热潮；先后有多名师生的非虚构文学作品，在《地名古今》等网络媒体和报刊发表，引起外界高度评价。

2016年10月11日，正在河西度假的深圳晚报阅读周刊主编姚峥华女士和先生胡洪侠应李辉老师的邀请顺访河西学院。两人数次走进贾植芳藏书陈列馆，亲自走访多名相关人员，深入了解调研贾植芳为何落户张掖，仔细查看捐赠的贾先生的每一本图书，一本一本挑出一千余册签名本，认真记录下自己关心的每一个细节，此情此景，至今想起仍令人十分感动。回到深圳后，她写下《坐过四次大牢的贾植芳，“思想档案”何以落户张掖》的长文。2017年1月2日，该文在网络媒体《冰川思想库》发表，引起巨大反响，读过的人都为之感动。此文不仅引起众多文化名人的高度关注，更引起众多河西学院校友和甘肃文化界关于河西文化的大讨论。

甘肃省作协主席马步升先生阅读后写道：

> 早上起床，一口气读完了这篇很长的文章。文中所记新老几代学人，大多都有或深或浅的交往。贾植芳先生研究中心及中国非虚构文学研究中心落户河西学院是本土文化的一件大事。复旦陈思和教授是在上海大规模推介甘肃当代文学的第一人。想起十几年前，我们八个甘肃作家受邀去上海时，以陈先生之尊，亲临火车站迎接，至今感动。大家风范，大在无形。多年后，他来河西学院讲课，蒙刘仁义校长邀请，我千里以赴作陪。陈先生很高兴，我说我是来蹭课听的。那次，我受聘担任河西学院客座教授。河西学院位于河西走廊腹地张掖，是兰州至乌鲁木齐两千公里地界上唯一的一个本科院校。这个学校培养出一位院士、多名知名教授。一个大学不在于身在何地，而在于怎么去办。祝福河西学院，祝福陈思和先生、李辉先生，祝福河西学院诸友。

一位微信名为秦岭的先生评论：

> 遥记当年在甘肃时，常有人就兰州之外地方院校人文储备的多寡而辩，婆媳各理，自以为豪。其时冠之“师专”的有兰州、天

水、张掖、庆阳、合作诸等，而今多易名学院。陇上乃华夏祖脉，人文如炬，溯承七八千载。人口以天水为最，兰州次之，周边戈壁、高原、草地渐疏。然近代人文之辩，多首推蜗居千里河西走廊一隅的张掖，我曾百思不解，今观此文，一斑全豹，多半解矣！

河西学院团委书记褚建霞看完文章后，很受感动，给我发来微信：

校长，认真读完，真的觉得写得很好，很感动。脑海中浮现出贾植芳塑像揭幕时的感人场面。此刻，也明白了陈思和老师和李辉老师等贾门弟子的情怀，更能理解学校做这件事的深远意义。感动之余，觉得这样一份厚重的文化遗产真的应该让她的灵魂活起来，给届届河西学子讲好其中的故事，激发大家内心的感动并传承这份情怀。让每一个在河西学院生活过的同学深刻感悟“书在人就在，生命就在，精神就在，灵魂就在”，才不辜负为贾植芳藏书、贾植芳讲堂倾注心血，寄托情感的人们。

贾植芳藏书陈列河西学院和贾植芳讲堂、贾植芳与中国非虚构写作研究中心的成立是复旦大学对口支援河西学院的一个标志性成果，是复旦文化与河西文化走向深度交融的里程碑事件，是贾门几代学人和贾先生的亲属、复旦大学献给河西学院的一份厚礼和极其宝贵的教育资源，是河西学院师生与贾门弟子一起，在千里河西走廊，传承光大贾植芳学术思想和人格精神，再创丝路文化辉煌的一个美丽故事。特别要说的是，在李辉老师的亲自主导下，贾植芳讲堂，已经成为一个国内有影响的文化传播交流平台，一座矗立在千里河西走廊的文化丰碑和学术高地，开启了新时代河西文化的新气象。它不仅丰富和发展了河西学院的学术文化与育人资源，使河西学院的文化能够植根于复旦这所百年名校的文化大树之上，从而汲取深厚的营养，更使河西学院成为一所不仅有美丽校园、更有美丽故事和美丽灵魂的大学。

陈引驰教授、姚峥华主编等观瞻贾植芳藏书陈列馆后，发出这样的感慨：贾先生藏书是“精神遗产的有形载体”。当你打开一本书，阅读书页上的批语、感悟时，其实就是在用一种清晰可见的方式与前辈进行思想的沟通。真羡慕河西学院的学生，他们是何其幸运，可以从书架上随时拿下一本本书，随时翻开一本本签名本，随时找出一条条生命经纬，随时细细地理清脉络作为自己的研究课题写下论文。那将是极好的一种自我提升和历史保存。

2017年10月29日，《六根》微信平台刊出河西学院文学院学生常丽娟写给李辉老师的信《贾植芳讲堂是每个河西学子的骄傲》。信中写道：

> 您一次次地走进河西学院，给我们带来一场又一场的名人演讲。这些演讲拓展了我们的视野，提升了我们的素养，让我们的大学生活丰富精彩、充满意义。这将是伴随我们一生的文化财富，使每一个河西学子感到无比的自豪和骄傲。河西学子向那些离我们远远近近的关注“贾植芳讲堂”的人们致敬！

从起初参与和策划贾先生藏书捐赠到为贾先生建馆、“安家”“设堂”，我一直被陈思和、李辉等贾门弟子对老师的那种亲如父子般的感情所感动。贾先生藏书捐赠编目中，贾门弟子那“绣红旗”般感人的故事，陈思和“贾植芳就像我的父亲，贾植芳藏书陈列河西学院，河西学院就是我的家”的动情讲述，李辉“没有贾先生，就没有我的今天，唯有全力办好他的事情，才是对他和师母的最好报答，也是因为有他，我也才能与河西学院结下不解之缘，我愿意在此基础上，以贾先生事情为起点，逐步拓展与学院的深入合作，以绵薄之力，为教育略尽职责”的铿锵承诺与一路躬行，一直激励和鞭策着我。我很庆幸有缘与陈思和李辉等贾门弟子一起，见证和继续人世间如此美丽动人的故事，它使我心灵受到荡涤。

“师者脱俗，于是教育脱俗”，“最好的教育就是聊天”。陈思和与李辉的这些话，道出了教育的真谛。学生是老师的影子，虽然我没有见过贾先生，但我从陈思和、李辉及其几代学人对贾先生的真情崇敬之中，感受到了贾先生的人格魅力，感受到了贾先生作为一名师者的巨大成功，感受到了人世间鲜活、具体的“真、善、美”，感悟到了什么是好的老师，什么是好的学生。

一个老师能教出陈思和、李辉等这样优秀的学生，贾先生是成功的；一个人能遇到贾先生这样的圣贤之师，陈思和、李辉等是幸运的也是幸福的；河西学院能有幸与贾先生结缘，借贾门弟子和复旦大学之力发展自己，河西学院无疑也是幸运的。

美孕育美、美美与共。河西学院师生在贾先生及其弟子精神的感召下，怀着一种无比崇敬的心情和信仰的力量，用真心、真情、真力传承和实践贾植芳学术思想与人格精神，奇迹般地把历史的缘分，现实的机遇，冥冥之中一股无形的力量、一只看不见的手和长达数年时间、数十上百有识之士的接力奉献汇聚和凝结在一起，形成了一支浩浩荡荡的文化建设力量，共同完成了一个个不管从地域从籍贯从渊源从嫡传都似乎讲不通，但却是天高地远风轻云淡真真切切至善至美的文化建设工程，书写了一个个传奇般生动而美丽的故事。

“植芳万里丝绸玉，浩瀚精神大漠烟。”“薪火传承的火把，正在照亮西北塞上的天”，孕育着更加丰硕的教育成果。一代代河西学子将以贾先生朴素的做人理念为座右铭，端端正正地书写一个大写的“人”字。

2018年1月6日

目录 CONTENTS

第一辑 复旦九舍

※ ※ ※

第二辑 久别的未曾失去的笔

第㊀辑

复旦九舍

先生在客厅里的座位好多年都没有变过位置：永远是正对着敞开着的房门。任何来客只要在门口一出现，而恰好先生又没在阅读，于是一眼就看见了，然后灿烂的微笑就洋溢在先生的脸上。好像先生始终是在等待着你的到来似的。

在庆祝贾植芳先生九十华诞学术讨论会上的发言

章培恒[1]

敬爱的贾先生，诸位女士，诸位先生，今天我们聚在一起，以崇敬和欢乐的心情，祝福贾先生的九十大庆。

我是贾先生早期的学生之一，所以除了和大家一样有崇敬和欢乐的心情以外，还有很深的感激和骄傲的心情。感激的心情是因为就我个人来说，贾先生教给了我很多。既教给了我做人，也教给了我做学问。尽管我现在所从事的是中国古代文学研究，但是我在中国古代文学研究方面，如果说能够有一点成绩的话，那么跟我的古代文学的两位老师蒋天枢先生和朱东润先生的教导固然是分不开的，跟贾先生的教导同样也是分不开的。贾先生所教导给我的当然不是具体的研究中国古代文学的方法跟路径，但是贾先生教导给我研究中国文学的方法

①章培恒，复旦大学中文系教授。2011年6月去世，享年七十七岁。

和路径。而这个研究中国文学的方法和路径，是体现在中国现代文学的研究里面，同时也是研究中国古代文学非常需要的。如果没有这样的一种指导，我当然还会做中国古代文学的研究，但是跟现在的情况，可能会很不一样——而这一种很不一样在我看来并不是我所希望的，我应该说正是我所害怕的。在中国古代文学研究里面，有人说我的功夫都是邪派武功——就是武侠小说里面的邪派武功。换句话说，在古代文学研究领域里面并不是正宗的，但是我觉得这个不正宗实在是我很喜欢的，而这个不正宗也就是从贾先生的方法和路径里面所学到的。所以我想贾先生对我的影响或者说对我的学恩是一辈子的，既在做人方面也在做学问方面。这样一种感激的心情就是从我个人与经历感受到的。

另外还有就是骄傲的心情，这个骄傲是因为作为学生有贾先生这样一个老师，这个是很值得骄傲的。我想刚才彭裕文书记讲到贾先生对复旦大学的贡献，也确实是这样。贾先生是1952年到复旦的，到1955年就被弄到监狱里面去了，所以执教的时间非常短。但是在那个短短的时间里，贾先生就培养出了一大批的学生，包括今天在座的范伯群先生，还有现在的华东师大的张德林先生等等一大批，也不过是短短两年多的时间。但到贾先生复出以后，一下子又培养出了一大批学生，在复出以后的学生里面，陈思和先生、李辉先生当然是最早的，那么像谢天振先生不算是真正的学生，也算是从贾先生那儿学到很多东西。下面还有一大批，这个一大批简直就数不清了，大概这里面比较年轻的就是张新颖先生他们了。50年代的学生数得清，80年代以后的学生就数不清，就不去数了。那么诸位学生能够有这样的一位老师在做人上、在做学问上、在培养学生上，还有培养广大的青年上

——我现在在中国古代文学研究中心工作，我们单位里面都是研究中国古代文学的，但是我们单位里面的很多同事都从贾先生身上学到了很多东西，而且也经常到贾先生家里。贾先生也都是把他们当作朋友一样对待，比如今天在座的我们中国古代文学研究中心副主任陈广宏教授，他翻译的一个著作，是关于周作人的，那就是贾先生给他写的序，实际上这个书的翻译也受到了贾先生的指导。所以很多年轻人都是很自觉地拥在贾先生的周围，从贾先生那儿吸取营养。我想，一个九十岁的老人在今天还有那么大的青春活力，能够和青年打成一片，这个是非常不容易的。所以我想，有这样的一个老师是我的一个很大的骄傲。

今天我们在一起庆祝贾先生的九十华诞，我衷心地祝愿贾先生健康长寿！祝愿贾先生永远保留这样的青春的活力。谢谢大家。

2004年10月15日

（张业松根据录音整理。原载陈思和、王德威主编《史料与阐释·贰零壹壹卷合刊本》，复旦大学出版社，2013年）

五十六载师生情永铭心间

范伯群[1]

每次回到母校，在学校宾馆中安顿好行装，还不及扑去旅途上的尘埃，总是先打一个电话给贾植芳先生：我什么时候来拜访您合适？……现在先生不在了。每次再回母校，总好像有一个再也无法填补的“空洞”，心头总感到缺了些什么……每次我还是要找个时间再到贾先生的家中去坐坐，还是坐在我常坐的沙发上，面对着一只空着的藤椅——先生所坐的藤椅……他的侄女桂芙将书房还是保持着贾先生生前的摆设，什么也没有去移动。四周还是那些书架，书架上满满的还是那些书……只少了一个先生。但在静坐中，我的耳畔好像又响起浓重的山西口音的话语，眼前又浮现先生的音容笑貌，先生活在我心中……

贾先生最后的几年，耳朵虽未“失聪”，可已严重“重听”。因

①范伯群，苏州大学文学院教授。2017年12月逝世，享年八十六岁。

此，每到先生家中，还未跨进书房，我就会先叫一声“翻译”，出来的是先生的女儿贾英或侄女桂芙。坐在先生的左手位，将我讲的话，在先生的耳边“复述”一遍。先生讲的话我也不完全能听懂了，再由贾英或桂芙“转达”。有时看到先生讲累了，就在他书架上随意抽一本书翻翻。那时先生总是说，“伯群，我看不动了，你拿去！”他以为我对这本书有兴趣，要赠送给我。如此几次以后，我再也不敢翻书了，但有时不免随手将放在他的书桌的杂志好奇地拿来翻翻。他还是那句话：“拿去！”那以后就什么也不敢翻了，只能相对默坐一会儿再接着聊……现在先生不在了，贾英在国外，桂芙还是坐在藤椅左边的位置陪我坐一会儿，然后就到隔壁放先生与师母遗像的灵堂里鞠个躬，看桌上供着很新鲜的水果，还有桂芙从山西老家带来的土产，先生生前爱吃的东西，就像他没有离开一样……

我拜在先生门下，前后五十六年。我是1951年考进复旦大学中文系的。1952年，全国高校院系大调整，先生所在的震旦大学并入复旦，于是我有幸成为他的门生。那时，先生是一位三十八岁的年轻教授。我们师生相处，在这五十六年中，大致可分三个时期：1952—1955年，是他对我的“学术启蒙期”；1955—1981年，是“劫难失散期”；1981—2008年是我的“重沐师恩期”。正好是二十八年相聚，二十八年离散。但是在相聚的前三年，我学到的主要还只是知识学问，当然也学先生的热情无私待人的好品质；但是在后二十五年的相聚中，我除了学问上的求教之外，更知道还要向先生学“做人”。在我们离散的二十八年中，先生为我们编写了一部最优秀的“如何做人”的好教材。他不愧为一位“教书育人”的大教育家。

先生1952年进复旦，那时一位教授要上两三门课程。他开的是

"现代文学作品选读""写作实习""俄罗斯、苏联文学"等课程。他刚到校开写作课时，就把我们每个学生找去当面批改。我们进校时，班上只有十八位同学，在院系调整后就有三十多位同学，他一个一个请到他家中去。我自知我的作文在班上远不及曾华鹏、施昌东等同学的。先生除了指出我的不足之处，还鼓励我在何处下功夫，才可更上一层楼，使我深受教益。他每次上"现代文学作品选读"时，总带了一大沓参考书来，除中文书籍外，还有英文与日文的。每涉及这些外文资料时，就边读边译。他大大拓宽了我们的视野，也知道做学问就得博览群书，在广泛搜集前人的论点的基础上，提出自己的新见解。这对我，的确是一种"学术启蒙"，要跨进学术的堂奥，就不能浅尝辄止，得下扎扎实实的深功夫。尝到这些甜头后，我就成了先生府上的常客。先生白天、晚上，除了上课之外，几乎都在会客。他的朋友多，学生多，他来者不拒，海阔天空。他的言谈中流淌出来的是他的广博的知识与著译的经验。他要到客人走了，深夜才开始他的工作，上午大概也不会排他上第一、二节的课。他热情好客，以致有一位教授后来在大会上"揭发"他时说："想不到这个'胡风骨干分子'会如此伪装，竟成了全校群众关系最好的人。"在三年级下学期，他就为施昌东、曾华鹏和我出毕业论文的题目：《朱自清论》《郁达夫论》和《王鲁彦论》。他说，我们的现代文学史的学科建设需要先写出一批作家论来。你们每人分一个作家，从他的处女作看起，一直到他的最近或最后一篇作品。资料搜全，要了解这位作家的生活道路与创作道路，因此还要做力所能及的访问工作。当时，王鲁彦夫人覃英正好在上海著名的市立女子第三中学任校长。我就到她家中去拜访。记得第一次去，我说明来意后，覃英老师还是很动感情的，强忍着不流下泪来，半天才挣扎出第一句话来……就在这个准备论文的过程中，我不仅成为复旦图书馆的常客，也常到徐家汇的鸿英图书馆去找资料。王鲁彦的《野火》（他计划中的三部曲之第一部，又名《愤怒的乡村》）出版后，他曾在桂林的《广西日报》上连载过第二部《春草》的片段。找《春草》可真不容易，那时的《广西日报》是用土草纸印的。但能找到王鲁彦的这部遗作的片段，使我激动万分。贾先生的严格要求，对我们在学术道路上的成长，是极有帮助的。但是今天回顾，我对贾先生还是很不了解的，对他的过去所走过的道路与奋斗的历程也所知不多。我在这三年中仅仅是向他学习知识，还没有真正触及他如何做人的最最光辉的一面，还未能向他学习：如何做人的“人学”。

就在1955年5月中旬，贾先生突然失踪了，接着师母也“不知所踪”。那时，贾先生将他哥哥的女儿，领养在家里。她是个活泼可爱的小姑娘，只有五六岁吧，据说被组织上送回北京去了。家里只有一个“面目可憎”的女子，我们去就一一问清我们的姓名，记下来。一个被我们视为学术精神的家园，被一阵罡风刮得寸草不留，出了大事是可以肯定的了。接着就是对我们几个进行审查。据说，贾先生曾提出，要将施昌东、曾华鹏和我留下做助教。接着是宣布开除我们几个人的“团籍”。就在宣布开除“团籍”的时候，我们哭了，谁知坐在下面的全班同学也哭了。大家哭声一片。这不是严重“丧失”立场吗？但这是有着强烈的“人性”的同情心的哭声，似乎在强烈谴责那个“宣布”！一个暑期，就是在这样的审查中度过的。施昌东后来也被逮捕了，据说是“托派”。他是温州人，温州有个“托派”头子也叫施昌东。哦，你原来躲在复旦。结果一看不对，要抓的是一个“老施昌东”，结果抓到的是一个“小施昌东”。好，你就在监狱中交代胡风问题吧。他被关了一年，回到原单位资料室工作，正值大鸣大放，物理系请他去鸣放，可是邀请他去的人对他很不满意。因为他说，“这没有什么，不过是父母打孩子，下手重了一点罢了”。可是，组织上也很不满意，谁说是重了？凭这句话他又被定为“右派”。摘掉“右派”帽子后不久，他得了胃癌。可是他有一股“拼命三郎”的精神，带病七年写了七本书，成了知名的美学专家，1983年病逝时，年仅五十二岁。在施昌东的追悼会上，先生含着泪，声音高亢而苍凉：“本来应当是施昌东先生为我这个老头子开追悼会，没想到我这个老头子到这里来参加我的学生的追悼会！”后来先生又一个字一滴血般沉痛地写悼念文章：“我本应当是他走向知识海洋的带头人，结果反倒成了他苦难生活的引路者，现在以我六十八岁的年纪来为才五十二岁的学生办理丧事，这于我说来是彻骨的痛苦和无尽的悲哀。”

曾华鹏与我被审查到1955年10月份才离开复旦，戴上了“胡风分子”的帽子，双双到苏北去教书。贾先生是“骨干分子”，想来下面也应该有几个小喽啰什么的吧！大约一年之后，组织上又找我们谈话，说经过甄别，摘掉“胡风分子”的帽子，但接着说，应该继续好好改造，因为你们还是“胡风影响分子”。又一年之后，曾华鹏的《郁达夫论》在《人民文学》1957年5—6月合刊上发表。我因为在毕业之后和他一起修改而列名其上。而我的《王鲁彦论》，也请曾华鹏参与修改，作为我们的第一本专著在上海文艺出版社出版。又因为我们长期的合作关系而被称为文学理论作者中的“双打选手”。这就是我们与先生失散后的简单经历。

我与贾先生重逢于1981年，在风景如画的黄山。那年社科院文学研究所在黄山召开会议，商谈编写“中国现代文学运动·论争·社团资料丛书”事宜。贾先生由年轻的陈思和先生陪同。我见了先生的面，兴奋得无以言状，马上向大家介绍，我是贾先生1955年的关门弟子，陈思和是贾先生重开山门的徒弟。贾先生也很高兴地补充道：“不是关山门，是砸山门，山门给砸哩。”语气里我听不出有什么不满，而是一种幽默才能的自然流露。正像当年为他落实了政策之后，我们也为重新能自由来往而高兴。可是贾先生很幽默地告诉我：“我的落实政策是‘地方粮票’，是上海市的文件，最上头还没有给我割掉尾巴。”因为他曾在徐州伪军中做策反工作，任过伪军中的什么“参议”。虽然当时其他人都“平反”，但文件上还说贾先生是“汉奸”。但贾先生是奉命去“策反”的，还好，当时的证明人也活着。以后再请组织上去调查，才“割”了尾巴，得了“全国粮票”的“平反”。

也只有在这一过程中，我才逐渐较为深入地了解贾先生的历史。例如他一生坐过四次牢，两次国民党的监狱，一次日本人的监狱，一次是以“人民的名义”“革命的名义”将他投入监狱长达十二年之久。据说，在这个假想的“胡风反革命集团”里，除胡风外，贾先生是判刑很重的之一，就是因为他“顽抗”，拒不“交代”。

在1955年5月15日刚“进去”的那一天，先是上海高教局局长兼党委书记与他“谈话”，问他看了《人民日报》的《关于胡风反党集团·编者按语》有何感想？贾先生的回答是：“我看不懂。字全认识，但意思我不懂。”于是局长就一句句念给他听，问他这回懂了没有。先生的回答是：“似懂非懂。你这一念就更糊涂了。”于是叫他交代与胡风一起搞什么阴谋。先生勃然大怒：“胡风对文艺有自己的看法，向中央提意见，手续是合法的。这又不是向社会散发传单。”于是他就被移交到公安局事先早准备好的囚车上去了。

先生在出狱后的回忆录中有三段自述，深深印入我的心坎：“我视新社会为自己的社会，以爱护它、保卫它为自己当然的责任。”出狱后在复旦大学印刷厂监督劳动时，只发可怜的生活费，抽的是八分钱一包的香烟。但每逢国庆，先生还偷偷到五角场去，买二两五瓜干酒，再买点猪头肉，叫两碗阳春面，庆祝自己国家的诞辰。这种劣质酒吃了要“上头”，贾先生很幽默地对我说：“头痛得帽子也要飞起来。”他爱这个来之不易的共和国，对苦难也无怨无悔：“我一生没有参加过任何政党，但我一生都有一个不安于现状的理想和目标。在我的前半生里，我曾经有许多选择，但每到历史的关键时刻，我总是毫不犹豫地选择了自愿吃苦受难的道路……”他对我说：“在监狱里，我看到你们（指华鹏和我）在《人民文学》上发表《郁达夫论》的目录广告，我很欣慰。至于我，我要坚韧地活下去。在三年困难时期，一些监狱里的犯人，两只脚‘走进来’，四只脚被‘抬出去’（死了由别人用担架抬出去）。可是我要活下去，我活着出来了！”他对于自己和胡风的关系，也有一番总结性的自白：“我与胡风，人生道路和生活环境都不一样，我对胡风文艺理论以及他在文艺圈子里的恩恩怨怨，并没有什么太深地卷入。我之所以成为这个人为认定的‘集团’的‘骨干’，完全是出于我与胡风之间的、在患难中建立起来的深厚的友谊关系……”他没有去“编造”什么胡风的“阴谋”与“罪状”，他宁愿“吃苦受难”，他绝不出卖朋友。贾先生在给我们上课时，讲到可敬可佩的人与事时，常用四个字来概括，那就是“人格力量”！孙乃修为贾先生写的“贾植芳传”，书名是《苦难的超度》；贾先生将自己的回忆录定名为《我的人生档案》。我们打开这两本书，满眼看到的是

“疾风知劲草”的“人格力量”！

我最喜爱的一张与贾先生的合影是我们在贾先生家的园子里照的：先生与师母坐着，后面站着四个门生：曾华鹏、陈思和、李辉和我。华鹏与我是1955年的门生，思和与李辉是80年代重开山门的第一批学生，中间的二十五年，是一段“时钟停摆般的空白”，也是象征着贾先生的“苦难的超度”岁月！

贾先生复职为教授之后，他的晚年还是较为舒心的。一次他问我：“伯群，学校要我做图书馆馆长，你说我做不做。”我说：“做，做一届。也好向大家宣告，你不是‘地方粮票’。再说，‘文革’将图书馆弄得乱七八糟的，整顿得好一点，对师生做学问大有利。”我知道，前任图书馆馆长是我敬爱的郭绍虞先生，是我1951年刚进复旦的中文系时的系主任。图书馆馆长是最有学问的学者做的。

复职后的贾先生不仅继续向我传授学问，还是我工作中的坚强后盾。他是一棵大树，我真是背靠大树好乘凉。在2005年庆祝复旦中文系建系八十周年时，我作为系友代表发言时说：“我是复旦的学子，我出身‘名门’。”我报了一大串当年的大名鼎鼎的教授的名字后说，我受过这么多名师的传授与教诲。我工作中每遇到困难时，常常回母校求助。“有困难，找复旦！”我求助最多的当然是贾先生。苏州大学古代文学有大师级的钱仲联先生，可是现代文学当时还没有正教授。在硕士点还没有批下来之前，我向省教委请示，我先在外面“借”一个教授来行吗？回答是可以的。我就请先生做苏州大学现代文学特聘教授，1985年批硕士点，我们1984年就招研究生了。在批博士点时，最要紧的是事先将我们的教学科研成果向有关国务院学位点的评议委员汇报，好让他们先有个印象。贾先生就亲自带我到王元化先生家中去汇报，我的学长章培恒先生也是评议委员，也帮我将成果先说给有关的委员听，至于我们同行的委员严家炎、叶子铭两位先生也是大力支持的。这也就申报成功了。先生在每一次关键时刻都“扶”我一把。每一次博、硕士答辩，贾先生都亲自来主持答辩会；现代文学教师评职称时，因为贾先生与我们常来常往，也最了解我们的教学科研实力，所以他为我们写的评语也最多。1983年的11月上旬吧？我请先生与师母游东山，当时，东山的环岛公路刚修通不久。漫山遍野的橘林，橘子还挂在枝头。橘子像绿叶中跳动的亿万朵火花，先生高兴极了，说“‘看’比‘吃’更舒坦！”我说：“好，先生，我们现代文学学科每年11月上旬，开个全国性的学术会议，请全国的同行们来东山‘看’橘林！每次也请你与师母光临！”

先生不仅支持我的工作，还为我在学术上渡过“难关”，为我“遮风挡雨”。我开始将研究的重点转移到近现代通俗文学去时，有一些同行有所“非难”或者“惋惜”。但是先生支持我，曾在《人民日报》上为我们编著的《中国近现代通俗作家评传丛书》撰写评论文章：《一项开拓性的学术工程》。当我们的《中国近现代通俗文学史》出版时，他为我们撰写了《找回文学的另一只翅膀》的评价。他有时甚至为我找资料，他向我推荐，周天籁的《亭子间嫂嫂》值得一读，可我就是觅不到这部书。他就托人从某大书店的一个五层楼的旧书仓库的零乱无序的书海里找到了这部书。先生如此鼎力扶持我们，真使我们感到“师恩如山”！

在先生八十、九十华诞时，我们都热情高涨，给先生祝寿。八十岁时，我们订了一个大蛋糕，上面就裱着“师恩如山”四个字。九十大庆时，就更隆重了。当时，复旦中文系正准备将苏州大学的栾梅健调去。在章培恒、陈思和等先生开祝寿筹备会商谈完毕时说，就这么办，等梅健一来就叫他主持具体操办。章培恒先生当时身体不大好，陈思和先生工作忙，华鹏与我又在扬州、苏州。因此，我们四个人都嘱托梅健，你到复旦，除了教学与科研之外，贾先生的“生、老、病、死”都由你管了。梅健作为贾先生的再传弟子，平时就对贾先生有很深厚的感情，一到复旦，除本身的工作任务之外，就尽心尽意地具体操办贾先生的九十大庆。他发出了一百五十张请柬。当天来了三百多人祝寿。天益宾馆的礼堂人满为患。可见先生的“人缘”极佳。我也带了一批学生到复旦为先生祝寿。我遇见先生的老友何满子，我说，我是带学生来“认祖归宗”的，我们的“贾门”人丁兴旺。何先生连连点头称是。事后先生很幽默地对我说：“伯群，过去批斗我时，我句句听得清；现在你们大家说我好，我一句也听不到了。”“我过去是运动员，现在年老了，我要做个‘看客’，好好看看这世界。”在晚年，贾先生的心情是愉悦的。唯一的缺憾是师母因积劳成疾，成了“植物人”。但是对先生说来，这个病卧中失去了语言能力与知觉的人，却是他的强大的精神支柱。

在纪念先生的文章中不能不谈谈深受我们学生尊敬的师母任敏。师母在1943年就读于西安商业专科学校。1944年秋她与先生结合，在抗日战争的艰苦环境中，在黄河边的一个土坯草屋——他们的新房，从此相依为命，患难与共。先生那时在国民党的工兵团翻译工程技术书籍。不久一位团部文书悄悄告诉他们，先生被怀疑是“共党”而要活埋他。于是这对新婚才三个月的年轻夫妻深夜出逃，一路流浪。以后在先生入狱时，师母不是在狱外为营救先生而奔波，就是与先生共尝铁窗风味。在1955年的“胡风事件”中，师母也在狱中几进几出。

组织上要她与先生划清界限，要她提出离婚，她只对“劝说者”投以轻蔑的一瞥。为此师母曾被派遣到青海去“支援社会主义建设”。后来又在青海坐了四年监狱。在先生所写的《狱里狱外》中，师母回忆青海监狱生活也成了书中的一个组成部分。其震撼力与先生的回忆是达到同样“震级”的。师母出狱后，不到其他地方去找活路，而是到先生的老家中的一间四面透风的废弃的伙房中苦等先生。前后达十八年之久。这位昔日的富家小姐自愿过着农妇的生活，春耕、夏锄、秋收，靠自己的劳动养活自己。后来这几年，先生在印刷厂受监督劳动，她每两年到上海“探亲”一次，看到的是贾先生老是被打得头破血流的惨状，每次又被“革命群众”赶回山西去，说是她在上海不利于先生的“改造”。没有回程的路费，她就将衣服卖给收破烂的“凑”路费。但是他们坚强而乐观地“活”下来了。他们将“牛郎会织女”的神话说成今天的“牛鬼会农妇”，相对哈哈大笑。到先生恢复教授职称时，先生到哪里就总与师母同行，无论是国内还是国外，天涯海角。我完全理解先生与师母是永不分离的一对。贾先生告诉我，有时还“闹笑话”。那时住宾馆，男女同宿是要出示“结婚证”的，有的宾馆就要他们的“结婚证”。先生对我说，黄河边上的土坯屋不发“结婚证”。如鲁迅与许广平还在，也无法面对宾馆服务员的索要“证件”。师母成了“植物人”，卧病床五年，她是靠着昔日的顽强，在支撑着自己，不愿离开先生；而我们知道，只要师母有一口气，就是先生的强大的精神支柱！师母逝世时，我在国外，无法赶回来吊唁。据说先生在追悼会上跪在师母的遗体前……先生为师母出的纪念集书名是《做知识分子的老婆》。当然，这知识分子是指有独立人格的知识分子。师母的葬礼，我是参加的。先生支着手杖，在师母坟前深情地说："任敏，你安息在这里，过些时，我会来陪你的。"

2008年早春，我与曾华鹏到上海第一人民医院病房中去探望先生，先生与我握手说："伯群，这不是最后一次握手！"可是以后我竟没有再与先生握手。当我在长途电话中听到先生病危，乘车赶到上海时，先生的遗体已经被包裹后送到医院地下室的太平间里了。在亲属的要求下，太平间的工作人员又将包裹打开，让我见先生的最后一面。同时闻讯赶来的有数十个弟子和再传弟子，大家就在太平间里举行了一个简单而庄重的仪式，看着先生的遗体被推进冰库。

后来，在贾先生的追悼会上，我作为学生代表，用我的悼词表示我们弟子们对先生的永恒的追思：

> 我是1952年拜在先生门下，成为他的学生。在这五十六年的岁月里，追随先生左右，我时时深感，能成为贾先生的学生，对我来说，是人生莫大的幸福！贾先生不仅教我们如何"开"学术研究之"窍"，更是言传身教，教我如何才能做一个光辉的人。在教书育人方面，贾先生称得上是一位伟大的教育家。先生时刻关怀着自己的学生，无论是在狱里或是狱外，他总是说，我和胡风是朋友，可不能因为我而使几十个青年人受我的牵连。他最挂心的是他的学生们。
>
> 先生的大半生，历尽坎坷崎岖的人生旅途，抗住了一次又一次的冲天风暴，但他总是傲然而立，挺着胸脯前行！先生，你的至理名言是，在进火葬场时，能"自我告慰的是，在上帝给我铺设的坑坑洼洼的生活道路上，我总算活得还像一个人……我生平最大的收获，就是把'人'这个字写得还比较端正。"先生，你何

止“写得还比较端正”，作为现代知识分子的精神代表，你始终把稳人生之舵，像松树一样，岁寒而不凋谢；像翠竹一样，风骨挺拔而坚韧；像梅花一样，笑傲霜雪而绽放！先生，你的作品简直就是如何做“人”的伟大的“教科书”，激励和教育着国内外的千万读者；你不仅有纸面的作品，而且用你的行为，在无言中为自己雕刻了一尊不朽的塑像。你用九十余年的生命，写出了一个光辉的“人”字。你是人生的楷模。

先生，今天你的在天之灵，已经与相濡以沫六十多年的师母在彼岸相会。而我们，作为贾门弟子，则会继承你的遗志，做好你为我们奠定基石的学问，学习你的榜样，写好自我的一个端正的“人”字。你留给我们的精神财富，使我们一生受用不尽！你的英雄气质和道德文章，将长留人间，供人瞻仰。我们的民族需要像你这样永远乐观、奋然前行的伟大精神，这样的无价之宝的人格力量才配得上“永垂不朽”！

先生，你的一生太艰辛了，你安息吧！

原载《新文学史料》2009年第2期

我的导师贾植芳先生[①]

陈思和[②]

同学们好！尊敬的黎书记、刘校长，河西学院的朋友们，让我特别感动的是，我这次来张掖，没想到能遇到来自兰州的朋友——作家张存学和马步升，我们能在张掖相会格外高兴。因为时间关系，我今天下午就要回上海，所以只能有这样一个短促的时间与大家见面，但这是我期盼已久的。

---

① 作者按：2014年7月7日，我赴甘肃张掖，参加河西学院举行的“贾植芳藏书陈列馆”揭牌仪式，并向河西学院师生做了介绍先生一生的演讲，梳理了现代文学史上鲁迅、胡风到贾植芳的精神传承，并且归纳了先生的三个特点：第一是“一生追求理想”；第二是“人间有大爱”；第三是“活到老学到老，不断学习”。我认为，现在到处说要弘扬国学，还要到两千年前的孔子那里去找什么是仁、什么是义，其实我从先生那里就看到了一个现代知识分子的品行，什么是忠，什么是义，什么是爱，什么是仁。做人，就是要做到仁，对国家就是要敢于担当；对朋友就是要有情义，要一诺千金；对爱的人，不仅仅爱人，还有对学生、对朋友、对世界，都要爱，要有大爱。做人无非就是这样。

②陈思和，复旦大学图书馆馆长，复旦大学中文系教授。

我们学校，从张掖师专到河西学院，都与我有密切的关系。20世纪90年代初我刚刚评上副教授，第一次以我个人名义指导的硕士研究生中间，就有一位来自张掖师专的老师，从他那里我一直听到“张掖”这个城市及其历史文化，心向往之。很久以来，我就想有一个机会到张掖来，刘仁义校长实现了我的愿望。他高瞻远瞩，落实启动了复旦大学与河西学院校际交流计划，尤其是我导师贾植芳先生的藏书捐赠到河西学院，学院从校领导到图书馆工作人员，极其重视，迅速而认真地把这些图书编号、上架、编目录输入电脑。我开始还在想，今天我只是来参加一个揭牌仪式，可能还看不到这些书，没想到我已经看到了这批对我来说非常亲切的书籍，就好像看到我导师的人影一样。

在此我对河西学院的领导和图书馆工作人员表示崇高的敬意和衷心的感谢！先生已经离开我六年了，这批书应该是他唯一的遗产。

先生没有孩子，他一生当中大半辈子都是在监狱或者不正常的动荡状态下度过的，等到他从被管制状态回到人间过正常生活，已经是六十八岁了。师母的侄女贾英作为养女，一度与先生师母生活在一起，后来贾英结婚后到澳洲定居。师母病了以后，贾英就把她姐姐桂芙从农村接来上海照顾病人，以后就是桂芙一家与先生住在一起，照顾先生。

先生曾亲口对我说（师母也在场）：“我们无子无女，也没有任何家产，所有财产就这几本书。”先生喜欢买书，散步时总是跑各家书店，有人劝他：“你都这么大年纪了，还买书干吗？”他说：“读书人如果不买书了，还像什么读书人？”先生以前也说过有关卖书的话，那是开玩笑的，他说：“一个读书人，如果沦落到要卖自己的书了，就好像要卖老婆一样的痛苦。”先生一生颠沛流离，50年代前期，他在复旦大学教书，与师母住在一起，还收养了几个侄子侄女，难得的幸福安定生活。但是好景不长，1955年又被抄家入狱，师母后来也被送到青海劳改，家又破了。所以，他现在的藏书都是在80年代以后慢慢购买积累起来的。先生去世后，桂芙与我多次商量，怎么处理好先生留下的这批藏书。

我很感谢陈晓兰，她主动向桂芙提出，把先生的书捐给河西学院。我也非常感谢河西学院接受了这些书！

贾植芳先生捐赠的图书中，没有古代的刻本、善本或者很有版本价值的民国藏书，但是贾先生与图书的关系非常密切。他在退休前担任过复旦大学图书馆的馆长，大概是1983年到1987年，他工作到七十一岁才退休。再早些时光，我有幸认识贾先生也是在图书馆，但不是在学校图书馆，而是在中文系的资料室。

1978年下半年，贾植芳先生政治上还没有平反，他还戴着“胡风分子”的帽子，但已经不受监督了，只是让他回到中文系资料室来工作。我是1977年“文革”以后恢复高考第一届考进复旦大学的，我们那一届进校是在1978年的春天。贾先生是第二个学期从被监督劳动的印刷厂回到中文系资料室。那时中文系资料室还是一个很小的房间。他来了以后，资料室面貌就发生了变化，因为有一个老人在那里不停地讲话，非常热情。我们在他的言行里一点儿也感觉不出他是个长期受迫害的人，他看我们同学在资料室里读书，不仅会主动给你推荐书，还会指导你如何阅读。

大一下半年开始，我和我的同学李辉，开始在一起研读巴金的书。贾先生看到了，他主动对我们说：“你们在读巴金的书，你们要不要看一看西方人对巴金的研究?”先生推荐我们读美国学者奥尔格·朗研究巴金的著作:《巴金和他的作品:两次革命之间的中国青年》(*Pa Chin and His Writings: Chinese Youth Between the Two Revolutions*),是英文原版。他借给我们看了以后,问我们:“你们觉得怎么样?”我们就说:“看了以后大开眼界。”他又问:“你们能不能翻译几篇?”当时我们还是大二学生,什么都不懂,也不懂什么是学术,什么叫作学问,文学又怎么研究。就在这个时候,一位老先生突然出现在我们面前,他让我们翻译这些外文文献。后来我们知道,贾先生当时正带领一个教师团队主编巴金研究的资料专集。他不仅指导我们做文献翻译,还指导我们阅读巴金的著作,讨论巴金的思想。就这样,我们毫无拘束就与贾先生熟悉起来了。

我和李辉写的第一篇研究巴金早期思想的论文,是在贾先生具体指导下完成的。巴金在“文革”中被打倒,有一个很重的罪名,说他是一个“无政府主义者”。我们不理解“无政府主义”是什么罪名,我们阅读巴金的作品,读的是人民文学出版社出版的《巴金文集》十四卷本,读完以后觉得巴金小说里讲的都是革命啊、反抗啊,看不出什么无政府主义的东西,于是我们就写了一篇文章讨论巴金的早期思想,说巴金不是无政府主义者,而是革命民主主义者。文章写完以后,我们就向贾先生请教。先生看了以后就问我们:“你们是一般地看看巴金,还是要研究巴金?”我们说:“我们要研究巴金啊。”(什么叫“研究”?现在想想,有些汗颜。)先生就说:“如果你们要研究巴金,就不能依据《巴金文集》十四卷本研究他的早期思想。”为什么呢?因为这个文集是1958年到1962年编辑出版的,那时无政府主义被当作马克思主义的敌人,在中国受到了批判,巴金在编自己文集的时候,对自己以前的作品做了修改，将有关无政府主义的内容都删掉了。贾先生就对我们说："你们要真做学问，就不能看被修改过的文本，因为它不能真实地反映作家当年的真实思想。你们要去图书馆，找初版本来研读。"那时，民国时期的初版图书我们是看不到的，图书馆也不对我们开放。通过贾先生的私人关系，我和李辉就跑到上海图书馆、徐家汇藏书楼，就这样一本一本地看，从旧报纸、旧杂志中去找巴金的文章，对不同的版本做了校勘。从这个时候开始，我慢慢走上了学术研究的道路。

我和李辉第一本合作出版的著作就是《巴金论稿》，人民文学出版社1986年出版，也是贾先生推荐的，他还为我们写了序。可以说，如果不是贾先生及时指导我们，我们可能也会写出研究巴金的文章，但观点和方法都会是错的，研究的基本立场可能也是错的。后来我在巴金研究领域比较自信，因为我看过巴金以前的各种版本，还看过国外无政府主义的各种文献，理解就比较全面。这样我就知道了怎么追求学术的真实，怎么实事求是地研究学问、讲真话。沿着这个道路，慢慢地成为一个学者。

我们对贾先生非常佩服。当时贾先生还戴着"胡风分子"的帽子，我现在想，我和李辉那时候与贾先生那么亲密地交往，可能是被人关注的。那时学校里也有一些老师提醒我们说：这个人是个"胡风分子"，你们不要多接触。更有意思的是：后来发现贾先生的日记里记了很多我和李辉到他家里聊天、跟随他学习的事情，他却不写我们的名字，而写小陈、小李。这些日记，李辉帮他整理出版了，李辉问他："先生，您为什么只写小陈、小李？"贾先生说："我当时还戴着反革命的帽子，我就怕万一你们被我牵连。我不说你们的名字，可以为你们保护一下。”后来先生对我和李辉说：“你们别到资料室找我，就到我家里来聊天吧。”我们就到他的家去。先生住的地方很简陋，一幢小楼里住着许多人家，毫无隐私。先生的小房间里就是一张床，一个桌子，一个小书架。那时师母还在青海。先生就一个人住在那里。我们经常在那个小房间里聊天、喝酒，吃一些花生米、酱菜，就那样聊天、聊天。

如果说，我对现代文学还有些研究，那么，这些知识主要不是上课听来的，而是与先生聊天聊出来的。跟着导师，听他今天说这些，明天说那些，慢慢地就把我引进了现代文学领域。我所知道的现代文学史上的许多故事和教科书里的内容是不一样的。历史细节不一样，认知价值也不一样。可能有的同学读过我主编的文学史，或者是我写的研究著作，你们就会感觉到，我的学术观点和主流教科书的不太一样，这种“不太一样”，不是我杜撰的，而是与我受到的教育直接有关。

那么，贾植芳先生给了我什么教育呢？为什么说他是“胡风分子”呢？下面我要讲讲贾先生与鲁迅、胡风这样一个新文学传统之间的关系。

贾植芳先生出生在山西襄汾的农村，少年时期在太原读初中。当时太原的成成中学是一所有名的中学，许多老师都是北师大的毕业生，他们把五四的火种传到了那里。初中毕业以后，贾先生就去了北京一个教会学校读高中，在那里打下了英语的基础。高中期间他参加“一二·九”学生运动，被国民党政府抓到牢里。先生的伯父很有钱，是个买办。贾先生被抓以后，伯父花钱把他赎了出来，然后把他送到日本去读大学。先生到东京的日本大学学社会学，才读了两年，抗日战争就爆发了。他又放弃了文凭，回到国内来参加抗战。他伯父知道后再三写信给他，让他不要回来，在那边好好读完书，但他人已经跑到香港了。于是伯父再写信给他，说："你千万不要回中国，我马上给你钱，你到欧洲去读书。你不愿意拿日本人的文凭，那么你到欧洲去读书，也可以留在香港读书。"他伯父生意做得非常大，在香港都有买卖。可是贾植芳先生血气方刚，还是回来了！1988年，我陪先生访问香港，当年与他一起从日本回来的同学都留在香港做生意，退休后每天聚在一起打麻将。先生去香港，他们就去机场迎接他，请他吃饭，都非常开心。那时候我问先生："您当时如果不回来，可能现在也在香港当个太平绅士了。而您回国参加抗战，前前后后坐了几次牢，苦了一辈子。您觉得值得不值得？"先生亲口对我说："我还是会回来的。看到他们现在的生活，我觉得真的很无聊。"——这就是一个五四知识分子的精神！

先生参加了抗日部队在前线打仗，利用他的日语优势，在军队里搞宣传和翻译工作。在前线，他写了许多报告文学和战地通讯，发表在胡风先生主编的《七月》杂志上。先生在日本读书期间参加了东京的左翼作家活动。1936年鲁迅去世以后，先生在东京街头看到一本中文刊物《工作与学习丛刊》，他从刊物的编辑风格和作家阵营，觉得这是一个高举鲁迅文学旗帜的进步刊物。尽管他不认识刊物里的任何编辑，他还是把自己创作的小说投寄给刊物。不久，刊物就发表了他的小说。这个刊物的编辑是胡风先生。就这样，贾植芳先生与胡风先生，从通信、投稿开始，渐渐地成为莫逆之交。胡风先生是中国现代重要的马克思主义文艺理论家，他在抗战中主编的《七月》杂志是抗战时期文艺界的一面旗帜，而贾植芳先生通过写作，成为一名"七月派”作家。

胡风是什么人？胡风是鲁迅先生最忠实的弟子。我们先说说鲁迅。鲁迅是一个不断追求进步的人，在动荡的20世纪上半叶的中国，鲁迅的思想非常激进，非常先锋，但也正因为先锋，而常常陷入极度的孤独，甚至是颓唐。鲁迅一生中多次与社会激进思潮结合在一起战斗，对旧社会的形形色色进行批判。鲁迅早年在日本留学的时候，参加过反清组织光复会。但是不久以后他就发现，光复会的想法和他的想法有距离，光复会老是搞暗杀，鲁迅不喜欢恐怖活动，就和他们脱离了关系。第二次是在辛亥革命，鲁迅又参加了绍兴的光复。绍兴光复的领导是一个绿林出生的革命党，叫王金发，鲁迅与这些人闹不到一起，于是鲁迅就离开绍兴，跟着蔡元培北上到教育部工作。1917年以后，鲁迅又与《新青年》阵营结合，与陈独秀、钱玄同他们结合在一起，参与了新文学运动，成为著名作家。没过几年，《新青年》阵营开始分化了。后来他又跑到广州，在中山大学任教。大概没有多久，国民党发动清党，屠杀共产党，他又一次跟国民党决裂，跑到上海与共产党联盟，成了左翼作家联盟的精神领袖。可是没过几年，他与左联领导人周扬他们又闹矛盾，这时候，左联也面临解散了。鲁迅就是这样，他不停地寻求与中国最激进最先进的社会力量结合，一起战斗。但他又很快感到失望，再次回到孤独的状态之中。所以，鲁迅的一生其实是非常动荡的，一直在探索、寻求、失望与超越之中。

但是值得我们注意的是，鲁迅晚年与周扬他们决裂以后，再也没有继续寻求外在的革命力量。30年代中期，也有一些比共产党更为激进的反抗组织，比如托派，来争取、拉拢过鲁迅，但鲁迅都拒绝与他们结成同盟。因为那个时候的鲁迅已经完全成熟了，他在上海深深地扎下了根，团结了一大批青年作家、编辑以及媒体人在他身边，成为支持他独立作战的基本力量。其中最著名的就是胡风。

胡风是一位卓越的马克思主义文艺理论家。他是留日学生，在日本参加的共产党，然后从日共转到中共领导下的左翼作家联盟。参加左联以后他主要是写文艺评论，也写诗歌，艺术感觉非常好。他与鲁迅的关系密切，成了鲁迅忠实的弟子。鲁迅非常信任他。周扬与鲁迅的关系搞不好，就怪罪胡风，以为是胡风在挑拨离间，把鲁迅与左联的关系搞坏了。其实是周扬自己不尊重鲁迅造成的，但他把责任都莫须有地推到胡风身上，还怀疑胡风是内奸。

鲁迅与周扬等左联领导人决裂以后，就特别依靠身边的那群年轻人，我把这个年轻人群体称为文学的"新生代"。他们当中，为首就是胡风。胡风身边团结了一群左翼作家，如萧军、萧红、聂绀弩、叶紫、彭柏山等等。另外还有巴金、黎烈文、黄源、吴朗西、孟十还、赵家璧等等，凝聚的核心是巴金。同学们如果读《鲁迅全集》，就会发现，在鲁迅晚年的书信日记里，鲁迅经常会提到这些名字。也就是说，鲁迅周围有两群文学青年，一群是左翼作家，另一群虽然不是左翼作家，但都是追求进步的作家。在这个新生代群体中，与鲁迅关系最亲密的大概有十来个，都是非常活跃的年轻人。他们中间有两个担任出版社的编辑：一个是巴金，文化生活出版社的总编辑；一个是赵家璧，良友图书公司的青年编辑。还有十来个文学刊物，胡风编《海燕》，黄源编《译文》，黎烈文编申报《自由谈》，后来又编《中流》，靳以编《文季月刊》，孟十还编《作家》，等等，还有一些编报纸副刊。两个出版社、十来个刊物，这在今天看来就是说，鲁迅掌握了上海文学领域的很重要的工具——媒体，鲁迅的力量非常强。所以说，鲁迅晚年的精神发展和组织发展都已经成熟了，他不再寻求激进的社会力量作为支撑，他可以独立地对抗国民党专制、对旧社会进行批判了。但是很不幸，鲁迅就在这个时候（1936年）去世了。所以我们研究鲁迅，看鲁迅晚年“两个口号”之争、“两个宣言”等等问题，其实都与鲁迅最后的道路选择有关，他就是把一批年轻人团结在周围，独立作战。鲁迅只活到五十五岁就去世了，鲁迅的突然去世，使这批年轻人失去了精神领袖。我们现在媒体经常说鲁迅去世以后有十几个人为他抬棺材，这些人基本上就是鲁迅身边的年轻人。

鲁迅去世以后，抗战爆发，这个文学新生代就分散到全国各地。以胡风为代表的一批年轻人在抗战中一直高举鲁迅旗帜。胡风主持的最著名的杂志就是《七月》和《希望》，通过这些刊物，胡风培养了一批青年诗人和作家，绿原、冀汸、路翎、我导师贾植芳等等，我们称之为“七月派”作家。这批“七月派”作家的著作，在贾先生捐赠的图书里都有，贾先生所藏的“七月派”作家创作的图书资料非常丰富。我翻阅捐赠书目，其中有些“七月派”的著作，我也没有读到过。

我前面已经说过，贾先生在日本留学的时候，因为给《工作与学习丛刊》自发投稿，结识了这个刊物的编辑胡风先生。虽然两人没有见过面，却一直保持着通信。贾先生的捐赠图书里有一本线装的《贾植芳致胡风书札》，就保留了当年的情景。当年的贾植芳先生还是一个热血青年，从日本回来赴前线作战，胡风先生就鼓励他，给了他一个“七月社前线特派记者”的名义，请他写前线的报道。后来贾先生写的作品主要就发表在《七月》杂志上。他们虽然称兄道弟，却没有见过面。

后来，贾先生从军队出来，写了一封信给胡风，说他到重庆了。那时的贾植芳先生很落魄，认识了一批和他一起留日的学生，他们其实都与中共地下党有关系，以留日学生身份在国民党军报《扫荡报》工作。于是，贾先生也去了这个报馆工作，并写信告诉胡风，他在重庆的一个报馆里工作，但他既没有告诉胡风是哪一个报馆，也没有说他具体住在哪里。胡风接到信后，就匆忙地在整个重庆报界找贾植芳这个人。他并不认识贾植芳，只是想他应该在新华日报社，就跑到新华日报社去问有没有贾植芳，人家说没有。他又到别的报馆去打听，一家家问下来，都没有问到贾植芳这个人。后来，他问到了那批公开身份在《扫荡报》工作的留日学生，在一个记者房间，像今天群租房，很多人住在那里。胡风就问："你们知不知道有一个叫贾植芳的人，在重庆报馆里工作？"那天，贾先生上完夜班后躺在地上睡觉，身上盖了一件破旧的军大衣，听到后就醒了。就这样，他俩相识了。贾先生回忆说："这时我正忙着穿衣服，那是一套已看不出是什么颜色的灰白布军衣，我又黑又瘦，一副落魄的样子，一定使他感到意外又不是意外，所以显然使他竟有些黯然伤神的表情。他的眼睛湿润了，以至他竟顾不上围绕着他的那片亲切笑容，立即从长衫口袋里摸出一卷钞票，跨步递给还坐在地上的我，声调温和地说：'这是二十元钱，你过去在前方寄稿子来，还存有一点稿费。'"

贾先生与胡风认识的时候，胡风在文坛上已经惹了很多事情。胡风是一个从日本留学回来的马克思主义理论家，他对马克思主义文艺理论的理解，与中国左翼作家联盟领导人周扬所理解的马克思主义可能还是有些分歧。最早是表现在对马克思主义文艺理论中"典型"问题的理解上，两人的观点不一样。这种分歧和争论本来是很正常的，可是慢慢就发展成为宗派主义甚至是政治陷害了。鲁迅及时地支持了胡风，周扬感到很不爽。抗战爆发后，周扬去了延安，成为毛泽东文艺思想的权威解释者。胡风则坚持在国统区大后方，因地制宜地领导文艺界的抗战活动，培养了大批的青年文艺工作者。胡风的文艺理论也是在抗战中越来越成熟的。他与周扬之间的矛盾并没有消除，随着周扬担任了文艺界重要的领导工作，用今天的话说，就是掌握了话语权。从1950年开始一直到1955年，周扬他们发动过很多次对胡风文艺思想的批判，对胡风一派越来越不利。

贾植芳先生与文艺界宗派主义之争是没有什么关系的，他只是一个作家。当时受到中共主流理论家批判的，第一是胡风，第二是路翎，第三是舒芜，后来又加上了阿垅。但舒芜很快就背叛胡风，公开发表检讨，还出卖好朋友路翎，接着又出卖胡风。在这个过程中，贾先生没有太多地卷入。因为解放后，先生在复旦大学担任教授，与文艺界关系比较远。更重要的是，先生的哥哥是贾芝先生。

贾芝先生现在已经一百零二岁了（贾芝先生2016年去世。享年一百零四岁），他是我们现代民间文学学科的创始人之一，早年是北平中法大学学生，诗人，读大学时他自由恋爱，与李大钊的女儿李星华结婚了。李大钊在1927年被张作霖军阀绞死时，李星华还小，是由李大钊的朋友周作人、刘半农等人照顾长大。后来，李星华要到延安去，贾芝就托弟弟贾植芳把李星华及其弟弟李葆华从家乡送到西安八路军办事处，转道去延安。他们的关系是很密切的。贾芝在延安时期已是鲁迅文学院的领导干部。

所以，在50年代初的几年，贾植芳先生处在一个非常奇怪的关系里。一边是他的哥哥贾芝，李大钊的女婿，在文艺界担任了领导工作，与周扬是同一阵营的官员；但另一边，先生的朋友胡风又是与周扬他们对立的文艺理论家。贾植芳先生是处在两种对立的力量之间。1954年，贾先生到北京探望哥哥，他哥哥特意安排他与何其芳以及其他官员谈话，意思是让他检举揭发胡风。如果他表态说站在他哥哥一边、站在周扬一边揭发胡风，可能他后来的遭遇就不一样了。但先生没有这样做！就这样，贾植芳先生后来被抓到牢里了。在这种情况下，任何人都会考虑：一方面他哥哥是政治上的保障，他检举揭发，出卖朋友，他就会获得安定的生活；另一方面他的朋友胡风，注定是要倒霉的，已经被批判好几年了。可是就在那样一个时候，贾植芳先生很坦然地对他哥哥他们说：我与胡风是好朋友，我从来没有听他说过反革命的话，我与他在一起，他一直是宣传鲁迅、宣传革命思想、宣传马克思主义的，这样的朋友怎么会是反革命呢？——他就不相信胡风是反革命。不相信，他就遭殃了。

到1955年，“胡风反革命集团”正式立案，抓了一大批人，包括胡风的朋友、与胡风通过信的人、胡风日记里提到过的人等等，甚至有的人与胡风没有关系，只间接有联系，都受到牵连。贾先生在复旦大学有几个学生，也是他培养最着力的学生，比如古代文学专家章培恒，英年早逝的美学家施昌东，现代文学专家范伯群、曾华鹏等等。这些人都是贾植芳先生当年钟爱的学生，已经把他们培养到公开发表文章、准备出书了。但贾植芳先生被抓进去之后，他们都被审查，被开除党籍、开除团籍，本来安排留校的都被打发到农村教书去了。面对这样的形势，贾植芳先生因为不肯与胡风划清界限，当然被列入反革命行列抓到监狱里去了。

我先生一生，第一次坐牢是因为参加“一二·九”学生运动，第二次坐牢是在徐州被抓到日本宪兵队，第三次坐牢是40年代末，在复旦大学参与学生运动，第四次坐牢就是这一次，时间最长，连坐牢带出狱后被监督劳动，受迫害时间长达二十五年。人的一生才多少年？先生活到九十二岁，差不多四分之一就在牢里度过。

我在与贾先生一起喝酒、聊天的时候，他对我讲的，不是他在监牢里受了多少委屈，也很少说起受迫害时他遭到了什么困难，他从来不给我讲这些。他总是讲他的朋友们的故事，还有文学史上的故事，他讲胡风怎么样，鲁迅怎么样，郭沫若又是怎么样，茅盾又是怎么样。他本人就是一个活生生的文学史。他与我讲的茅盾与教科书里讲的茅盾是不一样的。他没见过鲁迅，但他与胡风的关系很密切，他通过胡风来传递鲁迅的信息。他讲的历史是一个活生生的历史。

这样，我就慢慢地感觉到，这些现代文学历史就在我的眼前展开。如果不认识贾植芳先生，我读现代文学史，与读古代文学史一样。古代文学史老师讲李白、杜甫、白居易、《红楼梦》、关汉卿等等，与我是没有关系的，他们只不过是文学史上的一个个名字而已。同样的道理，如果同学们你们觉得自己与现代文学史一点关系也没有，那么，我在这里跟你们讲鲁迅、陈独秀、胡适、巴金……对你们而言，也是文学史上的一个个名字而已，没有感情色彩，没有生命交流。对吗？但是因为有了贾植芳先生，对我而言，情况就不一样了。我脑子里的胡风就是作为贾先生朋友的胡风，我脑子里的鲁迅就是曾经教育过胡风的鲁迅。这样一来，这些人与我的距离就完全拉近了。

说到鲁迅的时候，贾先生叫“老先生”（一口山西话），他讲“老先生”的时候我就知道他是在讲鲁迅了，好像是很亲密的关系。还有比如讲到胡风生病到上海来，他去看胡风的情况；还有路翎发了精神病，对着天空吼叫，等等。这样你会觉得，那些现代文学赫赫有名的或者在文学史上发生过重要影响的作家，一下子就到了你的面前。

我学习现代文学这个专业，感到幸福的就是我有幸认识了两个前辈先驱者，一位是贾植芳先生，一位是巴金先生。我研究巴金的时候，巴金先生的身体还挺好。我研究巴金，巴金就在我面前，他会跟我谈一些我不了解的事情，他会告诉我文章写得对不对。

这样一来，现代文学史对我来说，不是历史，而是一个现实环境，就是一代代人从鲁迅传到胡风，胡风传到贾植芳，贾植芳传到我。所以，我自己的感觉就是——我一直对学生这样说：

> 现代文学是一条河流，我是这条河流里的一块石头。不仅我个人，所有研究现代文学、从事现代文学的人都是这条河流里的石头。你们也是。这条河带着前人的生命信息，从我们身上流过去，流过去时把我们淹没了。但当河水流过我们的时候，就把我们的生命信息也带了进去。那么这个文学史就是一个活的文学史，是有生命的文学史。这样来理解的话，这个学科就不是一个外在于我生命的学科，我喜欢现代文学，就是因为我是存在于里面的，我是这里面的一个人，就像河流里的一块石头一样，我感到这个传统在我身上这样流过去。

很多现代文学的研究者都是这样培养起来的。北京大学的现代文学的博士生导师王瑶先生，他是朱自清、闻一多的学生。我想王瑶先生在培养钱理群、陈平原、吴福辉等学者的时候，不会讲教科书上的鲁迅怎么样，他一定是讲朱自清先生当年讲的鲁迅是什么样，闻一多先生上课是什么样。对老钱他们来说，朱自清是活的朱自清，闻一多也是活的闻一多。

我们这一代现代文学的学者这样培养起来，大家之所以都很有使命感，都对现代文学这个学科这么热爱，有一个很重要的原因，那就是我们有一点文脉相传，不是一个公事公办的老师在课堂上教给大家一些教科书的内容。当你进入现代文学史的时候，你就是这中间的一个人，你就是这个学科的一分子。作为中文系的学生，毕业以后你们可能当一个作家，你们就是当代文学史上的一个作家，对不对？所以，从某种意义上说，我们中文系的学生都是这条河流里的石头。将来如果你们去做老师，就会把这些知识再传播给你们的学生；如果去做一个编辑，就会编出最好的作品；如果当一个作家，就会写出最好的作品；如果当一个评论家，就会为这个学科发展做出你的独特研究……所有的人都是这个学科传统里的一分子，都在发展着这个学科。这样的话，我们与这个学科之间，就是一种生命相连的关系。我是一直有这种感觉的。

我在我的人生道路上遇到贾植芳先生、巴金先生，他们就给我定了一个研究格局。我的研究主要是现代文学的两个部分：一个是从巴金研究领域进入到思想文化、出版文化这个传统；另一个就是胡风研究，包括鲁迅研究，进入到五四传统的研究。这两个传统对我来说好像是一回事，都是让我融入这个学科中。

现在我简单地来归纳贾植芳先生这个人。

第一，贾植芳先生是一个有理想的人。他不是一个无产阶级出身的人，他出生在北方农村的一个地主家庭。家里也不是没有钱，不需要靠两把菜刀闹革命。但他是一个自觉的知识分子，一个为了理想、为了国家而放弃个人一切的人，一个对这个社会有理想有担当的知识分子。

我前面说到过，先生的伯父是一个买办，很有钱。但伯父没有儿子，只有女儿。旧社会家业财产传儿不传女。抗战爆发先生回国抗战，他伯父对他说："你实在没地方混，你就回来吧，我就把你当儿子，我就把这个家产交给你，你去打理，你来管这个产业。"先生对他伯父说："伯父，你出钱培养我们去读书，不就是要我们做一个对国家有用的人吗？你如果只是要我去继承你的这些产业，我只需要跟你学做生意就可以了。你既然培养我出去读书长知识，我就不能继承你的产业了。"那个时代的知识分子与现代人的观念很不一样，认为做生意的人是不需要什么学问的，只要算算账就可以，有点轻视商人。所以我也在想，像贾先生那样，有家人送他出国求学，有家人给他丰厚的家产，这都是我们今天许多凤凰男苦苦奋斗的目标，可是先生就这样把财富、名誉、学历、前途，都轻轻地推开了，回到苦难重重的祖国，参与了追求民族解放的事业。

先生在晚年写了一部回忆录，叫《狱里狱外》。这是先生最重要的一本书。在这本书里先生也在想这个问题：我这样一生过来，值不值得？但是他想来想去，觉得还是应该这样。为什么？他说他是属于五四一代的知识分子，他们受的教育不是怎么发财、怎么找一份好职业、怎么建设一个好家庭。而今天我们很多的教育目标恰恰就是这些，很多学生就是为了这些来读书的。而在五四那个时代，教育培养的目的、方式都不一样。当时教育人首先要做一个对国家有贡献的人，愿意投身到民族解放事业中的人，要成为一个为国家为民族有担当的人。其实，一个青年学生到底用什么来贡献国家？怎么来担当？他也不是很明白，但是他总觉得应该做一些更大的、对国家更有用的事情，不应该平庸地追求一己之幸福。这样一个志向，我们在现代文学这个学科里学习，特别有感受。

巴金先生也是这样。他一生写了那么多小说，是名满天下的大作家。90年代末，有个杂志社要我采访巴金，请他谈谈对即将过去的20世纪的感想。我拟了一些问题先写信告诉他，然后再约定时间去拜访他。他自己准备好了，拿出一个练习本，写了一些准备要回答我的问题。你猜他怎么说？他也是说："我不应该当一名作家，我应该去做实际的工作。"我就问："您如果不做作家，那么您觉得做什么样的工作可以比现在对社会更有贡献？"他就笑了，说："所以我充满矛盾呢。"我很了解巴金老人，他早年一直想当一个革命者，从事实际的工作，要对国家未来的发展负有更大的责任。做作家写小说是无可奈何的选择，也是没办法，别的事业都失败了，只好去当一个作家。

当年的人，理想非常大，这个理想可能不是很具体，只是朦朦胧胧的一个追求：当一个知识分子。所谓的知识分子，就是受过新文化教育、对社会有担当、有大的贡献。所以对先生这一代人来说，家里有点财产，拿一个国外大学的博士学位，都是小而又小的事情，他们不会在意。就是这样一种精神，鼓励了一代又一代优秀人才。我们今天回顾历史，就明白了为什么五四新文化运动会造就那么一大批优秀的知识分子，他们出国留学，到国外学了很多东西，可是当他们回到祖国时，想的不是升官发财，而是要为祖国做贡献。当年一大批留法、留日、留苏的知识分子都回来了，结果有的死在了国民党的监狱里面，死在了前线的炮火里，甚至死在自己阵营的极"左"路线的屠刀下，轰轰烈烈，可歌可泣。中国现代史上死了多少优秀知识分子？他们本来可以做别的事，可以在自己的工作岗位上做出成就，可是他们不想做，他们就想为这个国家有所担当。贾植芳先生不是一个成功的革命者，也不是那种伟大人物，可他是一个合格的知识分子。我觉得他一生追求的，是一种理想，一种抽象的信念。那是在我们国家最危险的时候，他不要国外文凭，不要家里的财产，他要回到祖国来当一个普通的战士，在前线作战。你想他对祖国是多么的忠诚啊！

第二，贾植芳先生是一个有情有义、对家人和身边人有大爱的人。

贾植芳先生对朋友有情有义，宁可自己遭殃也不肯出卖朋友，这在对待胡风问题上已经呈现出来了。这里我想讲讲他对师母的了不起的感情。

先生与师母是患难相交。他们结婚的时候，师母对他说："我跟你吃苦不怕，就是不要给我受气，受气不愿意，吃苦没有关系的。"结果他们一辈子受苦，苦得家破人亡。可是两个老人晚年还是相濡以沫地过完了悲剧性的一生。

我讲一件令人感动的事。有一年师母脑出血，病得很重，躺在医院里不停地发出悲惨的叫声，医院整个楼层都能听到，连医生都说病人没有存活希望了。于是我把先生接到医院，让他再与师母见个面。先生来了，紧紧抓住师母的手，高声地说："任敏任敏，你要挺住，别人那时候要打倒我们，我们没有办法，现在我们自己不要被自己打倒啊。"我当时就在他们身边，亲眼看到师母眼泪哗哗地流下来。第二天奇迹出现了，师母活过来了，变了一个人似的，沉沉地睡着了。后来，先生就把师母接回家，每天给师母量一次血压，量一次体温，四大体征要正常。其实先生并不懂医，他就是坚持这样做。就在那个时候，先生每天看着桂芙给师母量血压，量体温，喂师母吃一个猕猴桃，吃一根香蕉，吃一个苹果，这些东西都吃完了，先生就放心了。就这样，整整五年，先生在身边照顾师母，和她说话，说“任敏啊，今天怎么怎么样”等等。师母是植物人，虽然她听不到，但我觉得这就是爱，一种大爱。师母就这样在先生的关爱下又活了五年。

在今天这个时代，连做人的基本准则也变得模模糊糊。我们到处说要弘扬国学，还要到两千年前的孔子那里去找什么是仁、什么是义，可是我从先生那里就看到了一个现代知识分子的品行里，什么是忠，什么是义，什么是爱，什么是仁。做人，就是要做到仁，对国家就是要敢于担当；对朋友就是要有情义，要一诺千金；对爱的人，不仅仅爱人，还有对学生、对朋友、对世界，都要爱，要有大爱。做人无非就是这样。

第三，贾植芳先生是一个勤于学习的人，活到老学到老。一个真正的知识分子，任何时候都是在学习中。

复旦大学现代文学学科是先生创建的，那是在50年代，现代文学还是一门新兴学科。复旦大学中文系除了贾先生，还有著名的戏剧家余上沅先生、散文家方令孺先生、小说家靳以先生、民间文学学者赵景深先生，等等。当时贾先生培养了好几个立志研究现代文学的学生，指导他们写现代作家评传，分别研究冰心、王鲁彦、郁达夫、朱自清，先生还为他们找了出版社，准备推出他们的著作。那是50年代头几年，现代文学作为一门学科，正朝着鲁郭茅巴老曹的新民主主义的经典模式在建构，但先生指导学生的关注点完全不同，他重视的是有创作实绩的自由作家。后来贾先生被冤案所累，他的学生也都受到牵连。范伯群、曾华鹏两位先生在艰难中坚持合作研究，一起完成了郁达夫、冰心、王鲁彦的评传，贾先生这一师门传统得以光大发扬。

“文革”后，贾先生已经是六十多岁的老人了，中文系又给他安排了新的任务，希望他主持建立复旦大学的比较文学学科。因为那时中文系老师的外语都比较差，而贾先生懂日语、英语两种外语，就请他创建比较文学学科。他为了了解这个新的学科，认真阅读了大量的中外相关书籍。我们从贾先生的藏书中也可以发现，比较文学方面的图书比较齐全。从80年代中国开始建立这个学科起，贾先生就是创始人之一。他不断地学习，组织我们阅读翻译国外的汉学家著作、比较文学的著作，研究中外文学的关系，还承担了“外来思潮、流派、理论在现代文学史上的影响”等国家社科项目。这项工作完全是从零做起，一点一滴，最后就创立了比较文学学科，组建了比较文学的研究团队。

记得有一次，他让我给他买一本叔本华的《作为意志和表象的世界》，商务印书馆出版的。我送书过去时，有几个朋友在聊天，一位朋友拿起书看看封面，说，老贾你还买这种书看？我们早就不看这些了。先生连连点头，说，要看的要看的。我看他也是一脸无奈的样子。先生就是这样，有时候他也感到力不从心，但是学校交给他的任务，他总是勉力去做，而且尽力把它做好。

所以，贾植芳先生在复旦大学创建了两个学科，是复旦中文系现代文学、比较文学两个学科的奠基人。同学们可以去看贾先生的藏书，他的书很多是比较文学的，有些书可能现在市面上已经找不到了。如果同学们当中有人想学习比较文学，可以在贾先生的藏书里找到第一手的基础的资料。

时间过得很快，我可以讲很多关于我导师的事情，但由于时间关系，今天就先这样简单地做一个汇报，以后如果有机会，我还会来河西学院，和同学们交流，谈贾先生，谈各种各样的学术问题。

谢谢大家！

2014年7月

绝响谁听？

——再读贾植芳先生的来信

李　辉[1]

贾植芳先生诞生于1916年9月29日，逝世于2008年4月24日。

遗体告别仪式上，我一直没有落泪。先生能够活到九十二岁，昏迷之前还能与前来探望的学生们交谈，还写下那篇最后的日记。他在没有太多病痛的折磨中离去，该为他感到庆幸。可是，当最后推走他的遗体时，我还是忍不住号啕大哭。

我从来没有这样哭过。那一刻，更多的不是悲哀，而是失落——在这个世界上，很难再有他这样的先生了。

先生晚年常爱这样为人题写："把人字写端正。"简单几个字，他用全部生命和人格写就。1955年因"胡风反革命集团"牵连他遭遇多年牢狱之灾，但他的精神锐气从未磨灭，他与胡风等朋友之间的真挚

① 李辉，作家，人民日报社高级记者。

友谊丝毫未减。他豪爽、乐观、坦荡，却非玩世不恭。他坚持独立思考和道德完善，却并不迂腐。他看重友谊，却不袒护友人，相反，他总能超越于个人恩怨，站在更高层次、更开阔的广度反思历史，在这一点上，很少有人能达到他的境界和深度。晚年回顾自己一生，他常爱对人说："写好一个人字。"他用人格印证这句话，也想以这句话熏陶学生，影响社会。

一杯酒，一支烟，一盘花生米，几片猪头肉，一碗炸酱面，一番海阔天空的漫谈……简朴的生活习惯中，先生享受着自由精神的快乐。

先生1937年以散文、小说创作走进文坛，《人生赋》《热力》是他最初的精彩亮相，显示出他的艺术敏感性和现实观察力。然而，他没有把文学作为唯一选择和归宿。他翻译社会科学著作，研究中国近代经济史，关注学术，拓展历史视野，遂成为他介入社会、敏于思考的另一选择。一旦走进大学校园成为老师，文学性情的挥洒、学术视野的开阔与自由精神的飞翔，这种至为重要的五四文化的传统，必然成为他能够履行好教师职责的基础。

尽管先生的教育生涯因磨难而断断续续，亲授学生不算众多，但不同时期的许多学生，都把他当作恩师、亲人、朋友。学生们从他那里感受到的不限于学识，更多是五四文化特有的自由、开放精神的熏陶。特别是在1979年先生重新执教后，年轻的学生有幸在他的身上，看到了民国时代那些真正热爱教育、追求人格完善、善于教学的教授的影子。这是传统的余韵，这是历史脉络被割裂后的再续。一座大学，因有先生这样的老师，才真正具有魅力。

先生讲话，浓厚的山西襄汾口音，难懂。他的笑谁都懂，爽朗，诙谐，机智，有时甚至还有几丝狡黠。年轻时给胡风写信，他用毛笔，短促有力而飘逸，好看。晚年字迹潦草难辨，一笔一画，他都用劲写，力透纸背。从1978年起，用这样的字，他写了将近三十年的日记，几乎从不间歇。日记，是先生人格的全部写照，也是他为历史留下的记录。

先生走了，这样的日记，恐怕也不大有了。

临近2008年岁末，写完上面这些文字之后，我开始整理先生写给我的信。我与先生的通信始于1980年，止于2008年，时间跨度二十八年，计有数十封之多。2000年，先生在大象出版社出版《写给学生》一书，我从1980—1992年之间的先生来信中，挑选出三十五封公开发表。如今，我从1992—2008年之间的先生来信中，另找出八封加以整理收入《贾植芳先生纪念集》之中。其中，先生的最后一封亲笔信写于2008年3月，距生命终点他只剩下一个月的行程了。

在这几封来信中，先生相继写到了陈思和、山口守、坂井洋史等，他们都是先生在复旦的中、日两国学生；李存光虽非学生，却因研究巴金而与贾先生有了密切交往。简短几封信中，与先生关系密切的几位学生和朋友却都出现了，实属难得。因此，我将之视为先生与学生交往史的珍贵记录。

整理先生的来信，又一次在他的有力而难以辨认的“天书”中感受熟悉的温暖。他对学生们学习、工作的指点与关心，特别是对我和应红事无巨细的关爱、叮嘱，再次阅读，仍让我情不能已。此刻，非“感动”二字能完全概括我的心情。对于我，先生的意义早已超出了导师的范畴。山口守兄曾在一封信中这样叙述他的感受：“丧礼那天，我在赶机场的车上因旁没人而直哭，司机先生是个好人，装着没听见我的哭声。我自己也没想到哭声不是从喉咙里出来而是从内心深处出来的。后来到美国开会。会议结束之前，有一位美国的大学老师过来和我聊天，知道我曾在复旦大学，就问我的老师是谁。我就说‘贾植芳老师’，但一下子嗓子哽塞，说不出第二句话，眼泪盈眶，就说不下去了。她可能猜到我这么难过的原因吧，直安慰我，甚至旁边的几个人都很同情我，竟使我更难过。”

我们有同样的悲伤与失落。

2008年即将结束的某天夜里，我梦见了贾先生和师母两个人，说是要给先生过生日。同时梦到他们两位，这还是第一回。天亮了，我发短信告诉桂芙：“昨天晚上我梦见贾先生和师母了。”桂芙回信说：“这几天要把先生的骨灰与师母合葬。”患难与共相濡以沫的恩爱夫妻，终于又要一起居住，永远不再分开了。

同在2008年，家妹因病去世，山口守兄来信安慰我，有一段话他写得特别好：“回想到那年我们访问你的故乡，见到你妹妹，已成了难忘的记忆。因为我是个无神论者，对任何人的逝世不能说‘安魂’或‘离开人间’这种话，但将他们的形象可埋在自己心里深处，并永远记在记忆里面，这样故人就能活在自己脑子里。有时做梦能见到他们。这几年我也死了几位亲友。晚上睡不着时，时常想他们太难过，但后来我才想，回忆或梦里能见到故人也不坏，要不然他们会消失了。”

梦见先生和师母，说明他们没有消失。

他们怎么会消失呢？先生和师母的思想和情感，就活在这些书信的字里行间，活在我们的记忆和梦里。

时间真快，再过一个多月，就是先生的周年祭，谨在此献上我的心香一瓣。我想对他说：您和师母永远与学生们同行。

2009年3月2日于北京

附：贾植芳先生致李辉书简（八封）

1. 1992年10月10日

李辉：

今天思和来寓说，应红进了北京医院，要开刀治疗。我们听了，十分惦念。她体质素弱，因此，在住院治疗期间，除了应遵医嘱服药外，更应该注意营养和休息，更要紧的心情要开朗，有“战时且当平时过”那样的情怀。同时，应该选择临床经验丰富的老医生主持开刀。因为据我的经验，开刀动手术，医生技术的高下大有讲究。我那次因车祸骨折住院开刀，因为是一位骨科的老军医，所以不仅开刀过程顺利，术后也没有任何后遗症，又为这次住院契机和这位老医生成了朋友。我国的医学教育很不发展，“文革”前在校的医学院学生，在那个政治挂帅的时代，除了参加运动，批资产阶级，就是下乡劳动，向贫下中农学习，改造思想，“不务正业”，专业倒荒疏了。这十多年情况可能好些，比较注重专业教育，同时，也有不少国外回来的洋博士，医疗面貌可能有些改进，因此如果应红需要开刀，一定要尽可能地注意选择医生。据我的经验，老医生为好，除了医疗经验丰富外，他受的专业教育也比较严格（解放前，我国的医疗教育主要是老外经办的，像北京的协和，上海的圣约翰，就是美国教会办的，震旦医学院，是法国人办的，同济大学医学院是德国人办的，上海的同仁医学院，哈尔滨的医大，是日本人办的等）。同时，这些老医生责任心比较强，认真负责，他懂得人命关天，责任重大，马虎不得。在我国没有颁发医疗法律的条件下，医生的医德是很重要的。

应红在病愈出院后，尤其需要休息一个时期，俟元气恢复了，再说工作。到了我们这把年纪，才真正体会到健康的身体是我们唯一的财产这条真理。尤其是今年上海气候反常，四五月份我因瘙痒症住院检查治疗了一个月，回来后，任敏又接着发高烧，折腾了近二十天才好，我们体会的就更深。

我们此间日子过得正常，今年没有外出，计划天气凉快后，十月将到浙江金华住几天，散散心。

现在就写到这里，祝愿应红早早恢复健康，出院回家静养。

此祝

双安！

贾植芳、任敏

1992年10月10日 上海

2. 1993年4月15日

李辉：

桂英昨晚坐火车进京，想已看到了。

现介绍在我这里进修的日本访问学者星名宏修先生往访，并介绍你们相识和交谈。

星名先生原为日本京都立命馆大学中国现代文学研究生，此次来沪专题研究中国抗战时期上海沦陷时期文学。我前两年去日本访问，在日本中国学会在东京大学举行的欢迎酒会上的讲演《我与胡风先生的交往与友谊》，就是他译成日文，分五期在大阪的《中国文艺研究会会报》上发表的。他为人笃实好学，此次进京访查资料，必要时，请能予以照顾、帮助是荷。

专此 顺祝

近好！并问应红好！

贾植芳、任敏

1993年4月15日 上海

3. 1994年1月23日

李辉、应红：

你们过年好！

李辉根据录音整理的记录稿，原稿一些失误处，我做了笔改。第二页开头：“唐是说阿垅、方然到处骂人，我们又不惹他们”，这一段其中有漏失。事实是，唐指唐湜，他是九叶派诗人，因与我较熟稔，有往来，所以约在80年代中期《文艺报》约他写一篇关于胡风的文章，他写好后寄到上海（他这些年长期住温州，这里是他的故里，但50年代在《戏剧报》工作，住北京）给我看，其中说到55年反胡时，说，胡指使阿垅、方然到处骂人，也骂到他们，这就使他们不能忍受，因为他们对七月派并没开罪过，而且在旧社会，大家都受过国民党的迫害。因此，55年反胡风时，无论左派、自由派都称快……云云。我看了之后，当场对他说，现在提这些不必要了，无论胡风、阿垅，还是方然，后来遭遇都很悲惨，阿垅死在天津狱中，方然跳西湖而死，请你原谅他们吧，他们对不起你们的地方，我作为他们的好朋友，向你们道歉，认错。经我这么一说，他倒不好意思了，所以文章在《文艺报》发表时，这些内容他事先都删去了。这是除范泉事件外，我第二次给人赔罪、道歉。你的记录稿，说到此事，可扼要地写一写。

又，记录稿中关于1945年毛到重庆时和胡风接触一节，是1946年舒芜在上海住在我们家里时说起的。

谢谢李存光老弟和你们的感情，四月间，如身体许可，我们一定去北京逛逛，从79年8月以后，我就再没进过京了。

我们这些日子身体还好，没什么大病痛，桂英去年6月去了新西兰以后，家里雇了一个长工保姆照料我们，日子过得还正常，桂英他们也常有信或电话来，两人都是一边打工，一边上学（语言学校）。

去年年底学校突击买房，我们因为只有两个户口，所以房价要二万一千元，一次性付款，花了一万八千元。按照规定，住满五年后，此房可以自由出租或出卖。客厅的地板，去年年底也全部换过了（还是你1991年来沪时代我写的给党委书记的信，去年才落实了）。校修建科还说，房屋大修事，开春以后，民工们回来再进行。

这样，有了这几间私房，人的精神也自由一些，你们再来上海，就真的住在我们“家”里了。

上海从元旦以后，天气就不大正常，忽冷忽热，忽晴忽雨，变幻莫测。也因此，我们只在家里围炉烤火，躲避春寒。

日本友人山口守先生，前信说他偕同他的老师松井博光先生以及另一位日本汉学家将在4月1日来上海，2日晚上在我家喝酒，3日去北京，参加巴金学术研讨会，我们和思和再去，那就更热闹了。

先说到这里，祝你们

健好！

贾植芳、任敏

1994年1月23日夜

4. 1994年7月7日

李辉：

现趁周书兰女士进京之便，托她带上我们对你与应红的问候，并托你们对她多加照应，帮助。

你或许会想起来，书兰是桂英爱人书龙的姐姐，现在复旦图书馆工作。桂英外出后，她对我们日常生活，热心照应，帮忙。她此次进京系去新西兰大使馆办理在该国探亲签证。她北京情况比较陌生，为此，希望你们多加照应，另代购回沪火车票之事，还请亦为她帮忙。

我们一切正常，只是今年上海天气热得反常，报上说，有三十九度之高。恰巧这个热天我们家正在装修房子，我们临时搬到同宿舍两间房子里暂住，因为是临时的，下月就可搬回去，所以原来的空调没有迁，也没有改装在这里，这样，人比较苦些，只有硬着头皮“抗热”了。好在近两天气温有所降低，最热的天气就算熬过来了。

原住房这次装修得比较像样些，你们如南来，也有了比较安适的落脚的地方了。

匆此，顺祝

健好！应红同此

贾植芳、任敏

1994年7月7日　上海

5. 1995年11月2日

李辉：

好久没给你们写信了，只是从你的来的电话中，得悉你与应红一切如常，我们才得到了慰藉。

前接山口守先生回东京后的来信，并附来他与坂井洋史先生所合写的那本论巴金的书出版社排印我的序文的小样，这个小样我事先未过目，校读之后，才发现一些误排之处，现将校改后的小样随函寄你，请便中转交出版此书的东方出版社责编黄金山先生，希望能得到校改，少些错处为好。

思和已于今晨动身去了东京，他前天在这里吃饭，昨夜来电话说得到东京的坂井电话，坂井准备今天去东京的成田机场车接他。闻讯之后，我们才放下心来。否则他人地两生，又不懂日语，即或有邀请单位早稻田大学的接应人员，但他们带你去乘机场的送客大车，并不直接送到你的住所，这就麻烦了，何况去接应的人不一定懂中国话呢。

我那本小书《狱里狱外》再版本，本月中旬可拿到书，届时，当签名寄给你们留念。

你上次电话说，下月可能来上海，我们听到好喜欢，因为我们两个都老了，能和你们见一次就是一次了。因此，更感到友情的珍贵。

上海这两天也渐渐冷了，所幸我们两个身体还好，没什么大毛病，家里仍有个小保姆照应我们，外面有事，有现在在学的研究生们跑腿，所以日子过得还太平。

那就先写到这里。

祝

健好！应红同此。

贾植芳

1995年11月2日夜　上海

6. 1998年4月3日

李辉、应红：

你们离开上海后，这里的一位应届博士生马丽蓉同学来访，她是从新疆考来的回族女同学，她送来写当代作家刘震云的文章，文章不长，但写得有一定的自己见解，她希望能在北京的刊物上得到刊登出场的机会。为此，特将这篇文章寄给你们，希望应红能费心推荐到《文艺报》上发表，对这位同学应是一种鼓励与鞭策，这就叫“君子成人之美”。

这次有机会与你们在上海相聚欢庆，对我们这对风烛残年的夫妇，也是一种极大的精神慰藉。也希望你们在繁忙的生活工作中，保持清醒的头脑，希望加强自我保健意识，注意营养与休息。

希望年内我们能有在上海相见的机遇，希望能在报刊上能多读到你们的文章。

匆此，祝

健好！

贾植芳

1998年4月3日　上海

7. 1999年3月（无日期）

李辉、应红：

你们好！现趁汪凌回京之际，带上我为“文革”中写给任敏的信的选辑写的几句话，文章信笔写来，你看后，如觉得行文有不妥之处，就请来个“修正主义”，因为上海这个地方，文化气候还很“那个”。

我们近况，汪凌当可面叙一切。任敏病情已好转，但似仍需要住一个时期的医院。好在有思和就近照拂，因为桂英将小保姆带在医院照应。每日有一位同学进驻家中为我烧饭和照应生活，这也是“非常时期”的措施。只要任敏病情得到控制回家静养了，我们的生活秩序也能比较正常运转了。请你们不必挂心。

春寒时期，望多珍摄！祝

健好！

贾植芳

1999年3月

8.　2008年3月[①]

李辉，向您和应红拜个晚年，祝生活幸福，身体健好。

现介绍我的胞妹孙女毛巧晖来看望您，有所拜托。巧晖在复旦古籍所的博士后学位，后出站，到中国社科院工作。在此情况下，她在攻读博士生学位前的山西师大向她算账，真是狮子大张口。山西师大向她要的在她读博士学位后的这笔钱，数额巨大。按她现在的经济能力实在负担不起。您在京工作多年，如有熟悉山西相关单位负责人士和在教育部的头头脑脑请你从中关照一下，疏通疏通为好。

此信皆由她面陈。

握手！应红同此

贾植芳

2008年3月　上海

---

① 无日期。这是先生写给我的最后一封亲笔信。所提毛巧晖应是在中文系的民间文学专业。——李辉注

贾先生的教诲

〔日〕坂井洋史[1]

一

在中国，追悼故人时，“挽联”一下子云集而呈现“热闹”景观，对如此风俗习惯，我一直有些想不通。最沉痛难熬的时刻终于过去后，把经过慎重考虑和构思而精心制作的挽联送过去，这还可以理解。但是，敬爱的、亲近的人刚刚去世不久，正沉浸在悲伤的时候，竟“制作”出着意于形式之整齐的文本，如此心情似乎太不近人情，令人费解。原来，为要在文字上下功夫，就需要将感情等主观因素一度从自己心上甩开，对此射向清醒甚至相对化的眼光。在这个意义上，文本究竟是某种心理余裕的产物。我总觉得，它与惊骇、狼狈、悲伤的心理状态，不管如何也势不两立。

① 〔日〕坂井洋史，日本一桥大学教授。

接到贾先生——我们不叫“老师”也不叫“教授”，就叫“先生”——讣闻时，震动着实巨大。我也早知道先生从去年初冬住进医院疗养，但是我从三月底来日的张新颖兄口中了解到先生基本上无碍，气候一温顺些就可以出院。当然九十高龄老人的病情随时会骤变，对此，我也不是说一点都没有思想准备。虽然如此，我还是受到冲击了。接到告别式的通知，恨不得一瞬间飞到上海。事与愿违，多么不凑巧，偏偏在告别式前后都有躲不开的事情已安排好。那么，至少要草拟吊文以表达我心中的追悼和感谢……但是，应从哪里下笔才好呢？长达二十年的学恩，点缀人的一生中也不算短暂的二十年（人生能有几个二十年？）之大大小小回忆，一会儿浮现在脑际，一会儿就消逝，明明灭灭，无从抓住，徒让片段的记忆驰骋，吊文终于未能成形。那时，我忽然想到“挽联”，而仓促间草就的联曰：“贾先生千古：万难不屈傲骨存正气；人字端正桃李盈天下。”一看就知道，它太平庸、形式化，尤其是后一句，很明显，找不到适当的表现而就易逃避到无可无不可的套话以勉强完备“形式”。虽然深知如此毛病，但是不知为何，我也觉得释然，就把它寄出了。

难道我竟满足于这幅平庸的挽联吗？难道把它送过去就算卸责而能够获得心理上的安慰吗？都不是。仅仅十八个字，当然不能表达我心中的感情。实情恰恰与此相反。因为我早就看透千言万语也不能表达出我对于先生的感情和有关先生的许多美丽的记忆，所以干脆把这些统统赶到“形式”的背后去。采取“挽联”的体裁而成“形”的文字，只不过是套在洋溢的感情上之盖子或贴在盖子上的简单标签而已。到这时候，我就明白了：感情愈率真而洋溢，人愈丧失话语。历来中国文人或许看破语言表达能力的局限，所以作为权宜之计而以挽联这个“形式”来勉强对应局面也未可知。天真地相信语言能够表达一切的我，为自己的浅薄深感羞愧。

二

有一种看法，以为晚年的贾先生对于人生非常达观，采取潇洒的态度，而如此看法似乎在世上较为普遍。真的如此吗？我未免怀疑。

90年代初，在复旦从事在外研究的我有过机会陪伴先生夫妇到外地去开会。与现在不同，交通也不甚方便，坐了八小时火车才到目的地。因为当时中国的高足们都有事不能同行，不周到的陪同任务就落到我们老外夫妇头上。幸亏这个偶然的机遇，那一次旅游给我们留下了许多难忘的美丽记忆。但是，在几天旅游中，一个情况让我觉得有点异样：先生似乎不大亲近与自己同年代一辈的人，虽然与会者里面有不少老人，而其中几位早在解放初期就与先生有过或多或少的接触。我看出先生的态度似非偶然的表现，所以回到上海几天后，委婉地提起这个疑问。先生的回答很简单，说：“我喜欢年轻人，只交年轻朋友。”就是说，先生在那次旅途中始终贯彻这个“原则”。

的确，先生谈到那个冤案及其后来漫长的苦难岁月时，话题一涉及结下恩恩怨怨的人之月旦，不管世上后来的议论如何，其评价绝对不动摇。那也是很自然的。三十多年来的心中暗影和重担绝不会简单地消失。正因为如此，先生“只交年轻朋友”，换句话说，将希望托给未来，以承受心中的暗影和重担。这种态度，与忘却、宽容、达观、潇洒等等绝对不同，应该把它称为极其强烈的“执着”的态度也许妥当些。听说，先生也曾经将希望托给年轻一代，却落了一场空。但是，先生没有失望，没有变更自己的“原则”。多么宝贵的“原则”！一想到这个“原则”也竟然适用在异国的我头上，我的心就充满深挚的感激。

三

据我有限的经验，先生很少自己主动提起关于胡风其人的评价一类的话题，除非我们提问请先生回答。对我来说，印象更深的是，先生在海阔天空无所不谈的聊天中偶尔涉及的文学史上人物的逸闻。苏青、邵洵美、院系调整时期上海各院校的教授们等等，不管其人有无名气，一经先生诙谐幽默的描述，他们的风貌甚至于谈吐就活现在我的面前。

还是在90年代初，我把去杭州的计划告诉先生，先生就要我去拜访冀汸先生和郑泽魁教授，并写介绍信。在杭州，不谙地理的我，好不容易找到冀汸先生寓所叩门，很不巧，冀先生正睡午觉。但是，他看了看介绍信，马上跳起来，整整服装接待我，实在令人汗颜。至于郑教授，我去杭州大学中文系而不遇，把介绍信留在办公室。当天晚上，他远路到我下榻的宾馆来，虽然他也并不确知这个异国后生究竟在不在。这也是只有贾先生的学生才能享受的厚遇吧。两个月后，我通过郑教授的介绍，终于能够见到老诗人汪静之先生。恰恰在当时，我研究湖畔诗社及其摇篮的浙江第一师范学校的一些历史情况，因此这次会见是非常难得的机会，直到今天依然是值得自豪的珍贵经验之一。不用说，究其根源，这也是贾先生的恩赐。

像我们“老外”研究异国的文学时，必然得依靠文字资料。这是不得已的无奈。我自己也经常感觉到由此而来的研究上种种局限和缺陷，引以为戒。虽然如此，经常接触到文学史上占有一席之地而自己就是历史人物的先生之言笑，又置身于以他为中心的人际圈内，我就觉得所谓“文学史”并不是书本上文字的枯燥罗列，而似为至今还在呼吸、成长的、不定型的生物。这个感觉，对于现在标榜从事文学史研究的我，无疑是不可多得的宝物，与此同时，也是时时打在动辄误以为书本和资料会告诉一切的懒惰精神上之警策。

四

至于贾先生日常生活上的琐事、我也偶然有过关联的一些逸事，连这些都不遗巨细地一一拾起来的话，即使是一年只见两三次面的异国学生，在二十年这个不短的时间中积累下来的记忆也真不少。先生留日时候的回忆和还没全部忘掉的日文片段、饮酒吸烟的习惯和食物的嗜好、先生对于学生的热心关怀等等……反正，既然写不完说不尽，那么让我将这些记忆尽数蓄在心中，赶到贫乏“文字”的背后去吧；让我永远执着于心中记忆的重量，以此为缘，时时回忆先生吧。

鲁迅在《为了忘却的记念》的末尾如此说：“要写下去，在中国的现在，还是没有写处的。年青时读向子期《思旧赋》，很怪他为什么只有寥寥的几行，刚开头却又煞了尾。然而，现在我懂得了。”向秀只能以“寥寥几行”结束《思旧赋》，鲁迅追悼左联五烈士时未能畅所欲言，都是当时他们所处现实中苛酷压抑所使然的，这与我拙劣的笔表达不出内心感情，当然不能同日而语。但是，如果有一天阻碍向秀和鲁迅之“笔”的现实原因全部被解除掉而任何话题都可以无忌讳地写出来，那么《思旧赋》和《为了忘却的记念》会不会以完全不同的面貌出现在我们面前？如此写出来的“完整”版本，会不会使作者满足？我怎样也不能那么想象。

原来，以为语言能够完整地表达感情或情绪，如此观念，在人人能够笃信启蒙万能的时代，充其量也是19世纪以前人人能够相信理性保证人类社会之无限进步的时代才能获得一定的合理性。一句话说，这不外是现代性思想。这种思想往往直接把文本和现实的人联结起来，对于其中间的媒介即语言视而不见。结果，透明化的语言不能拥有独立的价值，读者仅看物化的文本，就会迷信可以直接触到“人”，究竟把“人”看作极其单薄的存在，自以为理解它。这，乍看似为对于人，对于现实人生的重视，实际上只不过是对于人生之复杂和神秘的单纯化而已。当然，我也理解这个道理，有时候也写过类似的旨意，即：如果我们对于围绕、笼络我们，而且不知不觉间规定我们知识结构的现代性没有十分对象化，就不能把语言艺术丰饶的可能性汲上来云云。关于文本的各种体裁的问题也一样。至少在抽象道理的层面，我自以为十分理解我们通常认为是“文学”而不以为怪的小说、诗歌、戏曲等体裁，其实是遵照现代性的制度化要求而被人为地虚构起来的话语。

但是，老实说，这次我认真构思用什么样的“语言”来追悼贾先生，也认真思考先生在晚年集中精力而留下来的大量日记、回忆录、序跋类等文本在“文学”上的位置和价值，才能深刻体会到以前仅在头脑里理解的道理。想一想，这不外是先生赐予我的深刻、彻底的最后一次教诲。受到如此教诲，但是再也见不到先生的温容，永远丧失了直接致谢的机会，这是无法挽回的莫大损失。如此损失的感觉，随着时光的流逝，并没有淡化，偏偏与此相反，愈加强烈地捉住我而不放。

2008年5月31日

原载于《东吴学术》2011年第4期

贾植芳先生的乐观和忧愤

张新颖[①]

一个人的乐观可能是性格方面的原因使然，然而贾植芳先生的乐观，不可能仅仅归因于性格。乐观和乐观不同，比如无所关心的乐观和有所关心的乐观，糊里糊涂的乐观和清醒当中的乐观，安闲逸乐的乐观和历经劫难的乐观，其间的距离可能比乐观和悲观之间的距离还要大。贾植芳先生不是那种有福分可以什么都不思不想不关心的闲人，不是那种超然的逍遥者，那么，他的乐观一定和他所思所想所关心的对象有关系。也许只有关心大的东西，一个人的心胸才会阔大。斤斤计较于个人名利或其他一些琐事，也会有眉开眼笑的时候，只不过给这种眉开眼笑垫底的东西很容易被抽掉，那时候的脸色恐怕就不好看。贾植芳先生心胸的宽大和敞亮，正是因为他始终关心着个人利益之外的事情，但又不是抽象的东西，而与具体的社会和历史、精神

① 张新颖，复旦大学中文系教授，教育部长江学者奖励计划特聘教授。

和理想、人和命运息息相关。也许我们就可以说，他的关心，是知识分子人文关怀的一个例证。

《狱里狱外》充满了繁复的人与事。你会惊奇地发现，这部个人的回忆录讲了许多别人的事情、别人的命运；它对抽象的历史的兴趣，还没有对作者生活中遇到的任何一个微不足道的人物兴趣大。可是结果却是这样：读完这部书，你感受到了历史，感受到了活生生的历史；而通常，你读完一部专门讲历史或者特别有意识地讲历史的书，你不知道历史是什么，当然更感受不到历史中人的奔走呼号、人的挫折和不屈。贾植芳先生从来就是一个社会和历史中的人，一个人群中的人，社会和历史也就不在别处，而就在他自己和那些形形色色的具体的人的身上。历史和社会因此也就不是空洞的、僵化的或者是不可触摸的、没有意义的，历史和社会因此也就有了呼吸和心跳，有了眼泪和笑声，也有了命运。

贾植芳先生在社会中跌打滚爬，他反复强调“人”这个词所具有的宽广的意义，而不是拘泥于一种职业、一种名称所必然限定的意义。这种品性也就是知识分子的品性。教授、作家、学者，或者其他的种种叫法，天然地具有功能性和限制性的含义，可是“人”的开放的意义却能够突破限制，阔大的心胸也必须由此而来。否则岂不越来越萎缩，离“人”的概念本身所具有的阔大越来越远？人格的魅力并不仅仅是一般的道德魅力，不仅仅是通常所说的格高质洁，它同时还是“人的格局”的大魅力。贾植芳先生的乐观就包含着由“人的格局”的阔大所带来的精神魅力，由“人的格局”的阔大所带来的心灵自由空间的阔大，有所为而无逼仄、黏滞之感，尽显大方气象。这在根本上与“人”的开放的、趋向深远的意义密切相连。

《狱里狱外》是一部苦难之书，可是你也许会疑惑地感觉到，它的叙述者没有特别强调苦难，它只是呈现，它的叙述语调有些微讽，整个叙述过程流畅、自然、简单。同时，它又是绘声绘色的，一种十分朴质的绘声绘色。要是你是一个没有心肝的人，你甚至可以读得兴味盎然，到某些段落还会忍俊不禁——这是怎么回事？

哈维尔在写给妻子的“狱中书”里有这样几句话：“我发现刑期长的时候，敏感的人可能会变得偏激、怨天尤人、迟钝、冷漠和自私。无论我坐牢多久，不屈服在这种威胁之下是我的一大目标。”“我希望永远对世界敞开心胸，不偏狭地仇视世界；我要保持对别人的兴趣和关爱。我对不同的人有不同的看法，但我不至于憎恨世上的任何一个人。这方面我无意改变。如果我变了，就表示我已失落。仇恨向来不是我的行动的准则或出发点。这一点是不能改的。”哈维尔曾经给自己树立的目标，在贾植芳先生这里是一个真切存在的不可思议的现实。真正有能力承担苦难的人，不仅是指挨下来或者挺过来，更意味着，不论世界和自己发生了什么样的变化，自己这个人身上秉承的人性光辉没有黯淡、没有湮灭。《狱里狱外》是一位八十高龄的老人回首沧桑的书，是一部坎坷的命运之书，却生气贯注，有挟泥沙俱下之概。这种生气，正是人性光辉照耀下的生气。

人们乐意称道贾植芳先生的乐观，其实，这只是一面，我眼中的先生也常常是忧愤的；而且，很多时候，忧愤就在乐观的后边或者里面。这其中包含着他对待世事的特别态度和方式。举一个小例子。大概是1939年，贾植芳先生在重庆的时候，有次对谢挺宇说，他将来如果生两个儿子，就取名一个叫贾仁、一个叫贾义，如果生两个女儿，就一个叫贾慈、一个叫贾悲。80年代初谢挺宇到上海寻访阔别多年的老友，一进门就问：贾仁、贾义在哪儿？贾慈、贾悲呢？我几次听贾植芳先生讲起这件事，但每次都是当成笑话讲的，先生自己也往往乐不可支。这是一个以笑话或者闲话的方式表达忧时愤世的相当明显的例证。这个例子同时也很能表现贾植芳先生对待过往经验，特别是重新叙述过往经验的个人化方式。《狱里狱外》就是这一个人化方式的集中体现。

贾植芳先生的忧愤，和他的乐观一样都系于宽广、深远的关怀。一个受五四新文化滋育成长起来的知识者，一个处在一代又一代知识分子追求理想途中的自觉的精神薪传者和自愿背负十字架艰难前行的人，身历世纪的风雨，自我的生命和曲折的历史本身血肉交融，怎么还可能囿于一己的天地，无忧无虑，自在逍遥？贾植芳先生的忧愤，显然就出于他对自身道路的选择和对知识分子共同追求的坚持。没有这样的选择和不移的坚持，自然就不会有由此而产生的忧愤。这种忧愤，不是偏狭的仇恨的发泄，不是一般所谓的愤世嫉俗，而是满怀着不衰的热情，承担着具体的历史重量，感受着当下现实的生动气息，发自于宽大敞亮的心胸和深远理想追求的忧愤。如果说贾植芳先生的乐观常常给我人生的启示，先生的忧愤则常常让我感动不已。

通常，紧接着忧愤的，往往是一种无奈感。我在贾植芳先生身上有时也会发现这一点，但我注意到，他从不让这类低沉的情绪停留太长的时间，往往只是一闪而过，贾先生又恢复成人们熟悉的贾先生。我不知道在那些个一闪而过的瞬间中，先生的心里会突然涌起一种什么样的滋味。

1996 年 12 月 15 日

追忆先生

严　锋[1]

不管有多少年过去，我都会清晰地记得第一次见到贾植芳先生的情景。那是在1983年11月的一个夜晚，我和同班同学翟宝海冒冒失失地敲开了复旦第六宿舍一幢日本式的小屋子。没有任何引荐，也没有任何邀约——后来才知道，像我们这样的不速之客去过不知道有多少，先生一视同仁，有教无类。其时已是深秋，我穿得比较单薄，加上崇敬和紧张，一开始浑身不住发抖。师母给我们倒上热茶，不断让我们吃一些果脯和小点心。先生那天穿的是黑布鞋，讲到高兴的时候，一只脚搁到了椅子上，这个动作让我彻底消除了紧张，好像回到了自己家里。

我说到自己将来想做学问搞研究，先生既没有鼓励，也没有泼冷水，而是简短地说了句：这是很辛苦的。这句话的意义，我也还要再

① 严锋，复旦大学中文系教授。

过很多年才理解。

1986年，考上了先生的硕士研究生。对此，至今想起来，还是有一种令人难以置信的感觉：我是研究中国现代文学的，而我的导师竟然就是中国现代文学的参与者、当事者、见证人，一部活生生的中国现代文学史，鲁迅、郭沫若、茅盾的同路人。这种感觉真是无与伦比。

记得那年先生和师母带王宏图、林利平和我去西安开会。那时候的学术会议，吃饭仿佛是要自己想办法解决的。每到吃饭时分，先生带我们去觅食，一路上不断有人加入，队伍越来越庞大，最多时竟有将近二十人之众。最后当然一律是先生买单。先生之豪爽、好客与爱友，远近闻名，播于四海。读书期间，每周都要去先生家，每去必长谈，每谈必留饭，而饭桌上也常吃着吃着就不断有新的造访者加入。事实上，先生复出之后，经济一直并不宽裕，微薄的薪水和有限的稿费是唯一的收入来源。几十年的蒙冤与囹圄，并未收到一分钱的补偿。

会后，先生带我们在西安的大街小巷寻觅故居。当时先生头发尚黑多白少，精神矍铄，意气风发，步履迅捷，往往把我们甩在后面。但是他会不断停下，回头大声呼唤师母的名字，唯恐将她失却。先生说，当年他们在西安的时候，也就是我们那样的年纪，师母的头上还扎着小辫。师母还老是嚷嚷着要到延安去闹革命呢。

先生一生颠沛流徙，辗转多地，这也是他自己的选择。日常生活中他也爱散步行走，即使接近九十高龄，还能常在复旦的步行街看到他的身影。先生说，人是动物，不是植物。

1995年夏天，先生家的保姆因故回乡，家中一时无人照料，我自告奋勇，在家里陪先生师母住了三个月，朝夕相处，随时请教，是我一生中最难忘的时光之一。记得我第一次为他们烧饭，稀里糊涂，竟然自作主张一口气烧了四个素菜：凉拌黄瓜，炒青菜，蒸茄子，榨菜豆腐汤。先生一看就笑着说，吃忆苦饭哩。下回搞点肉吧，脑力劳动没有肉不行啊。先生说，30年代他因为参加爱国抗日学生运动，第一次被国民党抓进监狱，那时候还二十岁不到，血气方刚，吃饭的时候把看守送来的玉米面窝窝头和酱萝卜都摔在地下，大声嚷嚷说："我是政治犯，我不吃这种饭！"惊动了看守所长，对他说："你想吃好的就好好说，不要摔碗。"不一会儿还真给他换上了白米饭、蛋花汤和荤菜。我说，那还是做政治犯比较舒服吧。先生说，未必，政治犯伙食待遇比刑事犯好，但政治犯可以不经审判随时枪毙，你说哪一个更舒服呢？

每天晚上就寝之前，先生都会把各个房间和大门仔细检查一遍，我不知道这是几十年上海生活留下的痕迹呢，还是因为饱受各种迫害和侵扰而对人身安全的格外珍视。

先生生于袁世凯称帝那年，年轻时自号"洪宪生人"，历经军阀混战、国民党专制、抗日战争，一直到新中国。在今天，经历过这么多时代的老人屈指可数，但是在每一个时代都像先生那样坐过监狱的人恐怕就再也没有了。

我喜欢听音乐，但是往往不耐烦听主题，却特别喜欢主题之间的过渡转折和走句。比如像肖邦的《摇篮曲》和莫扎特的协奏曲当中都有非常动人的经过句，优美犹胜主题。有人认为李斯特的作品从头到尾就是从一个经过句到另一个经过句。我想这是一种最好的褒扬。想想历史和人吧，过渡时期往往比其他时候更能显出历史的真面目。先生说他的一生就是从一个监狱走向另一个监狱，于是人生的真谛尽在掌握之中。

每当我结交新知，告诉人家先生是我的老师的时候，对方十有八九会立刻变作肃然起敬的神色。做先生的学生，我常常有一种说不出来的骄傲。我理解，这种骄傲，还有别人的尊敬，并不仅仅因为先生是硕师名人，更是因为先生的人格、铮铮铁骨、那种在难以想象的磨难面前展现的巨大的道德勇气。当别人选择了驯服、违心乃至出卖、变节的时候，先生选择的是真理，良心，对朋友的忠诚。无论经过多少风霜岁月，无论在哪一家的监狱，没有谁能摧毁这种精神意志。

我相信，连死亡也不能。

2008年4月

追忆复旦九号宿舍里贾先生家的“小客厅”

〔韩〕 鲁贞银[①]

二十多年前我在复旦开始读书时，每次下课后总要去贾先生家做客，这么多年过去了，当时的人和事仍依旧历历在目。我在那里遇到了一些一生珍重的人，也自然而然地从他们那里学会了如何面对生活。先生家的客厅既是大家聚会的场所，又是共享聚餐的地方，也是先生教诲弟子们的“小课堂”。我和我的师兄们都很高兴地去那里聊天，甚至他们以我是外国学生为由，借口去访问先生家。先生家的小客厅，对于我们来说，虽然没那么宽敞，但总是给我们带来小广场似的舒畅感。

记得那一日初次拜访先生，酷暑时节间或滴落的细雨，使得上海的空气越发湿热起来。我忍受着这种天气，走在去往先生家的路上。贾先生的住处就在复旦九舍某幢楼房，那是复旦老教授宿舍，听说很

---

① 〔韩〕鲁贞银，韩国建国大学中文系教授。

多复旦德高望重的老教授住在那里。虽然整栋宿舍很安静，不过贾先生家总是宾朋满座。当时我认识陈老师不久，陈老师便亲自带我一同过去，并向我介绍贾先生，说先生是他的恩师（后来我才知道，指导教授和恩师是多么不同的称呼）。那一日，贾先生叫我“小鲁”，贾师母还嘱咐我随时过来吃饭不要饿肚子。每每回忆先生的家，总能想起温暖的庭院、亲切的厨房和那总有一股熏着香烟味儿的客厅。第一次去便是如此，直至毕业依然如此，我在那里学到了许许多多的人生真谛。我留学的那段日子里，每当我感觉到孤独、空虚、寒冷的时候，总会不自觉地到贾先生家去。有时先生在休息，我便在客厅独坐一会儿，然后离开。除此外，通向先生家的路，总会有着一种不期而遇的喜悦，因为那里总是坐满了前辈与客人，我便自然而然地与他们熟络、交谈起来。很久之后我才体会到，对我而言，这是多么重要的契机。

由沪返韩后几年间，我陆续收到了贾师母和贾先生离世的消息。在此之前，我曾因学会日程去过复旦，依稀记得那时先生笑着对我说，最近迷上了喝咖啡。先生依然那么的幽默，但却不曾想到，这一面却成了我对贾先生最后的记忆。去年，陈老师对我说，河西学院筹建贾先生纪念馆，让我去参加开馆仪式，原已准备好去的，但终因事未能成行。几日后，偶然看到开馆仪式的合照，上面都是先生的弟子，但也是对我关怀备至的老师与师兄。一瞬间，我似乎又回到了先生家的客厅，与他们一同谈天说地，一切都是那么的记忆犹新。显然，我对贾先生有着深深的思念，但在那份思念里，也有着我青春的记忆，以及对陪我度过那段时光的朋友的怀念。

我对贾先生有着深层的感情，也有源自我外祖父的关系。那时初来中国的我，对于生活的一切都是那么陌生，而心理上能默默地将贾先生视作外祖父，似乎更是一件神奇的事。直到毕业时候，外祖父来到上海，我陪他一同去拜访贾先生，那时我才懂得这份感情的由来。两位老人年纪相仿，亦都经历过殖民时期，以他们的人生见证了现代化的历史轨迹。那一日他们聊了很多，日本殖民下的监狱经验、战争后的艰苦生活等等。两位饱经风霜的老人，亲身经历了20世纪的历史事件，如今一起淡淡地互诉着过来人的心声，这一刻真是不言而喻。而在一旁感同身受的我，才真正地体会到了，所谓的第三世界共同的历史伤痛不仅仅是书面的术语，而是记载于非常具体的个人感受中，积累于历史的暗流，它就不远于我自己，直至今日亦不能释怀。

不知何时起，贾先生开始陆陆续续赠送我这样那样的书籍。贾先生说话有浓重的山西口音，我常常没人帮忙就不能完全理解他的话，但却慢慢地了解到他家的客人部分是所谓的“胡风分子”，而那些资料大多是与胡风相关的一些文献。里面有先生收藏的资料，也有新写出的一些文章，还有和胡风有过接触的朋友提供的资料。我当时虽知胡风其人，但对先生也受牵连遭牢狱之苦的事并无详解。正当先生给我的资料越来越多时，陈老师问我要不要去研究胡风。那时我对胡风只有简单的理解，大学时候我听过唯一的一门现代文学课，由韩国全炯俊（当时在忠北大学任职）教授所授，是有关中国现代文学中现实主义的选题。当时韩国和中国还没有建交，因此几乎没有机会接触到有关社会主义中国的信息，甚至有些资料是要受到国家严厉监督的。就在这样的气氛下，我在那门课上第一次详细听到社会主义文学。不过说实话，上课的内容既生疏，时间又定在年轻蓬勃的我们无法集中的周六下午，我和其他同学的心早已不知由课堂上跑到哪里去了。还有，这门课的考试给我们留下深刻的印象，记得拿到期末试卷的瞬间，看到试题上“请论述胡风现实主义在中国现代文学的意义”一行大字，我们就有目瞪口呆的样子。然而，未曾想，这道试题却成了几年之后我的论文主题。

陈老师建议我研究胡风的理由很简单，他说胡风问题依然是现在时的问题，作为外国人可以给出更客观的立场来研究。但围绕着这一问题，却让我想起平日十分不解的疑问。从贾先生家里见过的“胡风分子”口中得知，当时他们是文化青年，向胡风主编的杂志投过一两篇诗稿，与胡风不过就作品问题通过几封信，但新中国成立后便因此受到了严重的处分。但他们却说从未后悔，或者不曾认为这是一个悲剧。更奇怪的是，因为单纯的文学交流就受到牵连，整个青春都被打上了“胡风分子”烙印的人们，却并不觉得委屈，依旧生活得如此坦然。此外令我困惑的是，只要提及这个问题，几乎没有细节性的讨论，都会标上“事件”“悲剧”的字眼，我没有办法理解怎么会把文坛事情扩大成一种“悲剧事件”。于是我就开始翻阅《七月》和《希望》等胡风所编的文学杂志。

不过，一手资料的获得过程也是异常艰辛的。一个学期，我几乎每天都往返于上海图书馆，仅车程就需要五个小时，在那里便一直检索、复印、整理，总有想不到的大大小小的困难。上海找不到的资料，就跑去北京梅志先生（胡风夫人）那儿求取。虽然胡风家人乐于向我提供资料并热情地款待了我，但仅凭梳理庞大的资料，以及慢慢建立的客观数据库，依旧无法回答我内心的疑问。那些文学杂志的同人会为何会演变成一场悲剧，这个问题反而变得更加难解了。最终，我决定亲自拜访那些当事人。

我想通过访谈形式与其中几位先生会面，然而他们并不知晓彼此的联系方式。后来我打听到他们的住处，而就在起身前行的路上，我方觉察到为何他们之间互无往来，他们在其间又是度过了怎样的岁月。在迂回的弄巷间找寻到的老先生的表情里，我读到了岁月的痕迹，那是时间上的一种煎熬。对于我的访问，他们有些不知所措，因为很长一段时间谁都不愿再提及这个问题，再者，即便是他们的亲身经历，却连一次发言机会都不曾有过。而更重要的事是，我的疑问可能是他们自身也未能解释的命题。他们大部分说，当时自己只不过是一个纯粹地喜欢文学的青年，甚至向我讲述当时杂志登载自己作品时的喜悦，依旧溢于言表。遗憾的是，我们之间没能进行更深入的对话，大抵是由于我的理解水平有限。另外，实际上没有明确的胡风分子这个圈子，他们各自与胡风联系的渠道是多种多样的，加之事隔多年，他们的立场也不难不会有所变化。

当时拜会、访谈过的老师有绿原、耿庸、罗洛、贾植芳、王元化先生。其中，绿原和贾先生仍从事文学活动，访谈也自然比较顺畅。但耿庸和罗洛先生，从与他们的会面到整个谈话过程，都要困难得多。据他们说，已经许久没有与外界交流了，邻里也不知道他们受到过胡风事件的牵连，就这样一直过着隐匿的生活。透过他们的眼神，我深深地看到这个事件给人带来的巨大恐怖和压抑，也渐渐体会到那种难以言表的沉重。

在这些“胡风分子”中，彭燕郊先生给我留下了难以忘怀的印象。为邀请彭先生做我的论文评审委员，在没有拜会的情况下，我便唐突地联系先生。当时居住在长沙的彭先生不辞辛苦，决定专门赶来上海参加我的论文评审。评审开始前，彭先生将一篇文章交到我手中，说是读完我论文后他的一些感受，那篇文章近乎五六万字，首页上还写着“世纪之痛的沉重课题”的标题。先生在论文评审时讲述了他写这篇文章的理由，他的一言一语都令我感怀不已。先生说他当时在狱中从未感到受挫，即便是一张小纸片，能写下所感所想的诗歌，也是极大的乐趣。在读了我的论文后让他回想起了那时的喜悦，他就不知不觉地写了下来，结果却写成了长篇大论。

由于对于胡风的杂志和所谓胡风集团的关注，我将胡风的编辑活动作为硕士论文的研究主题。而后来，在读博士时，为了整体地阐释胡风思想，我将胡风的文学思想和理论作为研究主题，但却未能有新的解读或突破。论文中我所想要表述的，是通过胡风思想来勾勒出一个从鲁迅到胡风的知识分子精神传统。当时，就我个人而言，对这个主题的表述是有着些许挫折感的，而听到彭先生的评价，欢喜之余，也觉得先生过誉了。现在重读先生的文章，又能够体会先生的感动大抵是源自读到了我那些赤诚之论，即便论文中有诸多的不足，可能先生对我的赤诚且执着的态度是有所触动的。我们之间的交流似乎超出语言的限制，对我来说，这是高山流水遇知音的鼓励，先生的态度逐渐融合为我对世界的一种姿势。写到此处，我想向彭老师表达这份迟来的告白，然而斯人已逝，不复可追。

在返韩之后，因韩国大学的情况和节奏的变快，我个人也身不由己地去迎合学校的各种要求，超出专业的现当代文学和文化领域都要兼顾也是力不从心。更重要的是，在21世纪的社会上，现实主义究竟能够起到什么样的作用，对此有了些许乏力之感。因此，很长一段时间，我有意无意地接触新的作品和理论，而又弥补了研究胡风时所或缺的知识。此外，在这期间，我解读韩国和中国当代作品时，又有了一种新的体会，西方理论与我们的社会存在着细微的隔阂，胡风所说的“体验的现实主义”却是具有包容性的，在当今社会仍有其发挥作用的可能性。因为，这一理论并非固定的现实主义理论，而是在东亚的文人的批判实践中所积累下的一种态度。它是以进步性的批判为前提，有着“恻隐之心”的人文关怀的态度。因此，它在韩国现代史的纠葛纷争下总是可以起到指南针的社会作用，在当代中国种种历史悲剧后依然是回溯到人性问题的思想动力。在历史的具象之下，一种涌动的“未曾中断的视线”渐渐浮现在我头脑中。

在这期间，我经历了另一个事件，是有关最近韩国的政治现实。去年冬季韩国发生的“烛光集会”，是过去十年间市民们对韩国政府的无能和腐败的呐喊与审判。事件的结果并非仅限于总统弹劾案的通过，文化上也留下很多思考的问题。个人而言，我所在的教育界也是有着诸多的问题，原因在于过去的几年间的学术脱离了具体历史，许多批判言论都未能发声。历史性的评价可以是清晰明了的，但事实上这里面的具体事件却需要一个漫长曲折的过程来思考的，至今仍旧是进行着的。在此过程中，我不知不觉地通过胡风和鲁迅的视线来思考问题。去年的广场上，有着各种各样的发声与立场，有正确的，也有不成熟的。这些都是不稳定的因素，但在承认这种不稳定的同时，也向我们敞开了一条具有可能性的实践之路。在这之中，我发现了直面现实找寻自身位置的艰难。不知何时，浮现出胡风所说的现实主义的路，我觉得这条路是一条有待琢磨的路。不过，很明显的是，探寻这条路的勇气就像是在贾先生家中拜会过的那些先生们身上所散发出来的气度一样。那种感觉是温暖的、质朴的，但绝不是畏缩的，尤其，那中间有着一种并不轻松的愉快。我想起贾先生常常笑着说的一句话：“小鲁，真是有意思，我吃过三代政府的牢饭，可是和他们在路上碰面的时候，我是笑着的，他们却是躲着的。”贾先生那爽朗的笑声，不知为何，今日甚为思念。

2018 年 1 月 5 日于东京

回忆贾植芳先生（片段之一）

宋明炜[1]

贾先生离开我们十年了。最后一次见到先生，是他去世前三四个月，我到医院去看他。他知道我来，已经预先准备好要交给我的一些书。我怕他累，不像往常那样，在先生家一坐就是一个上午。那天早早退出来，先生执意送到门口，跟我说：明炜，四海为家。

我一开始被先生称呼“小小宋”，因为我爸爸是小宋，我也确实是最小的一个学生，跑腿的，帮先生送稿，陪着他去看上海弄堂里的老先生老朋友。我其实也是最受宠的，先生和老师、师兄们都把我当个小弟弟看，偶尔住在先生家里，先生晚上都要给我一碟好吃的牛油曲奇，别的师兄据说没有这个待遇的。那都是20世纪90年代前期、中期。先生家就像自己家似的，我们从厨房进出，有活就干，没活就听先生谈天。先生从来没送过我出门，直到我去美国。先生那天拿着

① 宋明炜，美国韦尔斯利学院教授。

他的斯蒂克，一定要送出来，几次要他回去，我就跑了，他几次都喊住我："这次你走得远了，自己出门在外，一定当心，要吃好！"

曾在先生家的客厅出入六年。此后八年很少回国，到先生府上，先生都以客待之，时常要我讲美国主流思想界现在都在弄些什么。我一直纠结，要不要回国。先生干脆说："四海为家！"结果取得博士学位那年，我还是留在美国工作。先生不写信给我，他写的话，估计我也看不懂。但我给先生写了一部三四万字的传记，是根据先生谈话录音整理的。先生走了以后，这个传记一时还派上用处，陈老师放在第一本《贾植芳先生纪念集》的开头。

这许多年来，总有约稿，让我写写先生。我也好像时常听到先生在客厅里，抽烟停歇的时候，看我一眼，认真地说："小小宋，趁着年轻的时候，多写点东西。"我不算勤奋，写东西比不过几位大师兄，但也不完全搁笔。到了博士毕业后，开始全部精力放在英文写作上，随笔杂文，凡中文的不是学术性文章，便都在写作日程上往后放。但我还是，经常地想起先生，我编的一些期刊，合作者也是复旦的师姐，我们就把这些期刊的献词，作为给先生的纪念。依然，有关先生的音容笑貌，他的快乐和愤怒，他的认真与顽皮，他的疾恶如仇和赤子童心的爱，我都记得。我不会忘，在我二十出头的年纪，我认识了贾先生，他在世界观、做人原则、艺术趣味（他不大看得起先锋派，喜欢关心现实的，又亲近苏俄的象征主义，我也逐渐检讨自己完全在英美影响下的超现实主义是否过于颓废），对我的影响，恐怕是最主要的。

陈老师把贾先生当作精神上的父亲，对于我，贾先生就是爷爷了——当然先生跟我是平辈相称，绝不会让我叫他爷爷。可事实上，是差不多的。我扶先生去坐公车，谁都以为这是孙子陪着爷爷来了。我们也不揭穿，过一个爷爷和孙子的午后，吃一碗简单的面，先生算是做了件大事——今天去了五角场，或者虹口。

陈老师，熟悉先生的人，以及读过先生书的人，都强调先生把人字写得端正。我从一开始也这样听说，读了《狱里狱外》好多遍，听先生讲他自己的故事，我几十卷录音，记录的都是先生怎样把人字写端正。

与先生的这个基本信念相关，我想谈一件小事情。先生呢，家里总是宾客盈门，他是朋友多，很好客的。我就记得先生朋友遍天下。有一天下午，我陪先生在九舍里面略走一走，迎面遇到一个老教授。当面撞到了，那个老教授亲热地问候，贾老怎样怎样。先生连介绍都没介绍，然后也没道别，往门口走去。我跟上去。先生低声说："坏人！"

从那天起，我知道在先生的语汇中有"坏人"这个词。慢慢地，他告诉我更多坏人的事情。离得近的，复旦同事里面有，到1955年"胡风案"发就翻脸不认人的。昨天和颜悦色的同事，今天变成凶神恶煞，要打倒你，还让你永世不得翻身。坏人多得很，先生跟我说，同情地看着我这样的无知少年。他又给我讲刘白羽带人去抓胡风，某某文学大师在批斗胡风会议上激动得恨不能要把胡风吃了。还有，先生不会原谅舒芜。舒芜是同一个阵营里的，背后给一刀，一刀就致命。此后，舒芜再忏悔，再要原谅，贾先生心里都不会把舒芜当朋友了。

说了这些，我其实是借先生这种对人品评价系统中有"坏人"的判断，再来看一眼，先生不在了的这个世界。今天半夜睡不着，我就想起先生的话来。他说"坏人！"很干脆，没有商量的余地。我是因为看到报道，湖北作家方方受到各方批评、抹黑、封杀。我上一次见到方方，也就是两年前。大家在一起畅谈美食，怀旧，很风雅的话题。方方说的都是土土的食品，与叶兆言先生，台湾来的作家都比不了。那时候她在写关于土改的小说吧。也是土。土里来、土里去的方方，后来遭到围攻，书下架。刚好这时牵涉另外一件事情，与我没有直接关系，老师叮嘱我不可妄议，不可出头，何况我们身份不同。所以除了一点微弱的支持方方的话，其他都不能讲。不过从去年，明白了这世界上真有吃人的东西（以前也是知道的，总以为那时代过去了，人已经稍稍进化了）。它大概吃不着我，吃不着老师（外国的，暂时不敢），但吃得了中国人，吃得了中国的作家、艺术家，而且是同一个地方出来的，拍着肩膀，昨天一副花枝乱颤的笑容，今天就变了怪物。方方是个女汉子，不见得需要大家保护，但大家声援一下，表达一下支持，也让那吃人的东西有点畏惧，不能那么有恃无恐。

先生毕生把人字写得端正，不仅是自己做好，而且他疾恶如仇，坏人，吃人的东西，那些庞大的吃更多人的机器，他从不放松对它们的警惕。正是因为他深爱着美好的人生，他也与坏人真的不妥协。

我想着先生的面容，突然觉得一点安慰。先生播下的种子，他说过，立人，是基本。这个世界如果有坏人，坏人而且容易做，那么我们就要好好立人，一点一滴的事情中，为社会做出好人的模范。

2018年2月7日凌晨

一些记忆的断片

——怀念贾植芳先生

刘志荣[1]

写吧，
为了那些记忆中的人，
那些你爱的人。
他们会听到吗？
他们不会。
——〔丹〕克尔恺郭尔

一

第一次进入“贾府”，是1997年9月初刚刚读博士的时候，记得是孙晶师姐领路，去认“祖师爷”的门。刚刚“升任”师姐的孙晶，明

---

① 刘志荣，中山大学博雅学院教授。

显很兴奋，一路上语速很快地给我讲着各种掌故和“门规”，我则很老土地抱着带给先生的礼物，既兴奋又激动。师姐的训话大多成了耳旁风，唯一记住的是她说：“很多经历过各种运动劫难的老人，要么变得虚无放纵，要么变得谨小慎微，先生所受苦难远过他人，却依旧开朗乐观，待人以诚，所以学生们喜欢他，乐于聚拢在他周围；先生也很喜欢年轻人，和大家在一起，纵谈古今，很是开心，仿佛返老还童，不觉老之已至也。”

实际上，那一年，先生已经虚龄八十二岁。

走进复旦九舍十三号著名的“贾府”的那一刹那，我的心情紧张到了极点——桂芙姐来应门的时候，我仿佛能听到自己心脏跳动的声音——但这种紧张在看到先生的第一眼，便松弛了下来，一切都是对的，就应该是这个样子。先生并不是那种养尊处优、保养得很好的人，肤色甚至有些偏黄，然而却自有一种气象，仿佛无形之中便可以给你一种吸引。进去的时候是在晚上，不记得先生当时是在晚饭后举着书翻读，还是低头伏案在餐桌上写日记，神态显得很专注，甚至可以说是端肃。记忆的细节在这里发生了某种含混，因为后来在我心里印刻得最深的，便是先生的这两个姿态了。对了，还有后来多少次言谈间隙，先生抽着烟，抬头陷入久久深思的形象——是独自的长长的沉思，仰着头，目光看着前面斜上方，有时手里的烟卷已燃出很长的烟灰也注意不到……这些印象，不知不觉，成了我对先生的典型记忆。

看到我们进来，先生放下手里正在做的事情，命桂芙姐端茶招待我们，一边和我们说起话来。那天具体谈了些什么，大都记不清了，应该不外乎初次见面的一些闲话。先生喜欢开玩笑，听说我是陕西渭南地区的人，马上便乐呵呵地说起他抗战中在陕西各地辗转流徙，听说过两句品评渭南各县人性格的顺口溜，道是：“刁蒲城，野渭南，惹不起的大荔县。”秦民质朴悍勇，这个说法现在也还流行的，我听了，不由也呵呵地笑起来，此前的紧张，一下子消失得无影无踪。这是我进入“贾府”之始，此后一直到先生去世的十年余时间里，我便成了先生府上的常客，刚去时还是一个略解世事的青年，慢慢地自己也站到了讲台上忝为人师。

二

见到先生之前，我已经读过了他那本著名的回忆录《狱里狱外》。90年代初读大学的时候，80年代启蒙思潮的余波犹在，至少能读到的反思20世纪中国历史的书，大多数仍是那时出版的。这些书读多了，便感觉很苦闷，譬如那时讨论得很热闹的中国知识分子的依附性问题，读多了，就让人对中国的“知识分子”群体感到失望，而各种运动中大多数知识人的表现，确实也颇让人不耐；那时候还流行一个说法，说是前一个时期，整个中国“只有一个头脑在思考”……这些问题，追根溯源，又都算到了中国文化的账上，于是连带地让人对中国文化也感到怀疑。现在看来，这些说法，也只不过是彼时的流俗之见（柏拉图所谓“意见的洞穴”），但却足以让一个不谙世事、也还没读过几本好书的年轻人感到困惑，加之个人生活上遇到的一些困难，更是让人起忧愁苦恼之感。过去既不足恃，前路亦茫然无归，人生之路和学问之路，还没开始，便歧路彷徨，何去何从，真是颇费思量。

我后来总算从这个死胡同中走了出来，人生态度整体上也变得积极，在这过程中，有很多应该感激的幸运与助缘，先生的这本回忆录，在其中也起了非常重要的作用。《狱里狱外》是我完整阅读的先生的第一本书，记得当时是连夜读完的。读的时候，很激动，想不到中国竟然还有这样的知识分子，经历了种种普通人难以想象的苦难，却在最不堪的处境中，保持了人格的完整和精神的尊严，而这样的人，就在我所就读的这所学府里——那真是少有的给人力量的阅读经验，当时也真没想到自己以后会成为先生的再传弟子，得以经常亲炙先生的身教言传。今天想来，更觉得人生路上这样的遭遇，真是难得的幸运与福分。

说起来，读大学的时候，我其实是很有些不满的。后来到复旦读研究生，一开始颇有"也无非是这样"的想法，直到开始读博士，这样的想法才开始发生改变，第一次体会到了清华老校长梅贻琦所说的"从游之乐"。（梅贻琦在《大学一解》中谓："学校犹水也，师生犹鱼也，其行动犹游泳也。大鱼前导，小鱼尾随，是从游也。从游既久，其濡染观摩之效自不求而至，不为而成。反观今日师生关系，直一奏技者与看客之关系耳，去从游之义不綦远哉！"）在先生和我的导师陈思和教授周围，那时确实形成了一个比较纯粹的读书问学的小环境，现在回忆起来，还不禁十分感念。

三

第一次上"贾府"的时候，贾师母还没有得病，我们和先生说话时，师母就坐在墙边陈从周先生送的那幅已然泛黄的青竹图旁（——不知怎的，我总是记成苍松图），并不插言，一副乐呵呵很慈祥的样子，一点也看不出曾饱经磨难的痕迹。中秋节时，我们还和先生师母热闹了一下，不想国庆长假刚过，陈思和老师上完课后，便神色严峻地告诉我们：当天中午饭时，贾师母突然手抖不止，送去医院诊断为中风，几乎当时就失去了语言能力。先生家里欠缺人手，需要我们去帮忙轮流陪护病人；在贾英（先生的养女）从澳洲回来之前，也要我们轮流陪陪先生，因为担心他孤独在家，又遇剧变，弄不好也会忧劳成疾，出啥意外。好在我们那时人多，我们那一届就读的硕士、博士就有五六人，在校就读的三届学生有十几人之多，加上刚刚毕业留校的学长，人数颇为可观，两班人马轮替下来，倒也不至太累。

我们当下排出次序，立刻就去先生家。先生家不大的客厅里，已经坐了满满一屋子的人——老远就能听到严锋洪亮的嗓音，进去一看，已经工作和还在就读的师兄、师姐们来了不少，中间陆续还有别的老师和先生的朋友来探望，大家都是听说师母突然病倒，来看望和安慰先生的。接下来一连好几天，也都是这样。为了让先生不至太过忧心，一些前辈、师兄有意识地和先生说些往事，先生倒也乐观，兴之所至，和大家说一些经历和旧闻，间或夹杂一两句评点，自然而然缓解了紧张的气氛。

也就是在最为危急、几乎天天要去先生家看一看的那些日子里，我对先生的坚强、乐观、幽默和学生对老师感情的深厚，留下了极为深刻的印象，因为在此之前，我从没有见过在现在的大学里面，师生之间的相处，是可以如此情意深厚、不拘形式的。也正因为这个原因，在师母病情严重的那段最危急的时刻，先生家里虽紧张却不杂乱，一切都处理得井井有条。我后来听师兄们说，上一年冬天，先生赴京开第五届作代会，期间数次被中央电视台《东方之子》栏目组请至天安门广场、崇实中学旧址等处取外景，在北京严寒的天气里罹患重感冒，回沪后久治不愈，并引起植物神经紊乱，一度危急，也是他们排班去医院陪护，一直到先生康复后平安出院。到后来，这个做法也就成了我们师门的传统，几届学生和老师一起，同舟共济，度过了先生垂暮之年不可避免的一次次危机。

不记得师母在医院住了多长时间，印象中总觉得很久很久——前些天整理先生的小传，翻阅资料时才发现，师母第一次住院只住了半个月时间。第一次抢救似乎很成功，师母出院的那天，我正好在先生家里，先生很高兴，在家里设宴庆祝，但师母回家只待了一顿饭的工夫，就再次昏迷了过去，先生家里又是一场忙乱。师母再次紧急住院，经过紧张的抢救，虽然脱离了危险，回到了家里，但从此失语瘫痪，病卧在床，这一病，就是整整五年……

这一来，已然是耄耋之年的先生可真是焦急。他急忙把内侄女桂芙姐从山西请来，从此长期住在家里帮忙料理家务，又请来保姆照料师母，自己也把家底都掏出来，支付师母养病的费用。也是到后来，我才知道，师母病危的那段时间，先生承受了多大的心理压力和经济压力，但从来没有见先生抱怨过，家底都用完了，微薄的退休工资只够应付家里的日常开销，先生默默地伏案写作，并整理自己的旧日文稿，用自己的劳作贴补着师母的医药费。我亲眼看到了先生对病卧在床的师母经年累月、日复一日、从不疏漏、非常自然地关心与守护，向我们显示了什么是人间的真情；我也亲眼看到了许多前辈师长不着痕迹的帮助，那些帮助不但表达着真诚的情谊，更显示了一种品质的高贵……那些，真的是只有亲眼看到、亲身体会才能领略的，贫乏的语言永远只能告诉我们简陋粗糙的相似轮廓。

四

也就是从师母病危的那段时间起，我开始经常要去先生府上，协助处理一些杂事。最初单纯是去照顾先生，后来是陪先生去出席一些会议和应酬，再后来，大概由于我和先生的口音没有隔阂，便开始协助先生记录、整理一些文稿。我本来是个内向的人，即使对于自己非常尊敬的前辈，也多止于默默景仰，而在做这些杂事的过程中，却跟先生自然而然地熟悉、亲近起来。这固然是因为见面多的原因，也确实因为先生开朗乐观、幽默风趣，处处替人着想，跟他相处没有一点压力，自然而然地让人喜欢接近。

不过第一次和先生单独相处时，还是免不了有些拘谨。先生看我紧张，照例是拉起闲话，仿佛一开始是谈读书做学问，中间不免会月旦人物，后来就讲起过去的事情来。听着听着，我恍然明白，他们这一代知识分子，几乎是在风口浪尖里过来的，有着自己深入骨血的做人的原则，更有着面对逆境的无比勇气，眼前的困难，虽然巨大，却无论如何是有力量撞过去的。

不记得是第几次见面时先生讲起师母过去的事情，说起师母因受自己牵连，在青海流放时，挨过饿，住过监狱，抬过死人；然后自愿回到先生的家乡，侍奉公婆，后来才和先生联系上；千里迢迢，来上海看还在学校印刷厂接受监督“改造”的先生……说起师母很硬气，经常对先生的朋友开玩笑说：“你们不要勾引贾植芳去做官，否则就不要进我们的门！”先生吧嗒吧嗒抽着烟，说：“老太太真了不起。”刚好这一阵忙乱过后，我便和其他几位同学，帮先生整理起“文革”中和师母的通信、刚刚平反后的日记以及师母的《流放手记》，汇集起来，便是后来出的那本《解冻时节》，先生和师母的那段历史，恍然便如浮现眼前，联想到先生说“老太太真了不起”时的神态语气，似乎能够触摸到历史的重量。

和先生在一起，更多的是闲聊，都说先生的客厅就是课堂，这个课堂貌似自由散漫、没有主题，但有些东西，就是在闲谈中不知不觉地传了下来。先生经常说自己是个“走江湖”的人，但聊着聊着，话题自然而然便要转到读书。记得第一次，先生就说：“要能写、能编、能译，还要会做研究，这是从鲁迅他们就开始的现代知识分子的传统。”仿佛知道我疏于动笔，先生数次对我说：“要多写。”然后就举起我师兄的例子。其实这也是先生经常对后辈说的话，我听了，却不由惭愧起来，因为即使到现在，我还是有些疏懒，于是不免经常想起先生的话来。

也经常会说起现代文人的轶事，许多是先生的亲历，有的则来自朋友的闲话，听来便别有一番风味，书本上的人一个个地鲜活起来。譬如说闻一多在西南联大，生活困窘，靠篆刻贴补家用，常日食不果腹，一次朋友请客，不免失态，口水竟啪嗒掉了下来；譬如说茅盾，先生平反后第一次登门访问，家属说起，老先生晚年寂寞，睡在床上，半夜经常把床头应急的电铃不断按响，家人过去看视，却没有什么事情；譬如说冰心，“文革”后先生往访，老太太开玩笑说起择偶标准：“不能找文学家！文学家都不免有些浪漫。你看×××算老实的吧，抗战时在昆明也不免闹出一场风波。”所以老太太自己当年找了个社会学家……也不免说起自己的朋友和过往亲历的大事，说起来时，便带着总结历史的严肃，仿佛超越了个人的爱憎。譬如有一次，先生说起自己的朋友范泉曾被疑为特务遭受审查，是因为先生的另一位朋友在内部提意见的报告书里对他有所怀疑，这归根结底，应该说是因为那个时代的制度的原因，先生后来却郑重地替这位朋友向范泉道过歉，回头向我们这些后辈说起时，回顾左翼文艺运动的一场场悲剧，不免感叹："我们左翼知识分子，经常不免有些狭隘。"……

但我回想对先生的印象，却想不起一点"狭隘"的影子，峻急是有的，那是对某些无聊的人事自然的反应，却并非因为思想、文化背景不一样或者个性、选择不一致而盲目地排斥。仿佛先生自然有着某些超出派别之外的大度，虽然他也给自己贴上"左翼"的标签；就仿佛先生经常说自己是个"行走江湖的知识分子"，经常被人注意的是"行走江湖"，却忽略了他确确实实是"读书人"，虽没有一般读书人的迂腐，但也没有一般"混社会者"的圆滑和无原则，自有自己立身处世的根本，不固执，却也不迁就，所以虽有那样坎坷的命运，而安然处之，绝不怨天尤人。

五

安然处之，却并不是说没有思考，那甚至是从自己的经历中引发出的全身心投入的思考，也自然而然地化入自己的阅读和写作之中。

刚到先生身边的时候，先生正在看一本汇集了雍正皇帝在曾静案中的有关上谕和御批的《大义觉迷录》，以及收录了其他材料和后人评论的《大义觉迷谈》，并热心地向我推荐，说着说着，就从客厅四壁的书架上，翻出一本《清代文字狱档》来，一起交给我，说是很值得研究研究。《大义觉迷录》我早从鲁迅的杂文里有所了解，这些书拿回家里，翻了翻，就又还给了先生，因为兴趣的原因，并没有认真读，却有些明白先生一直在思考的问题。又有一天，先生拿出早年复旦反右时收集"右派"言论的《毒草集》和批判"右派"言论的《锄草集》，找出当年的同事和学生为自己鸣不平的"右派"言论和校内"革命师生"对之的"批判""揭发"，说保存下来，真的很有史料价值，拿来翻看一过，确实大开眼界，触摸到历史的气氛和细节。

不过即使是自己亲历的苦难历史，重新面对时，先生也有一种不同寻常的幽默和豁达。那一阵，社会上正流行“老照片”“老漫画”，有好事的人便找到了“胡风冤案”爆发时出的一本批判胡风及其友人的连环画，送给先生看，里面照例把先生画成很凶恶的样子，两脚却翘在桌子上，先生看了，不由得呵呵笑起来，便把这本连环画也很认真地当作史料收藏起来，时不时拿出来给亲近的朋友和学生看，照例会提起自己当年受审讯时被问到的令人啼笑皆非的问题。

我能理解先生这句经常会用到的评论的意思，这并不是对农民的职业和身份歧视，而是对某种源于封闭环境中的狭隘和固陋的品性出于本能的抵制和反思。先生早年是学社会学的，年轻时便写过《近代中国经济社会》这样的著作，回头思考自己的经历和时代变迁，便不免常从历史、社会的角度入手。平反后不久，他便推荐年轻朋友翻译了德国魏特夫的著名的《东方专制主义》。这个译本后来虽然没有出版，却可以看得出他思考的向度。先生的书架上，除了自己所从事的专业——比较文学、现代文学和外国文学（尤其是俄苏文学和日本文学）的书外，最多的，便是各种有关历史和社会的书籍了，尤其是有关中外现代历史的书，印象深的，譬如说有霍布斯鲍姆写20世纪历史的四部曲，伊萨克·多伊彻的《先知三部曲——托洛茨基传》，剑桥民国史和共和国史、郑超麟回忆录、李锐的《庐山会议纪实》、几本文革史等等，醒目地放在身边的书架上，一看便知道对于亲历的20世纪的曲折历史，几乎时时刻刻都在关心和思考。先生有一篇文章，题目便是“历史的教训值得注意”，也是晚年所思的自然而然的表露吧。

有一阵，外文系的朱静教授翻译了法国纪德的《访苏归来》，拿来请先生写序，先生的序文一写就写了一万多字。人生暮年如此劳心费力，那真是感触“不能已于言”的流露，更难得的则是其中有着冷静的理智和思考，那又不同于一般的抒情了。

有些时候，先生也会谈起对历史的反思，仿佛话题有转入严肃和沉闷的危险，便以简短峻急的评论结束话题，吧嗒吧嗒抽着烟，抬头陷入久久的深思——是独自的长长的沉思，仰着头，目光看着前面斜上方，手里的烟卷已燃出很长的烟灰也注意不到……

六

说起先生的读书，那真是手不释卷，除了和来访的客人和学生谈话外，有一点时间，便捧起书来。因为目力不济，便经常要靠在藤椅上，把书举在空中，对着光线明亮的地方看。熟悉起来后，来访时先生正在看书，也便不拘虚礼，照例的寒暄之后，便拿起一本书或一份杂志、报纸递过来，说里面有东西很可以看看，然后各自读将起来，偶或交谈一句，读到告一段落，方始继续聊起来。

读得也真是杂，历史、社会、文学，不一而足，“正经书”之外，也关心各种最新的流行书。每天都要拿着手杖，由桂芙姐扶着，去兜兜学校周围的书店，看看有什么新书，照例也会带几本回去。读得也真是快，没几天一本书便读完了。有天去先生家，赫然发现书桌上竟然放着卫慧的《上海宝贝》和棉棉的《糖》，不免大笑起来，说先生“真时髦”，“这些书也读啊？”先生也笑起来，说是其中有些社会信息。过两天再去，先生已然读完了，然后随口评论起来，翻翻书桌上的小说，里面还写了不少批语。先生竟然也会留意校外流动地摊上的盗版书，很认真地说，看看哪些书被盗版，便能知道社会流行的现象和关心的问题。有一次，先生不知道从哪里得到一本托名某著名作家写的盗版小说，竟也读得津津有味，回头说起，便说很可一观，里面写到的社会现象，闻所未闻。

很快就发现，先生读文学书，注意力并不全然是文学，而是其中的社会信息——“要了解这些信息，不然就和社会隔膜了。”这自然和一般科班出身的文学教授有所区别了。要关心身边的社会和环境，和周围的人群声息相通，不至封闭于象牙塔，和时代隔膜起来，仿佛也是先生这代人自然的品性，这品性一直保留到了晚年，乃至生命的最后——也因为与周围社会声息相通，心灵容易得到信息的交换和滋养，便不至封闭窒碍，而有着某种开阔与通达。先生虽说是左翼作家，却与文坛不同流派的人都有着交谊与来往，只不过是其中一个显著的例子而已。此外，又比如说，从哪方面看，先生承继的都是新文学的血脉，早年所作，学习鲁迅，颇有几分神似，但却不排拒通俗文学，晚年甚至大力倡导现代通俗文学的研究，说是里面颇有新文学所不及的成分，那理由，仍然是生活经验和社会信息的丰富……这又与先生自称是“社会中人”，经验和常识都比较丰富、故而不易故步自封分不开了。

七

听着先生话旧，读着有关的文字，有时候便不免和自己的生命历程对照。这一对照，便对那一代人经历的曲折和生命的早熟感到吃惊，对他们的勇气也有一种由衷的敬意。1940年5月，先生虚龄二十四岁，便在复杂的环境中，护送从沦陷的北平逃出的大嫂李星华（李大钊之女）及她的弟弟和儿子经西安辗转投奔延安，而在这之前，先生已经历了因参加学生运动入狱、出狱后亡命日本、抗战爆发后又回国从军种种事情，其间多次经历了九死一生的危险。想想这个年龄的自己，还在研究生宿舍里苦闷着，百无聊赖地杂读着各种书籍，企图从阅读中找到突围的方向，便觉得，在复杂的历史中，那一代知识分子真是早熟，也真是有在大世界中闯荡的勇气。

也对先生对历史和世情的洞察感到敬佩。50年代初，胡风冤案尚未发生，批胡的风声已经很紧，胡风的工作也没有安排落实，很感苦闷，先生劝胡风退出文艺界的是是非非，埋头做翻译，并把自己收藏的日文版《天方夜谭》送给胡风，说是："人家当家，做好做坏都是人家自己的事，外人去多嘴，会被认为是不知进退，没得讨嫌。"先生自己解放后受到批评，也自觉地告别小说创作，致力于翻译了。事后再看，觉得先生到底是读历史书的人，比起他的朋友来，到底不那么天真迂阔。再联想冤案平反后胡风去世时先生拟的挽联——"焦大多嘴吃马粪，贾府多少有点人道主义；阿Q革命遭枪毙，民国原来是块虚假招牌"，便更能理解其中的悲愤和面对历史的复杂情怀。

不由得想，冤案发生之前，多多少少，先生都会有所预感吧？既然有所预感，后来怎么还会被卷进去呢？想到这里，便觉察到横逆之来，多多少少不由当时当事的人自己做主，个人能选择的，很大程度上只有面对这些命运的态度。当时乃至事后，先生的选择，自是坦坦荡荡，对自己、对时代、对历史、对后人，都可以说是俯仰无愧，"把人字写端正"，绝不是虚言。也因此，人生的境界到底不一样，也因此自然而然发之于外，对年轻人有一种吸引。

也想到，即使能避开横祸，以先生的热诚、峻急、是非标准之明白，却也未必会选择明哲保身的道路。可能甚至连选择的念头都不会动，便自然而然地听从了自己的良心的召唤，于是便觉得先生有些古风，虽然走的是新文化的道路，身上却流淌着古代士人的血液——那也不一定就是自觉的继承，而是本来就有这些品性，然后在成长的环境中自然而然就吸收了相关的营养吧？

师母回忆“文革”中赴上海探望先生，“他经过十多年的监禁和劳改生活的苦日子，反倒没有了过去的文弱的书生气，变得比过去更壮实了。他不像学校里那些被揪出来的‘有问题’的人（当时称为‘牛鬼’）那样的神情沮丧，畏首畏尾。他走起路来挺着胸脯，迈着坚定的步子，像个正常人。因为他说，他没有罪，问心无愧，所以虽然长期身处逆境，但能处之泰然，仍然保持着开朗乐观的性格，面向恐怖阴暗的现实，无所畏惧。”（《流放手记·探亲记》）

平反后，先生推荐自己喜读的书，则举出但丁的《神曲》、塞万提斯的《堂吉诃德》、笛福的《鲁滨逊漂流记》、歌德的《浮士德》、吴承恩的《西游记》，说是“百读不厌，越读越觉得如嚼橄榄，其味无穷”。

八

张文江老师闲谈时评点人物，说：“上海有两位老教授，非常特出，一位是施蛰存先生，一位就是你们贾植芳先生。”施先生无缘面见，对贾先生的评价觉得非常中肯。又说：“你们贾先生有侠气。是从鲁迅来的。”想想，觉得很对。

有一阵，翻出先生早年的小说看。是从五角场的旧书摊买的80年代初重出的小说选，拿去请先生签了名，然后一直放着，因为什么机缘才拿出来看。这一看，便发现先生的直截峻急，与鲁迅真是神似。

又发现青年时期的先生，原来也很苦闷，那苦闷和鲁迅也非常相似，便想，先生后来的开朗、乐观，也是经过多少生命的考验和内心的搏斗才达到的。也因此，这开朗、乐观便有力度，因为是以生命的代价做底子的。

先生的小说里，有很多鲁迅文学中的意象和场景。像现在能看到的他的第一篇小说，还不满二十岁时写的颇有自传色彩的《人的悲哀》，有些场景，几乎是对鲁迅的“吃人”意象的生动的说明。里面的主人公，抱着不被理解的悲哀，坐在麻袋店的门口，又看到了一个鲁迅杂文中曾经出现过的意象——一个像绅士或善公一样的头羊，领着温驯的羊群，浩浩荡荡地奔赴屠宰场。这就是他一开始感觉到的时代气氛，在这样的气氛中，一个年轻人要不苦闷也真难。

有一阵，胡风家属把历经劫难保存的先生的书信寄还先生，有好事的朋友拿去线装书局印了出来，先生拿到几十部，便照常分送经常来往的朋友和学生。这些抗战中写给胡风的书信，经常写到寂寞、苦闷、气压低到连呼吸都困难——其中提到的有些事情，以前读历史书的时候只有一点大概的了解，如今从这些书信中看到活生生的事实，不免觉得触目惊心，难怪年轻时的先生要慨叹：“中国这个国家真太古老了，难道黑暗和腐化这东西真是上好的油漆一样，涂于古老的壁上，怎样也擦不掉么?”（1938年10月14日致胡风信）

而那种生命的强韧，和鲁迅也像。虽说是在黑暗苦闷之中，却是集中了全身心的力量，要从其中走将出来。看着这些旧作，就仿佛看到了先生当年所怀着的梦想，也因为有这梦想的感召、吸引和内在生命的支撑，才从普通人难以想象的苦难和困惫中走了过来，不放纵，也不世故，更不用说圆滑和虚伪。就这样走到九十高龄的耄耋之年，身体的衰老仍没法阻挡内在生命的清明和强韧。

先生说："我们这一代人都是理想主义者。"过往的理想，容或可以检讨，内在的真诚，却始终如一。先生的笔下写过很多"人形动物"，那真的是，内心的光辉一旦失散，整个人都垮了下来，活得犹如"假人""傀儡""行尸走肉"……先生内心的真诚，却始终如一地保留下来，而且愈到晚年愈加光彩，于是你便发现，世上真的是有"赤子之心"这回事的。

九

然而总觉得先生和鲁迅有那么一点差别。再想想，似乎先生要爽朗、温煦一些，不似鲁迅那么冷峻。也因此，更能让人亲近。

说起历史，不免会觉得沉重，但其实先生的客厅里，平时萦绕着的，更多的是欢笑。先生喜欢朋友，家中的客人川流不息，也因此自然成了一个朋友谈天的沙龙。来的人也真是五湖四海、三教九流，照例在寒暄之后，就是海阔天空地闲聊。这些闲聊，没有主题，但听着听着，历史不知不觉便活了起来，多了细节和肌理，有一种亲历者的亲切和生动。很多谈话的内容都模糊不清了，先生夹着烟卷谈古说今时神采飞扬的样子却犹在目前，说得高兴的时候，便哈哈大笑起来。那样爽朗的笑，在饱经忧患的老人们那里，真的是很少看到的。

先生生性幽默，谈起往事，也喜欢讲述其中滑稽的内容，也经常会拿自己开玩笑，很多苦难乃至不无残酷的记忆，我们只能从他的回忆录和文章里看到，平时谈话时是不大谈起的。记忆中自然浮现出的谈话的细节，也是些滑稽的片段。譬如有次先生说起，抗战初起时他在中条山的国民党部队中当对敌宣传的日语翻译，一次夜行军，疲乏之极，头昏脑涨之余，不小心便掉了队，独自追赶大部队，夜路走得昏头昏脑，天亮时不知不觉到了一个城市外，抬头一望，城墙上飘扬着的，竟然是太阳旗，于是赶紧扭头就跑，所幸没有被日本兵发现。还有一次，先生因为“赤化”嫌疑，刚从山西国民党部队中脱险，和师母化装成商人坐火车去济南投奔伯父，衣服鞋帽都是一副农民的装扮，不知怎的，中途却买了一份日文的《朝日新闻》看将起来，结果恰遇日本人盘查，喝问他一介农夫何以懂得日语，是否“间谍的干活”？——不记得先生是怎么回答才脱身的，这个紧张而又可笑的场景却一直留在我脑海里。先生的故事都是一串串的冒险传奇，想想其实也是，再紧张惊险的日子，中间也会有一些滑稽的场景，不过也要有乐观的心态，才能体会到危难之中可笑的一面，并在事后若无其事地谈笑置之吧。

先生也确实是谈笑置之，有时连讲起牢狱之中的经历和“文革”中在学校印刷厂“监督改造”的经历，也以幽默出之，仿佛确实有着宽阔的心量，能够容纳那些苦难的记忆而不大受负面情绪的缠绕。不少场景，先生的回忆录、文章和传记中其实也有，不过听他讲来，别有一种生动。都说先生是作家的思维，我曾经替先生记录、整理过几篇回忆文章，比起先生自己亲笔写的文章来，在鲜活生动方面，确实大大不如，而先生的谈话，比起他的文章来，还要神采飞扬一些，有些措辞和形容似乎朴拙，却很传神，寥寥数语，便活画出一个人的神情和灵魂。譬如先生回忆“文革”结束后，1979年第一次进京开会，某一多年跟风的现代文学专家，“吃得胖胖的来看我”，每次想到“吃得胖胖的”这几个字，联想起此君在那个年代的许多举动，便让人哑然失笑。又譬如说，先生回忆抗战中他在国民党部队时，有次病得很重，他的勤务员是个乡间出来的朴实的小伙，对先生感情很深，眼泪啪嗒地给他喂食、喂药，但一转眼，为了让先生好得快些，补补身体，便去村子里抢老乡的鸡，一边嘴里骂骂咧咧讲出一套大道理，让人又好气又好笑——先生回忆起来的时候，也是一副乐不可支的样子，听的人自是笑成一团。经历丰富的先生，对普通人的局限和多面性天然有亲切的了解，这也是他的思想和情感比较通达的原因之一吧。也因为通达，便不至郁滞，而多了些行走人间的坦荡……

十

不过有一点，先生却和鲁迅是始终相通的，就是对幼者的关爱和提携，那是非常自然的表现，显示出那种情感是自然发自内里，没有一点刻意和造作。

有阵子看先生的《写给学生》的校样，收录的是复出之后给学生的信，其中有写给陈思和老师和李辉先生的，不免分外注意些。写得真是长，事无巨细，一一交代，也不全是学业，更多生活上的关怀，仿佛幼者远行，长者谆谆叮咛，有时还是放心不下，于是一封写好还没发出，又写一封……

平常的日子，陈思和老师去先生家，闲话文坛和社会轶事，也会说说家常，照例是不用多言，便心意相通，犹如家人……

师母病倒后，李辉要来上海看先生，先生一连几天很高兴，开心得像个小孩，那情形，犹如子女远游归来，父母喜出望外的样子……

严锋兄要去日本教书了，先生把他喊来，坐在桌前给他写介绍信，写给日本学界的朋友，希望关照的意思。写了一封，封好，又写一封，这样一封接一封，写下来总有十几、二十封吧……

有一年，我要去马来西亚，先生也把我唤去，先生不认识马来西亚的朋友，便写信给新加坡的朋友介绍。其实也没打算一定要去新加坡的，但看着埋首写信的先生，内心的感动真的是难以言表。

推荐学生的文章，给索序者写序，更不在话下，仿佛就是自己不容推辞的责任，而不觉得一点麻烦。作序的书出版了，照例是不要稿费，要出版社送些书来，随手送给来往的朋友和学生。自己的书出版了，也是一定要买一百本，照例是送给朋友和学生，而且大多数情况下，先来者先得，没有特别的次序……

有一天，先生把我喊去，仿佛知道我有些疏懒似的，说可以译点东西。于是由桂芙姐搀扶着，拄着手杖，笃、笃、笃地一路响着，带着我去外文系资料室找书。外文系资料室是不对外系开放的，先生因为当过图书馆馆长，和外文系资料室主任相熟，于是便经常介绍学生去找书，有时更亲自带学生去。翻译的事，后来还是没有进行，但此前几位师兄，却就是在先生的引介下，开始翻译，有的更是译作丰富，颇有影响……

席殊书屋向先生赠送书券，先生把我喊去，要我看中什么书，可以先挑……

又有一天，桂芙姐打电话把我喊去。以为有什么事，去了先生家，书桌上放了一套新出的《胡风全集》，是先生特意买来送我的，因为知道我的论文在研究胡案受难作家的潜在写作，而穷学生大约并无力去买这样的套书……并且翻箱倒柜，把多年友人赠书和自己所购，全部找出，送给我去使用……

还有一天，先生说，自己有历年积攒的《新文学史料》，应该是一期不漏，不过是放在书架顶端的橱柜里以及书架里第一排书的后边，要我哪天自己来翻找，然后就全部拿走。那时候真是不懂事，想着会翻得家里一团狼藉，就执意谢绝了，现在想来，真的是辜负了先生的好意……

有一年，我父亲去世了。春节回家前，先生把我喊去，去了后，就要桂芙姐拿出两包东西，说是给我母亲的礼物……

先生年轻时好酒，年迈后不多喝了，但喜欢看学生喝，仿佛自己喝那样高兴。一有好酒，吃饭时照例是劝诱，会说“倒少了，再倒一点，再倒一点……”

仿佛生来就习惯给予而不是索取，每次告辞时总要我带点东西走，有时候是书，有时候是报纸、杂志，有时候甚至是几个水果和点心，仿佛我还是未长大的小朋友……连连推辞，也不可能，虽然难为情，照例是只能收下。先生有时候也对自己这样的习惯不好意思，但多年习惯难以改变，于是就呵呵笑起来，说，“带走，带走”……

最后一次去病房看先生，是去送稿费，先生坐在椅子上看报纸，告辞的时候，照例翻找东西给我带走。病房里实在没有什么东西，最后还是拿出一份杂志和一份报纸，说，“里面有东西很可以看看，带走，带走……”

……

……

……

先生喜欢小孩，桂芙姐后来有了孙子，在先生是重孙辈了，小孩子渐渐长大，顽皮可爱，放学回来，就扑到先生身上，大笑大叫，连攀带爬，先生笑眯眯的，自己也乐得像个小孩……

十一

去先生家，后来就成了习惯。毕业后，住得近，也是经常过去坐坐。也没什么事情，就是坐坐，坐一会，便心安下来，然后照旧回去读书和做事。

有时候晚饭后去先生家，便会碰到先生写日记。师母生病之后，原先的餐室改为病室，平时吃饭便改在兼作书房的客厅里面。晚饭撤罢，照例是在兼作餐桌的小圆桌上摊开日记本来。家人在一边闲话或走来走去，先生却不受影响，写作的样子一如平时写文章时那么专注，甚至会让人觉得是端肃，运笔也很用力，时不时笔尖会戳破纸面，却是没有犹疑，一径那么迅疾地写下去。也是很家常的一幕，不知怎么的却会觉得有些凝重，昏黄的台灯光斜射过来，更有些像一幅油画的样子。

那笔迹，却颇难辨认，字体一律向右倾斜，笔意是简直，却因手抖而有些蟠曲，愈发难认起来。到后来，只有先生自己和身边抄稿子的桂芙姐能够辨认，有时碰到疑难之处，来问先生，先生竟也辨认不出，于是便嘲笑起自己的“恶札”来。这里面也有典故，说是先生的老朋友，原来是“东北作家群”的小说家、后来转行专治金文的骆宾基，有次说:“谁能认全贾植芳的字，就给他一个文字学的博士头衔。”

也是很多年的习惯，每天总要写点东西。尤其是日记，多少年一直坚持下来。可惜的是，早年的日记1955年受难时全抄走了。“文革”结束后能够工作时就又写起来，一写就写了三十年。出版的三本有两本我参加过整理或校对，犹如面对时间的流逝，犹如面对历史的见证……

十二

在先生身边时间长了，会不自觉地受他感染。譬如说，见识会更广阔一些，人生态度会乐观、通达一些，看人的眼光会更清楚一些，自己的标准也就更明晰一些，很多困难的事情，也会更看开一些……这些改变，当时其实是不知不觉的，但就是在不知不觉中就发生了。回头想来，心中充满感激——是对先生的感激，也是对命运的感激。

先生在的时候，其实也不大想在这么一位长者身边有什么特别的意义——亲切、骄傲和敬意，一直是存在心底的，其他也没有刻意地去想过。到后来，更是自然而然，仿佛天然就应该有这么一位可以信赖的长者在身边似的，感觉特别地安心。

时间过去了，回头想来，才觉得分外可贵，能够遇到这样的师长，真的是分外幸运，而况能够相处、亲侍那么长时间……

先生辞世了，仿佛觉得失去了什么珍贵的东西，又仿佛告别了人生一个非常宝贵的阶段。

其实那时候，早过而立，已然告别天真年代，遇事也已不大动感情，但走在校园里，看到学生们悬挂在树上的千纸鹤，眼泪还是止不住流下来……

有时候会想起先生，会想到他呵呵大笑的样子……

有时候会想到他坐在桌前写作时的样子，神态很专注，甚至可以说是端肃，昏黄的灯光斜射过来，犹如一幅油画……

更有时候会想到他陷入久久深思的形象——是那样的独自的长长的沉思，仰着头，目光看着前面斜上方，有时手里的烟卷已燃出很长的烟灰也注意不到……

“一切悄去，无物持存。”

但总有些什么东西，能够战胜时光，熠熠耀耀，犹如星辉。

先生千古。

2011年2月20日于四季花城

原载《贾植芳先生纪念集》，复旦大学出版社2010年版

贾植芳先生的静默与凝思

蔡兴水[①]

最近读书少，这使我常常十分愧疚地想起贾植芳先生。先生生前叮嘱我最多的一句话，大抵就是“多读书，多写作”。特别朴素的话语，如今却让我悟出其中的不少深意。多读书，勤动笔，这是读书人的分内事。读书，写作，需要沉静，要凝思，要有所过滤，要化沉默为激扬，要把个体的思想通过文字的表达爆发出来。读书与写作是一种伴随着静默与凝思的个体劳作。读书，写作，很个体性、个人化的思考与行为，这是天底下最复杂最动人也是最幸福的事情。

在我看来，贾植芳先生时常是沉默的，寡言的，无语的，凝思的，那是我心中常常感觉到神奇的先生，是我十分景仰的先生，是跳开尘世的先生，是富有洞察力的先生。如果只知道爱说笑的先生，只看到了先生的达观开朗和热情，我以为这并不是完整的先生，并不是

① 蔡兴水，上海视觉艺术学院新媒体艺术研究院教授。

丰富的先生。

只知先生的笑，未必理解先生的苦。只知先生的欢欣，未必懂得先生的沉郁与悲凉。这样说并不是要否定或颠覆人们心目中淡泊的慷慨的坚韧的豁达的先生形象。我以为，唯有同样懂得静默与凝思的先生，才能真正走近先生并且领悟先生。如不是这样，我们就无从理解那个酷爱自由却又长期不得自由的贾先生，就无法理解青年时期就离开山西老家常年远隔故土亲人处于羁旅客居他乡状态的贾先生，我们就无法理解作为鲜活的生命数度被羁押囹圄无处伸冤而必须面临毫无尽头的漫漫长夜，甚至可能不知何时被终结生命期限的先生，就无法理解生性豪爽好客热情大度豁达幽默却反受困被囚禁丧失亲朋孤身只影的先生，就无法理解赤子情怀老小孩似的先生没有亲自生育过子女的喜乐而留下遗憾的先生，就无法理解至爱的贾师母先他而去留下先生一人的残缺与慨叹。先生的苦闷，先生的人生不解的困惑、疑虑，先生的不平与孤愤，先生在客去屋空后的冷寂，先生在挚爱别离后的守望，所有的无解、冷寂便化作先生的无言，化作先生对世界的凝思，化作先生对人世的独自过滤与咀嚼，化作先生的沉默的神奇，也使得先生的激扬文字在问世之前有所酝酿与潜伏。那是先生的天问，那是先生的探询，那是先生对命运作弄的无语，那是先生对现实逼迫无奈时的缄默，那是先生对苍茫的人生的不妥协不推诿不回避的冷然直视。这是属于先生自己的世界，是没有为我们全部敞开而我们未必能够深入理解和懂得的自我。有了这个沉默而丰富的世界，有了这个与热闹欢聚相对应的无限宽广的个人沉静天地，先生于人群中的笑谈更加有滋有味。有了这个与白日焰火相对应的冷凝的时空，先生的无助和寂寞显得更加丰富和实在。

像先生这样自由率性，重情重义，呼朋唤友，却又被迫长时日无法与亲友聚首，无法破解人世艰辛，无法获知何时得到解放甚至不知何时能够终止对自己的审查关押乃至于生死难卜的人，会是如何挨过那被羁押受囚禁遭限制而几乎只能在内心深处自我对话的黑天白日的。面对孤灯冷灶空屋，先生是如何度过那一个个漫漫长夜的，又是如何期盼又一次晨明降临微光来到，即便是伴随着一番番类似于普罗米修斯被啄痛的经历，都能弥留于世。每念及此，我在赞佩先生的同时，便更加心疼先生。

我突然发觉，先生的无言甚至要超过他的言语，先生的静默甚至要多于他的开怀。先生在他家书房兼会客厅抽着便宜的红双喜香烟在夕阳余晖下的剪影突然格外清晰地映现在我眼前了。我感觉到更加温暖的先生，让我更加能够亲近也愿意去亲近的先生，更加愿意在内心去探索和理解的先生，更加感到值得敬重同时又更加觉得人生不易的先生，就在我的眼前。

相当一段时间来，我一再地深陷于对贾先生的怀念之中，尤其是在我一个人的时候，会更加不可抑制地想念起一个人的贾先生。我一鳞半爪的学海生涯中，在京城，在沪上，曾经散布着许多文化耆宿、智慧老人，却又限于各种原因不得晤面。脑海中有文化有深度而又有幸得以亲近过的老人寥寥，钱谷融和徐中玉二位先生，我只是远远得见他们的或慈祥面容或冷铁般轮廓，黄永玉先生仅能凑低身子挨到他跟前合过影，唯恨自身才疏学浅，恨自己不求上进，恨自己闷不开窍，恨自己情商太低不太擅长求教与接近贵人，不是没有机缘拜会，就是苦于不敢也不能走近。偶或有过半面之缘，也无从拜师求教，有一二得见，获益并不显著。读读他们的宏著，就算是一种见识的机缘。能够得以亲近且倾听其言语教诲，还能陪同一起散步说笑的，也仅有亲爱的贾先生一人。唯有贾先生得以让我走近，让我能够在先生家如同自己家一般蹭饭喝酒谈天说地，能够近距离感受一个孤独寂寞却又温暖可亲的灵魂，想来唯有贾先生能够让我体味复杂的人生滋味及百态杂陈的生命形态。生，得以有过先生这样的存在并能与他亲近，我已感到生命的喜悦和满足，此生再大的憾事已经无须莫名悲戚了。平生得以走近贾先生，我已经知足了。作为一株缥缈孤寂的小草，我曾经无限地接近挨近过挺拔高大的参天老树。因为珍惜与先生结缘这一份情感，以至于贾先生离去后，我竟然有一种被抽空了灵魂的感觉，觉得没有贾先生的复旦校区，我远足回去就如同无处归依的游魂野鬼。我不太回复旦了，表面上说是因为现在客居远离复旦的郊外，究其实从心底里说还是因为复旦没有了贾先生。我不知道哪里还能找到随时都可以去，有事没事都可以去坐一坐，能够肆意谈笑随性吃茶喝酒的地方。在那里，可以无拘无束，在那里我十分安宁，在那里我不再有烦恼，苦闷似乎也化解了，游魂也找到不再漂泊的家园。在先生面前，我能有什么困难。在先生面前，我能有什么难题。唯有在先生面前，我才感到人世是美好的，生活是美好的。先生，唯有在您面前，我才感到平静与安宁，感到人生的丰富与伟岸。可以孤傲，可以独处，可以欢聚，可以富足。冷然于世，无须惊心，默然无语，心自洞开。

先生的乐善好施、豪爽好客早已不是什么秘密，而先生的静默与凝思或许是久被我们忽略了。我所敬佩的贾先生虽然个头瘦小，却不怒自威，他是那个能够在静默中承受超过常人抗压的老小孩，是那个能够从不公平的磨难中坚挺过来的小老头，是那个从不低头却每晚为中风的爱妻搓揉四肢并终于跪倒在贾师母灵前的绝对暖男。这是好动与沉静的先生，是坚毅与柔情的先生。先生的人生充满坎坷、备受煎熬，然而先生从不怀恨社会，毫无怨毒报复之心，他总是达观地对待人生，把自己的热情和温暖倾注于他的独具韵味的文字里，体现在他对社会的善意上，体现在对亲友的情感里，体现在对学生的无私教诲上，先生自我化解、自己隐忍，先生你是这样度过多难的时刻和无常的人生。

先生，面对着你，我还有什么苦难可言，面对着你，我还有什么算得上难题。我终于从怀念先生思念先生的沉思中回到这个折磨过先生煎熬过先生纠缠过先生也给先生带来欢笑和硕果的人世间。我感到先生没有离去，先生的音容笑貌时刻萦绕在我的周围，我明白我的人生已经不可能失去先生了。先生始终与我同在了。我笑了。先生，此时此刻，我想给你一个不松手的拥抱！

写于2016—2018年

梦回沪上忆先生

戚立强[①]

几天前，翻阅《郁达夫年谱》。打开扉页，贾植芳先生的题字赫然在目："此书我存有二册，故将其中的一册，送戚立强小弟留念。贾植芳2004年5月9日，上海。"当时，我在复旦大学读博，期间最常去的便是贾先生家。先生知道我毕业论文以创造社为题，特意送给我几本相关的藏书。《郁达夫年谱》扉页上的题字，是那天我去先生家，先生当面题写的。先生时值八十九岁高龄，手脚不甚灵便，坐卧出行需人扶持，写字之时，探身伏案，手中笔重似千钧，仿佛倾全身之力一笔一画刻出。《郁达夫年谱》扉页特厚实，先生笔锋似斧凿刀削，深深刻印在纸页上，自有壁立寒松一般强健的风格。字有破体，锋有拙，看到贾先生赠书上的题字，我仿佛看到了一位老人正在和无情的岁月搏斗。一股浓浓的思念，随着先生的笔迹漫延开来，不可遏抑，

① 戚立强，华南师范大学文学院教授。

于是找出当年在上海读书时候的日记，从中摘录关于贾植芳先生的一些记叙，连缀成篇，聊作纪念。

2002年9月，我第一次来到了上海，跟随陈思和老师攻读比较文学专业的博士生。初入陈门，陈老师便郑重地和我们谈起了贾先生。很快，“先生”一词就在我心中变成了一个特指。记得在一个阳光明媚的早晨，高我一届的师姐孙燕华说：“‘先生’让我们到他那儿去。”当时，我稍稍愣了一下：陈思和老师不是刚刚去北京开会了吗？心里想着，随口也就说了出来。师兄师姐们全都善意地笑了。“我们说到‘先生’的时候，指的都是贾先生。”从此，复旦三年，只要是同门间提到“先生”二字，我便知道说的是贾植芳先生。无论是谁，若是说：“我刚从先生那里回来”，或者提议“我们去先生那儿吧”，这“先生”说的是贾植芳先生，不需要特别的语境或铺垫。习惯成自然，有时候同门之外的人说话，我也会不自觉地说“先生”如何如何，听者往往一头雾水，摸不着头脑。“嗡，嗡，先生是？”看着对方迷惑的眼睛，我恍然大悟，赶忙道歉，对“先生”加以补充说明。

复旦三年，我最常去的一个地方，就是先生的家。先生家住复旦大学第九宿舍，那是一个教工住宅小区，小区门外就是国顺路。当时，我住在复旦北区学生宿舍，而中文系则在复旦南区。逢上课或去文科楼的时候，便顺道去看看先生。若是没有课时，就常常约了同门，或是一个人，从北区骑了自行车直奔先生家。从第九宿舍大门进去，右手第二排最左边的一楼，就是先生的家。宿舍楼的外墙，是未加任何涂饰的红砖；道边种满了高大葱绿的橡树，比宿舍楼还要高一些。红墙绿砖，正午的阳光从密密的枝叶间洒落下来，小区里住的多是老教授，来来往往的人很少，若是不骑车，慢慢地行走在去先生家的水泥小路上，每每都会感到一种清幽的古韵。

先生家客厅东、南两面开窗，窗口皆对着小区内的道路。有时到先生家，我会特意绕到窗前瞄一眼，看看先生在干什么。有时，恰好会被客厅里坐着的先生看到，于是先隔着窗子简单打个招呼，然后转身，拐个弯，再从房前开着的角门走进去。

平常去先生家，很少走正门，都是从紧连着厨房的角门进去。这个门一般都开着，似乎时刻准备着欢迎前来的访客。走过去，轻轻一推，虚掩着的门就开了。于是直接走进去，穿过小小的厨房，左拐，沿着有些暗的过道走不上几步，一个感觉上很亮堂的永远敞开着的房门就出现在右手边，这就是先生的小客厅。若是在窗外已经打过招呼，此时就会看到先生坐在正对房门口的带靠背的圆藤椅上，带着灿烂的笑容欢迎访客的到来。若是悄悄地从角门进来，此时就会见到一个像鲁迅似的、不高而瘦的老先生正在埋首读书。阅读的时候，先生总是严肃的。每当先生被来客所惊动，抬头看时，老花镜片下往往就会有敏锐的眼光闪过。当看清来客时，目光便柔和下来，读书时特别严肃的老先生，转眼就成了特别和蔼可亲的长者。

去先生家的次数多了（有段时间，隔天就要去一下），除非特殊情况，事先均不打招呼，自个儿随随便便想去就去了。到了之后，并不总是见面便与先生寒暄，说胖了或吃过没有之类的废话。来得太勤快了，仿佛这里就是自己的家。进去之后，径直在先生左手边的长沙发上悄悄地坐下。我尽量不让自己发出大的声响，因为没有客人在的时候，先生往往总是在阅读，我不想惊动先生。然而，敏锐的先生总能察觉我的到来。这时候，正在阅读的先生往往抬头看看，见到是我，随后就继续埋头阅读手里的报刊。等阅读告一个段落，先生将书刊随手放好，然后就和我说起自己刚才看的文章，随后我们才开启闲聊模式。

先生家的小客厅放了几个大书橱，角落里也都堆满了书，使得本来不大的客厅愈显其小。坐在小小的客厅里，最惬意的事儿是听先生闲聊文坛往事。我记得自己最喜欢向先生探询和请教的，是他们那一代知识分子城市漂泊的生活经历。记得先生曾说，解放前在各地奔波，经常身无分文，到了一个地方需要钱用，就只好跑去报馆或书局预支一点稿费，或借一点钱，虽然不多，凑合凑合也就对付过去了。当时，我曾经有一个想法，搜集材料，探讨解放前流浪型知识分子的都市生活，从现代都市生活的角度探讨流浪型知识分子的产生及其意义，而先生就是我了解这些的最好的一条路径，这个想法只有很小的一部分体现在了自己的博士论文写作中。和先生的交流是随机闲聊式的，没有录音没有笔记，也没有形成系统，实在也不敢有什么大的计划使得先生太过劳累。现在想想，却未免感觉有些遗憾。

聊天的时候，先生总是笑眯眯的，人越多，先生越高兴，小客厅里到处都是欢乐的气息。谈到曾经的种种苦难困厄，先生也总是带着和煦的笑容。待在先生身边时间久了，慢慢也就品出了先生笑的多种意味。每每谈到“人一阔脸就变”或落井下石者，先生也还是在笑着，但这时候的笑就成了嘲笑或讥笑，那笑是鄙夷是不屑。笑，并不总是代表着快乐，世间有各种各样的人，就有各种各样的笑；笑，有时需要细细咀嚼回味。还有很多时候，言笑晏晏的先生，忽而收住了笑容，随后陷入长时间严肃的沉默之中，仿佛在品味奇奇怪怪的人性，反思那些在他眼前演出的一幕幕活剧。有些报刊，选载先生照片时，往往择取那些笑容洋溢的帧幅，让人觉得轻松、温暖，显示出老人的超脱，这样也算是社会对先生当下形象带有某种选择性的展示吧，这和我心目中先生的模样大不相同。我常常想，最好的相片应该拍下先生笑过之后沉入严肃的那一刻，不过转而又一想，最佳的表现方式还应该是录像，从先生谈到某种“人一阔脸就变”而笑的时候开始，进入沉默，然后又从这沉默当中恢复到原先的笑，先生的性情似乎应该这样来表现才好。

更多的时候，到了先生家，若是没有别的客人，我们也并不长时间闲聊，往往是先生递给我一本书，告诉我说这本书不错，值得一读。于是我就和先生一人捧着一本书，静静地坐着阅读。复旦三年，除了借书，我没有在图书馆自习过，倒是先生家的客厅，有段时间仿佛成了自习室，我经常安坐在那里读上一两个小时的书。有次吃饭的时候，陈思和老师对我说，贾先生在日记里夸你最近读书很用功。先生所写的，其实就是我在先生家客厅里蹭先生的藏书读的事儿。

据我所见所知，先生在客厅里的座位好多年都没有变过位置：永远是正对着敞开着的房门。任何来客只要在门口一出现，而恰好先生又没在阅读，于是一眼就看见了，然后灿烂的微笑就洋溢在先生的脸上。好像先生始终是在等待着你的到来似的。先生没有专门的书房，客厅也就权当书房了，北墙边立着一排书橱，西墙也立着一排书橱，能够堆书的地方都堆着书和杂志。我也曾到过一些朋友家，也是将自家客厅做书房，到处摆满了书，像是一个人的工作间，让人稍稍久坐便心生忐忑，倒不是怕打扰了对方的家庭生活，而是让人感觉似有破坏对方工作环境的嫌疑。但在先生家，就完全没有这种感觉。现在想想，先生家客厅和书房合二为一，或许是没有多余的房间做书房吧，但在先生，其实是乐意将客厅做书房的，或者说是把书房拿来做了客厅。这里面的主次关系，没问过先生，但先生常说：“我是社会中人，不是做学问搞文学的。”先生并非不重视学术和创作，而是给自己的定位是“社会中人”，他并不在家中给自己特地划出一块独立的区域作为书房，他不要把自己与“社会”隔开来。他的客厅是开放的，书房也是开放的，开放的客厅和书房就像先生这个人一样，热情地接纳一切同道者。

先生迎门坐，同道随意来。小小客厅，随时敞开着，友朋往来不绝，各种有趣的谈话，开怀的笑声，让人留恋不已。听陈思和老师说，他们当年读书的时候，先生家的客厅才是真的热闹，就是让人迷醉的沙龙。那时，先生还未退休，师母还很健康……余生也晚，来先生家时，先生已年近米寿，耳背较严重，行动不便，师母中风卧床多年。然而，我仍然很庆幸，虽然没有赶上最美的时光，未曾见识到先生家中客厅沙龙高谈阔论的热闹景象，却也庆幸赶上了宁静了许多，然而却也让人更觉坚韧的一段时间。

有时候，和先生两相对坐，看着窗外淡淡的光线落在先生的后背上，一切静谧，我常常会臆想多年以前，这位老人在小小的客厅里意气风发的模样。现在，衰老、病痛，以及其他一些不可控因素都使得老人不能再像多年以前那样生活，可是先生没有蜗居避世。依旧开放的客厅，对着敞开的门迎面而坐的生活习惯，诸如此类，都表明先生在精神上没有丝毫改变，他依然还是自己所说的“社会中人”。

在一个飘着小雨的傍晚，从复旦文科楼出来后，我又习惯性地溜达着去了先生家。先生正在看报纸，抬头见是我，就有些激动地让我也看那份报纸，不住地对我说：“开了那样规模的大会议，除了《中华读书报》十几个字和《文艺报》不足百字的报道，压根就不再见到任何踪影。胡风冤案已经平反这么长时间了，还是不放心啊！”先生所说的“大会议”，指的是先生和王元化共同倡议，2002年10月11日到13日由复旦大学和苏州大学联合举办的“纪念胡风一百周年诞辰暨第二届胡风学术研讨会”。

有一次，先生获得上海市的一个什么奖，我把先生领奖的录像带拿到店铺里去刻录成CD，弄完后送回先生家。恰逢先生情绪不好，我故意说要看看刻录得如何，就和先生两个人到先生的卧室里，用桌子上的一个台式电脑观看CD刻录的颁奖晚会。颁奖晚会时间很长，先生上台领奖时，坐着轮椅缓缓从台边来到台中央。看到这一幕时，我对先生说这个场景最抢眼，整个画面只有坐在轮椅上的先生。先生笑了，告诉我说：“我要坐轮椅的。”“要”这个字的发音咬得很重，先生强调是有意如此做的。他本来也可以走上台去领奖，或者被人搀扶着，但是他自己提出要求，一定要坐着轮椅到台上领奖。但先生并没有给我多加解释，我也没有仔细询问。本来，陪着先生看碟片，是想要转移一下先生的情绪，尽量不去碰触让先生心情沉重的话题。鲜花和掌声抹不去先生心中的伤痕。

2002年11月20日下午2点35分，上海的天空飘着细雨，贾师母逝世了。先生写了讣告：

> 任敏1918年12月出生于山西汾阳，1942年在西安工商专科学校会计系念书时与我相识，结为夫妻，此后六十年间随我遍历人间冷暖。1955年后因胡风冤案所累，被遣往青海，先在化隆县小学任教半年，后入狱四年，“三年困难时期”（1962）到山西“生产自救”，在我老家襄汾侯村务农十八年，1978年秋回到上海，1980年平反，从青海化隆县教育局退休，始过正常生活。

1997年因脑梗塞病倒，今撒手去矣。

平反之时就是退休的时候，退休后“始过正常生活”，这样的“正常”本身就极不正常。

贾师母去世那段时间，我和郑坚师兄接连几天都待在先生家客厅里，方便随时照顾先生。先生家中没有暖气，上海的冬天很冷。深夜，先生身着薄薄的睡衣睡裤，从卧室出来，不理会我们的劝阻，也不要我们给他加衣服；指着客厅墙上挂着的一些木刻，对我们讲那是师母何时何地收集的，又到书橱里翻出一些书，指出里面有师母的一些章节；给我们讲述师母的行状，读有关师母的一些文字……第二天，先生又在深夜到客厅里给我们讲述过去的事，后来终于被我们劝回卧室，也并不躺下睡觉，而是对我们说：“我要看看书。”随后仰面躺在被子里，读一本关于师母的书。那不是阅读，是温习过往的种种。一大早，先生就高兴异常地来到我们面前说：“我梦见任敏（即贾师母）了，她穿着小棉袄，在我面前跑来跑去……”听着先生的话语，我想起陈思和老师写的《感天动地夫妻情——记贾植芳先生和任敏师母》，文章的结尾，曾提到先生的愿望：“能不能让任敏再醒过来，好好再过一阵子？”好好再过一阵子！这里的“好”，指的不过就是“正常生活”而已。为了美好的生活，自读书时起便投身革命，奋斗了一辈子的知识分子，最终的奢望却是“好好”再过一段“正常生活”。

“把人字写端正”

——我心中的贾植芳先生

刘　群[①]

2002年秋，有幸考入复旦读博士。跟导师陈思和第一次见面，他就对我们几个说：“贾先生是我的老师，你们平时可以常去看看他。”打那以后，我就有事没事地去先生家里坐坐，听他讲过去的老故事。常常，从前很多在教科书上读过的文学史上的名字，在先生浓重的山西口音的讲述里，变得鲜活真实，有血有肉，对他们的为人与为文，对人世间的各种际遇况味，也就加多了一层理解与认知。常常，在图书馆看书累了，就走出阅览室，穿过旁边的小巷，拐入国顺路，去九舍先生家。

那是初冬一个夜晚，晚上去看贾先生。客厅里十分安静——先生正在书桌边疾书，大概在写日记。他神情十分专注，一会儿唰唰地

① 刘群，青岛大学人文学院副教授。

写，一会儿又抬头似乎在回忆着什么，嘴角有一种倔强笃定的表情。我不忍打扰，悄声离开了。那一幕，却难忘。先生家的客厅，在一楼，推门可入，没有那么高不可攀。有来访，先生总会放下手中阅读的书报，欣欣然与客人谈话。如果你不善言辞，也不用担心冷场。但是，有一类人，不管你多么身居高位，有头有脸，先生也是不欢迎的——那就是那些行过背信弃义之举的人。先生说，他的客厅，永远不会朝他们打开。

春寒料峭的早春，一位在外地工作的师姐回上海公干，我陪同前往看望先生。到了晚饭时间，先生执意请饭，就去了附近的一家饭馆。先生、先生的管家（也是贾夫人的侄女）桂芙大姐、师姐与我，只我们四个人，菜却有满满一桌。丰盛，十分丰盛，怎么那么丰盛——十几年后的回忆仍是这样。我知道，先生平日里在家粗茶淡饭，这与那晚的满桌佳肴形成鲜明对比，所以印象极为深刻。那会儿师姐博士毕业虽没有几年，已算是年轻有为的少数民族学者了，先生的好客与对后学的厚爱，都在不言中。餐毕，先生搭上围巾，拿起拐杖，戴上帽子，跟饭馆老板说再会，今天的话来说，有范儿！

2003年上学期要放暑假时，先生嘱我回家后，可以去寻找下他当年与夫人任敏逃亡到青岛时客居的三义栈。那客栈在青岛火车站附近。我与爱人专门选了个好天气，去拍了一些照片，9月开学时带回上海。先师母过世周年时，我们随先生一起去扫墓。在墓前，先生特意跟夫人讲，今天带来了青岛的一些照片，你也看看青岛吧——我们避居一同迎来解放的城市。先生还特意说，是青岛来的学生刘群拍的。

那一年的中秋节，师门在大柏树一家饭店聚会。餐前先生站起来发言，红润的脸庞洋溢着温和的笑意。他缓慢而有力地说："五十年前，第一次到上海，我身上只有八分钱。这八分钱，我到现在还没有花完。"先生说的是，当年他与妻子任敏初到上海，几无分文，只好坐车到胡风家，还是由胡风代付的车资。老话说得好，"在家靠父母，出门靠朋友。"而选择了朋友，就意味着选择了正义与忠诚，鄙视不屑于一切形式的背叛。即便，要为此付出惨重的甚至是生命的代价，在那不堪回首又不能忘却的疯狂年代。

先生很重视翻译。他说过，对在大学教书的人来说，教书、写书、编书、译书，这四项是题中应有之义，是本分，都要做。他将其翻译的《契诃夫手记》亲自赠我，也曾说当年避居青岛，地摊上有很多外文书，多是外国人离青岛时散留下来的，他曾买到并翻译恩格斯的《住宅问题》等书，可惜时事混乱不幸遗失。记得某校有个翻译会议，先生知我对翻译小有兴趣，并有小译作发表，就告诉我等人家来请他时带我同去，见见世面。不知何故，到下午会议方也没有来请他。他只好让我回去了。临走，先生说了一句："要多写文章，不要当茶博士啊。"寥寥几语，牢牢扎根于心，忘不了。而今想到自己并没有做到，惭愧之际更是忘不了，就像个魔咒。

先生达观。你见过先生谈笑间，兴奋处，会从桌边站起来，模仿电视剧片段的样子吗？好似老顽童。每每感叹，一生几度牢狱历经坎坷的先生，要怎样的精神支撑才能活下来，而且还能有如此鲜亮的精神底色。后来读到大师兄张新颖老师的一篇文章，知先生某次住院期间，曾短暂有过激烈暴躁的情绪，很不同寻常。师兄说，生命中那些酷烈阴影怎么可能一下子就消失呢！我也因此更深地了悟到，要怎样的人格力量，先生才可以葆有豁达乐观的心胸。不言而喻。

先生知我博士论文要做新月社研究，说他曾跟方令孺、陈衡粹相熟。陈衡粹是陈衡哲之妹，余上沅的夫人，人很利落，她做新月书店的会计管理账目工作是很适合的。方令孺则曾执教复旦，与先生同事。愚笨如我，居然没有多问他对方令孺的印象。先生还马上从书架上检出几本与新月社相关的书，借给我用。其中有一本，别处找不到，那时也没有现今万能的“孔网”。过了一些时日我决定：鼓足勇气，申请据为己有。不用说，我“得逞”了。那是一本谢泳的《逝去的年代》。

有时候，别人送的书，先生也会慷慨相送。夏志清先生大著《中国现代小说史》大陆简体中译本，是复旦出版社2005年出版的，当时出版社送给他一本。正好我去看他，先生看出我的心思，毫不犹豫就嘱我拿去。至今，每年上课都会用到这本书，每次拿出来就想到先生，想到先生家不大的客厅：中间是一圆桌，先生阅读书写会客用餐都靠它，多功能。右侧一长沙发，供客人用。先生身后，是一张靠窗的写字台。此外，客厅三面墙，都是书橱，不豪华也不高大。除了书架，凳子上桌子上记得也常常满是书。翻看跟先生在圆桌前的合影，往事历历在目。

2004年金秋十月，复旦大学举办大会为先生祝贺九十华诞。陈老师嘱咐我们在读同学多出点力，我领到了一项“出头露面”的任务——宣读贺信贺电。在复旦步行街一家小餐馆，新颖老师交给我一摞贺信。有王安忆的，字十分娟秀，写在一张不大但很是清雅的信笺上，其中有一句：“贾先生，虽然我不是您的学生，但是我一直把自己当作您的一名小学生……”过了这么多年，那些贺信都已不记得出自何人，唯独她的话，和她的字，至今记忆清晰。这不由让我想起，在张文江老师家听《庄子》的课堂上，王安忆专注听讲的样子，她时有记录，又很认真地提问。确是谦虚好学，勤奋不辍。可见，文坛常青的神话都是有原因的。

那日午餐时，特意去给先生敬酒祝贺他，问他今天心情怎么样？他用惯常的乡音，脸上露出常有的调皮孩子般的笑容，说："是你读的贺信吧！从前，几十年前，在大礼堂，也是在台上，那时候是挨批斗。现在呢，人家都在夸我呢，不过我一句也听不见！"他呵呵一笑，接着说："挨批评和受表扬，这些，都是一种需要！"那刻，历史的风云变幻，在先生的言语与笑容间霎时灰飞烟灭。而先生的话，却长久地烙刻于心。

先生夫人任敏女士我只见过一次。我入校时，得知她已经患病卧床几年了。我从未敢提出去隔壁的房间看看她。那一次，大约病情有点加重，先生的管家、夫人的侄女桂芙大姐让我过去看一看。夫人高卧，只记得她喘得厉害，脸浮肿严重，很痛苦的样子。站了一小会儿，我就离开了。我似乎有点怕，内心实是不想、不忍再看。后来读到陈老师的文章《感天动地夫妻情》，方知先生一直坚持为夫人想方设法治疗，花费不小，但他从未讲起困难。先生退休前是复旦图书馆馆长，可以享受离休待遇，但他选择了退休——跟一名普通教师一样。退休后的薪金不高，也不享受特殊的医疗待遇。我们看到的先生只是自己勉力著述，稿费都用来为夫人治病，不放弃一切可能的机会。

查看书架，先生的赠书竟有十七本之多。其中有两本是送给我与爱人的，有一本是我买到后请他签名的，其余就都是送给我的。何惭受之。看到眼前这些摆放整齐的书，就想起先生伏在桌上签名，那双筋骨突出的手，紧紧握着笔，一撇一捺，都写得遒劲有力，不卑不亢。恰如先生一生拿生命践行的那句话，人活一辈子最要紧的，是要“把人字写端正”！

2016年10月31日于青岛

2016年12月16日修订

先生之风，山高水长

——试论贾植芳先生的“人性化”教育

冯　进[1]

贾植芳先生是我的硕士生导师复旦大学中文系陈思和教授的导师，正统的叫法该说是我的师祖。20世纪90年代中期有幸拜于先生门下时，我还是复旦大学中文系不谙世事的本科生，先生则年过古稀，早已退休。我1994年硕士在读的第一年就赴美留学，和他频繁接触的时间只有一年左右。不过，我之后每次回国探亲，都要去复旦教工宿舍先生的住处拜访。隔着在美国高等教育机构做学生、当老师二十多年的经历回顾，先生为人师表的三大特色，或曰三大“内功”，让我回味无穷，受益匪浅。

最初给我留下深刻印象的当然是他的人格魅力。1993年第一次去他家，我心中忐忑，不知与中国现代文学史上的传奇人物见面会是什

---

① 冯进，美国格林奈尔大学东亚系教授。

么光景。熟悉后，才感到先生是一位可爱又可敬的真知识分子。那时先生住一套复旦教工宿舍的公寓，地方还算宽敞，装修什么的就完全谈不上了。每天人来人往，高朋满座。他的学生、朋友、记者、编辑，乃至海外访问者，一来就是半天。他又好客，中午一坐就是一桌吃饭的人。

第一次去他家，见到一位瘦小的老人，穿中式对襟棉袄，戴老式黑框眼镜，面容像个风干的核桃，更衬出两耳的略微招风。先生烟瘾很大，爱喝酽茶（听说酒量也高），有些重听。一口口音浓重的山西普通话，开头我借助别人“翻译”才能完全听懂。先生很淘气，每次见面都要故意问我“吃不吃烟？”又常跟我说起故人的趣闻韵事，自顾自笑出声来。听说我要去美国，他告诉我：有个以前的学生某某去了“穷乡僻壤”的某大学留学，太太也去陪读。夫妻两人的车刚开到大学城，太太就忍不住眼泪汪汪：因为这与她想象中的美国繁华都市相差太远了。说到这里，他开怀咧嘴，镜片后面的眼睛眯成两条缝，笑声洪亮欢畅，完全没有为师者应当“道貌岸然”的自觉。见过先生一两次后，我就没了拜见名人该有的“战战兢兢，汗不敢出”的敬畏了。

先生未曾对我提过以往的磨难。我后来读了师母的回忆录和李辉老师等人的研究著述才略知一二。如，他因胡风一案牵连而被关进监狱，师母去看他，夫妻不得相见。师母只能留下一双亲手纳制的新布鞋，里头装几颗山西特产的大枣，借以告诉他自己已被遣送回山西老家“劳动改造”了。先生出狱后也下乡劳动，虽然身材瘦小，听说却锻炼得能挑二百斤重的担子，在田埂上健步如飞。我看过一张他当年落难时的照片，只见他右手夹着烟卷，唇边带笑，头向后仰，没有一丝一毫的戚戚惶惶。我觉得先生人格魅力的一个重要方面就在于他身处逆境依然保持着自己的良知与信仰，始终从容不迫，积极乐观。

先生对我在学业上的指导，我觉得最重要的一点是注重国际视野。当年复旦大学文史哲三系的学生以英语水平低下出名，偏偏有些毕业生还以此自傲，瞧不起外文系"缺乏学术素养"。有一回我突发奇想，觉得该读些英文书，试试搞点翻译。先生听了大为赞成。我问他，是该翻译简·奥斯丁的通信还是王尔德的日记，他说，后者更有意思。我其实只是心血来潮，凭我当时的外语水平也无法胜任翻译任务，所以最后不了了之。但先生慧眼独具，思想开放，不觉得我想做翻译是不务正业，也并不认为我关注因同性恋闹出丑闻、提倡"唯美主义"的王尔德是"政治不正确"，让我一直感激。后来知道先生日语流利，还做过大量的翻译工作，并不是整日钻故纸堆的老夫子。"文革"后他能双肩担道义，致力于复兴中国比较文学学科，也与他的国际眼光、开放心态有关。

陈思和老师曾告诉我，他真正学会做研究，要追溯到当年还屈居复旦中文系资料室的贾先生的指点。那时先生独住学校附近的一间小屋，师母还在山西老家。陈老师在复旦中文系读本科时，有次和李辉老师合作写了篇巴金研究的文章，请先生指教。先生看过后当时不予置评，只邀请他晚上去家中小酌。那一晚，他坐在陋室中一张破课桌旁，先生拿出一瓶老白干、一小碟萝卜干，两人你一杯，我一杯，一直谈到深夜。"我这才知道研究应该那样做。当然，从此我也学会了喝白酒。"陈老师回忆。

离开先生以后，随着人生阅历的加深，我逐渐领悟到他"无言教化"的良师风范。先生不是著作等身的大学问家，也不因文采斐然的创作而闻名海内外，更不以在学术领域呼风唤雨当“学术霸主”自居。他的言传身教能培养出一大批从事中国现当代文学、比较文学研究的中坚力量，我觉得除了他身为中国知识分子的独立、正直、开放这些宝贵精神遗产和人格魅力，更因为他春风化雨、润物无声的门风与师范得以薪火相传。从我个人与先生有限的交往中，从我求学中、美，又在美国高校十多年的教学经历中，我体会到先生的师道有以下几点最为难能可贵，意义深远。

一是对学生的关怀。在因特网深入人心、远程教育“穆克”（MOOC）甚嚣尘上的当今，美国教育界的有识之士却反其道行之，提倡师生面对面交流。他们认为，老师的关怀是学生快乐和满意的源泉，因为学生需要感觉自己也是学习过程的一部分，而只有全身心投入学习的学生才能获得好结果。老师一句表扬话就能让那些在家庭、社会期待的压力下喘不过气来的学生如沐春风，一句冷淡话也会让他们失去希望。这不是提倡大而无当的“快乐教育”或者“自尊教育”。研究结果证明，希望是快乐之源，老师的举动能让学生获得自信，觉得自己聪明、能干、充满活力、富有创意。成功的老师不但传授专业知识，而且能给学生鼓励、灵感和引导。他们通过传播知识、挑战智力以及师生交往提高学生的情商和对学业的投入，帮助他们建立积极面对人生的心理态势。

第二是倾听的艺术。美国教育界前辈的建议中最让我惊奇的一条是：教授不必给学生提供忠告。王尔德说过：“忠告他人是愚蠢的行为，给人好的忠告更是致命大错。”每个人都为建构自己的身份创作、讲述独特的“故事”，设计克服人生困难的独特策略，这就是“社会文化”学习理论中的“范式”（schema）概念。因此，老师应该通过倾听帮学生发现自我的力量，而非将自己的好恶强加于人。美国研究者说，老师在情感、家庭、心理问题上不可乱出主意，因为这些都涉及私密信息与复杂的过往，老师不了解情况，也缺乏相关技能，最好让学生从专业人士那里寻求帮助。而且，他们提倡老师在应对学业问题时也不必直接给出解决方案，可提供几种可能，让学生选择。教授要少说多听，配以正视、点头、同情的表情。教授保持平静自信，能化解负面情绪，让学生获得情感缓释，也能帮他们全面思考自己的人生计划，不被一时挫折打倒。每次谈话十到十五分钟足矣，之后可用E-mail或再次见面作为后续跟进，表达关切，圆满结局。

可能因为我认识先生时的特定情境，比如年龄的差异、先生的健康状况、我很快出国等，先生没有对我的学业做过具体指导——这个是陈思和老师负责的，但他循循善诱的样子至今仍然历历在目。他与我们谈话并没遵照美国教授的“十五分钟规则”，而是天马行空，信手拈来。令我至今感怀的，不光是他从不倚老卖老，和学生谈话时有礼有节，尊重个人的选择和隐私，培养学生独立思考的能力，更是他的慷慨。当了大学老师，才知岁月有限，研究无涯。能陪贸然上门的学生畅谈，牺牲个人时间，热心帮着出主意，体现了对学生最大的尊重。

回顾过往，先生一直在无言中实行“人性化教育”。许多人担心中国“创新型”人才的巨大缺口，说到底根子在教育太功利化，知识被当作敲门砖，用完就弃如敝屣。易中天大声呼吁“中国教育把人脑子搞坏了”，因为它的评价标准是“成王败寇”四字，却忘却了教育的根本目标不是望子成龙，而是“望子成人”：真实、善良、健康、快乐的人。先生的榜样说明，最有效的教育是“人性化”教育。他既是实践“全科”（holistic）教育的“导师”，也当好了“人生教练”，以身作则，无言示范，提供了应对人生的积极思维方式、心理机制和行动模式。

以上感想我在二十多年前初识贾先生时当然并不能全部领悟。但他对我在做事、做人、做学问、做老师各方面的影响可谓潜移默化，水滴石穿。他的榜样力量和精神遗产也正通过老师、师门的兄弟姐妹乃至他们的学生代代相传。

第二辑

久别的未曾失去的笔

我们这一代人的思想意识和生命追求，是在当时开放性的历史文化环境里，在中外文化交流、碰撞与融会的时代潮流下形成的。而我们这代知识分子的主流思想，是要使中国走向现代化的道路，就必须首先反对专制主义的传统政治体制，这也是五四运动的一面思想旗帜。

久别的未曾失去的笔

——谈复出后的贾植芳先生

陈思和　吴天舟[1]

【吴天舟按】2008年，贾植芳先生去世；2009年，我考入复旦大学。在这个时间开下的玩笑里，无缘像先前的师兄师姐一样亲自领受贾先生睿智的言传身教，已成为我不可挽回的遗憾。而将历史的镜头拉向更远的纵深，我所出生、成长的20世纪90年代恐怕亦是一段让先生当年无数渗透着忧虑的预言不断落实的岁月。不论秉承何等坚定的信念，我们或许都得无奈地接受，历史的风向变了，错位、误读与变革亦随即成为我们后来人必须直面的现实挑战。在复旦中文系的资料室里，悬挂着一张先生生前的相片，先生的神色飞扬，似乎仍在笑谈后学迷津。自大二文学史课上陈思和老师告知这张相片的存在以来，在它之下的案头，我已度过

① 吴天舟，复旦大学中文系在读博士。

了五年的学习时光。偶尔看书乏时，我亦不禁抬头胡思乱想，对于我眼下置身的现实生活，对于我方今关切的学术问题，先生会做何议论？可先生是不会给我任何直接的应答了。这相里相外的距离，较之当年狱里狱外的天翻地覆，恐怕亦未必逊色吧？然而，距离从不意味着传统的失效，更不应是关于文学和历史对话的终结。相反，它具备着激活与拓展传统力量的无限可能。只是，倘若想要跨越时间的壁垒，所要做的不仅有重返先生当初生活思考的历史现场，更应将自身的关怀与问题意识融汇其中，在生命能量的彼此冲撞间再度审量过去之于当下和未来的无尽意义，而这无疑离不开在阅读和思考的磨砺间不断地自我精进。今年时值贾先生的百年诞辰，河西学院举办“贾植芳与中国新文学传承”国际研讨会以为纪念。借此东风，我以贾先生日记为中心兼及其他阅读了一批材料。之所以选取日记作为阅读的基础，诚如先生自己所言：“日记是一个人灵魂的展览馆，尤其是一个内心生活丰富和复杂的诗人或作家，又处于历史激变社会转型期的时代，他的精神世界的骚动，更其剧烈和纷繁。又因为作者写作的目的，是留给自己查看的，因此，它真实而纯净，像一个没有浓妆艳抹的妇女，倒显出她的天然风韵和她的‘缺陷美’——她的真实的自我。它是真正的写实文学，不仅是一个诗人或作家的生活记录，也是他的成长史、人格史和创作史的自然形态。至于当时的社会动态、文场风习，这里当然也有其事实的反映和清晰的折射。因此，它又是一个特定历史时代的聚光镜。”（《一个跨代诗人的历史命运——〈勃留索夫日记钞〉中译本前记》）我想，通过日记走进当年贾先生生活思考的一小段场景，并借由先生这扇窗口，以点带面地打开对于一个时代的观照与理解，或许亦能算作是承续传统这一漫长过程的起点吧。不过，一己之见终难脱偏狭之嫌，因此，在阅读的基础上，我向陈思和老师提出进行一次对谈，希望能以陈老师长年在先生身边工作的鲜活经验与他自身对于历史的独到体会弥补我在感性经验上的匮乏与缺陷。陈老师欣然答应。这次对谈主要集中于先生复出后的学术活动，这也同先前对于先生的理解主要偏向于他四度身陷囹圄的苦难事迹有关。牢狱生涯固然是先生高贵精神的集中体现，但我想，在变动不居又风云诡谲的80年代，先生对于苦难过往的超克，对于知识分子岗位的坚守，也具有同等重要甚至更为深远的意义。访谈的题目化用自先生复出后的诗歌创作《笔颂》。对先生而言，这支笔引领着他走过掀翻旧世界的战斗，也以它的沉默记录了先生黑暗时节的人性光辉。而对我们而言，贾先生的这支笔或许已久别，但它从未曾失去。

吴天舟（以下简称吴）：陈老师好，很高兴能和您谈谈贾先生。虽然在课上已多次听您讲过先生，但真正接触先生的文字、相对完整地走进先生的一段生活还是第一次。读完贾先生的日记，我非常感慨，觉得先生就像历史中的一座灯塔，通过他所照亮的道路，对于我们这个学科的把握也好，对于现实的种种判断也好，我想我们都能看得更加透彻，也更能明白知识分子的身份究竟意味着什么。不过，毕竟我没有亲身参与到那段历史中，在对那个复杂时代的感受上，我可能存在不少错位之处，因此我很想听听陈老师是怎么看的。

陈思和（以下简称陈）：你的提纲我看了，几个问题提得挺好，有一些我之前也没有想过的角度。不过你主要是根据贾先生的日记提供的线索来提出问题。先生的日记我以前虽然也翻过一些，但我基本是后来在主编先生《文集》的时候看的，所以我对先生的感觉不一定以日记为准。我跟贾先生工作的时间比较长，有些问题我也是从我自己的角度来谈，我有自己的一些想法。另外，在谈的时候，我希望你能把你自己的视角和体会放进去，你没有见过贾先生，在经验上又隔了一层，我们相当于是三代人在进行对话。我就希望我们能有我们各自不同的感受和关心，这样我们讨论的层次会变得更为丰富。

吴：好的。我们就从贾先生的复出谈起吧。您留校后很快就担任了贾先生的助手，对贾先生复出后的工作，包括对当时整个现当代文学学科的重建，您应该是最了解的，所以想请您先介绍一下。另外，那时候陈老师还是青年教师，之前在给我们上课的时候，您就反复提到老一辈知识分子对新进学人的一种薪传式的影响，像北京就是王瑶、唐弢和李何林三家，而我们复旦就是贾先生。那么作为距离贾先生最近的学生，您觉得跟随先生工作，最大的收获和启发是什么？这对您以后的学术生涯有怎样的影响？

陈：我是1978年下半年认识贾先生的。那时候他刚刚从监督劳动的印刷厂回到中文系资料室。贾先生来了的事是资料室一位叫周春东的老师跟我说的。虽然那时候上面已经给贾先生从宽处理，但因为胡风问题的平反比较晚，他那时还没有平反，“胡风分子”的帽子还戴着。那时候受迫害的教授通常都很沉默，在公众场合不会主动发出声音，但贾先生很不一样，他每到一个地方都非常引人关注，不停地说话，声音也很高，对学生也非常热情，后来我和李辉就慢慢地和他熟悉了。

贾先生当时已经开始学术工作了。他在资料室没有具体任务，基本就是劳动性质。那时候政治气氛已经缓和，当代文学作为一个学科刚刚起步，从事当代文学教学的教师普遍感到资料搜集的困难，知识也没有积累，南方一些高校就想让复旦牵头，联合起来编辑一套《中国当代文学研究资料丛书》，帮助这个学科的建立。复旦中文系研究当代文学的都是年轻教师，具体领导是陆士清老师，比较活跃的是唐金海老师。编撰这套丛书，主要是唐老师牵头做，陆士清老师还负责另外一个大项目，编写三卷本的当代文学史。中文系里拿到这个课题后，就请贾先生出来担任了这套丛书的编委，负责审稿，资料室的几位工作人员也集体参与了这个工作。从这件事可以看出，中文系领导对贾先生不抱敌意。那时除了一些老教师，大多数青年教师都不认识贾先生，贾先生1955年被抓进去，青年教师都是以后逐年留下来任教的，他们和历史上的案子已经没有关系了。因此，尽管贾先生的胡风问题还没有解决，但大家都知道先生的学问很好，外语也很好，就觉得先生是可以发挥作用的。贾先生的工作主要是编三本资料集，即赵树理专集、闻捷专集和巴金专集，具体的工作有资料室的周春东老师他们几个人在做，唐金海老师也有参加，不过唐老师自己还另有任务，像《茅盾专集》就是他自己编的，所以赵树理、闻捷、巴金这三本资料集主要是贾先生在负责。这套书编好以后，贾先生还去北京请茅盾写序题词。这套资料丛书最初是民间学术活动，用的是很简陋的白色封面，我们叫作“白皮书”，内部发行，不是正式的出版物，是给参编大学的当代文学教师作教学参考用的。丛书包括《茅盾专集》

《巴金专集》等，更多的是1949年以后写作的作家，像赵树理、马烽、西戎等人的资料专集，也有一些作品，如《豹子湾战斗》《霓虹灯下的哨兵》《红岩》等等都有专集，主要是搜集有关研究、评论资料。“文革”后的文学几乎没有涉及。

再往后就有了国家“六五”社科项目。中国社科院文学所已经在重整旗鼓，还是由周扬领导。文学所负责人陈荒煤和现代文学研究室组织编撰《中国现代文学史资料汇编》，被列入国家“六五”社科重点项目。这套资料汇编分甲《中国现代文学运动·论争·社团资料丛书》、乙《中国现代作家作品研究资料丛书》、丙《中国现代文学书刊资料丛书》三种。这套丛书也是由全国各个高校的教师组成团队，编辑了近百名现代作家的资料集。那时候贾先生已经独立工作了，他代表复旦中文系去北京开会。复旦好像拿到两个项目，一个是文学研究会资料选编，另一个是“外来思潮、流派、理论在现代文学史上的影响”，后一个项目是分给两个学校去做，复旦负责1927年以前的相关资料的搜集整理，1927—1949年部分由吉林大学负责。贾先生还是这套丛书的编委，所以也参与了整套丛书的审稿工作。大概过了若干年以后，社科院获悉当代文学那套资料集已经编出来了，就主动提出把那套书也收入到他们的“六五”规划里去，等于是把“六五”规划扩大成现代文学和当代文学两套。社科院文学所好像是陈荒煤、许觉民、徐迺翔等人参与负责，贾先生也是编委。贾先生复出以后最早的学术活动，大概主要就是参加了这两套资料汇编的工作。

贾先生着手做现代文学资料汇编的这两个项目时，我还在中文系读书，中文系除了资料室的工作人员以外，还有两个老师和贾先生一起参加项目，苏兴良老师帮他编文学研究会资料，何佩刚老师帮他编外来思潮资料。文学研究会资料集很快完成出版了，而外来思潮那本难度比较大，没有及时完成。我留校以后，贾先生就提出让我担任他的助手。那已经是1982年，章培恒老师是系主任，他提出给系里每一位老先生配备一个助手，之前贾先生编《巴金专集》时，我帮他翻译过奥尔格·朗关于巴金的论文等，于是系里就把我配给贾先生，理由是我可以帮他翻译一点外文资料，能帮他编这套书。当时还有一个硕士研究生孙乃修，是我本科的同班同学，这套书后来主要就是我和孙乃修在搜集整理。不过我们的思路全部是贾先生提供的，与其说是我们在帮他编，还不如说是他指导我们在编。让我印象最深的一个是他让我翻译了好多东西，包括叔本华等一批欧洲理论家的论文。我们当时的水平不高，翻的东西错误很多，贾先生就帮我们校对，这是贾先生对学生的一个很重要的训练，他强调外文一定要会读会译。另外一个就是在编这套丛书的时候，他的要求是，编浪漫主义就一定要弄懂西方浪漫主义是怎么回事，编现代主义就必须弄懂现代主义是怎么回事，李欧梵的《中国现代作家的浪漫一代》，我在当时就翻译过几个章节，就是为了了解浪漫主义在中国的有关线索。然后，贾先生就安排我们去北京查资料，让我们一定要查到一篇落实一篇，一定要眼睛看到才能作数。外来思潮这个课题的大事记，是我做的，同时还和孙乃修一起编辑选文。那时不像现在有数据库，都没有现成的目录，我们就是一张一张翻看报纸和刊物，看到有关内容就记下来，有什么观点就做笔记，方法很原始。等到做完这个项目，已经是1986年、1987年左右了。孙乃修已经调到北京，就留下我和资料室另外两个老师继续做；贾先生也离开资料室，学校恢复了他的教授身份，一度还担任了校图书馆馆长。可惜的是，这套资料集编完后一直没有出版。那时，社科院的那个项目已经结束，本来他们是把这套书安排在广西的一个出版社出版，可是那边怕赔本，一直拖着不肯出，后来就在几个出版社之间推来推去，拖了很久也没能出版。一直到贾先生九十大寿的时候，我的学生郑纳新才在广西师大出版社把这套书正式出版，但因为有些内容已经过时，出版的时候经过了大量的删节，大事记也删掉了，压缩成两卷本。另外，吉林大学负责主编的那部分也没有出书，贾先生看过以后提过很多意见，可后来还是没能出版。所以我们在重新编辑这套资料集时，又加了一部分1927—1949年外来影响的内容。现在看到的两卷本的资料集，其实少了很多东西，不过贾先生定下来的大致面貌还是可以看到的。

虽然如此，编辑这本资料集对我的影响实在很大，它一下子打开了我的眼界。我那时候尽管留在现代文学专业，可我的兴趣仅仅在当代文学批评。我原来在图书馆工作，是写书评的，我发表的文章主要是书评方面，偶然地因为对古代文学感兴趣，也写过一两篇文章。外国文学我也喜欢，但没有什么实质性的深入接触，何况外语程度也做不到深入研究，我原来以为现代文学和外国文学没有什么关系。但因为协助贾先生编这套外来思潮的资料集，一下就打开了一条研究中国文学和世界文学关系的道路。在这条路上，贾先生是领路人，他确实做了很多的工作，后来中外文学关系能成为比较文学领域的一个组成部分，和贾先生的许多想法都有关系。那时候“文革”才刚刚结束，大家对现代文学的基本状况还摸不着。而我在研究巴金，贾先生就给我提供过奥尔格·朗研究巴金的书。通过读这些书，我和李辉写了《巴金与欧美恐怖主义》《巴金与西欧文学》等文章。这些文章的主要思路和方法都是从西方汉学家那里学来的，国内当时根本就没有这种比较的研究方法，也没人会这么写。我们撰写研究巴金的这些文章，贾先生比较满意，他叫我去做中外文学关系的研究，也是因为看了这些文章。搜集了中外文学关系资料，更加开阔了我的眼界，我几乎对浪漫主义、现实主义、现代主义都摸了一遍，当然不是很精细。我的缺点是没有深入进去细致地去考察某个现象，但从好处来说，宏观上的东西我都把握住了。后来我写《中国新文学整体观》，就是以这套资料集为基础。我不大喜欢那种堆砌资料的繁琐做法，但我的学术视野基本定型了。对于我来说，现代文学就是一个整体，这个整体还不只是从现代文学到当代文学，更主要的是现代文学和世界格局的整体关系。所以从时空的角度来说，在那个时代，我和同代人相比，学术视野宽了一点，这可以说是贾先生对我的一个很重要的提升或教育。

吴：贾先生去北京开的那个会很意味深长，记得有人说贾植芳你怎么跑到周扬那伙人里去了，说的就是这一次吧？我感觉当时表面上似乎是一个百废待兴的新时期来临了，但底下其实仍旧暗流涌动，过去的阴影依然笼罩在每一个文坛中人的身上，这成为理解这段历史的一个非常重要的因素。

陈：这个会是贾先生复出后，第一次以学者身份到北京参加公开的官方学术会议，是中国社科院文学所请他去的，联系的时候还专门称他为“贾植芳同志”，说你什么时候到北京了我们来接。这对贾先生的触动很深，这就意味着胡风问题逐渐开始在解决了，尽管还没有完全平反，但能够称他为“同志”，就说明他的问题已经不大了。于是贾先生就去了，但不是一个人去的，系里请了苏兴良老师陪同。苏老师人很正派，和贾先生的关系也非常好，帮贾先生做了很多工作，文学研究会资料集主要是苏老师参与编辑的。但当时的环境下，苏老师是党员，贾先生开始对他有点不信任，怀疑他是中文系安排来观察自己表现的。那个时候党员与非党员一起外出公干，可能也有类似使命，也是很普遍的现象。所以先生到了北京以后，比如他去看路翎、胡风这些朋友的时候，都是一个人独自去的。后来他们互相有很深的了解，先生与苏老师的关系就很好了。贾先生毕竟是从那个时代过来的，他对人还是会有警惕的一面。

你说的事情就发生在那个时候。那时，周扬为代表的一派，如陈荒煤、张光年、冯牧等等，贾芝先生原先也是与他们一起的。他们的领域主要是作家协会、社科院文学所。我听贾先生说过好多次，说周扬是个白衣秀士，气量还是很小。所以他对于胡风冤案的彻底平反是不很乐观的。但另一方面，周扬对立面有丁玲、胡风、李何林这一个圈子，也是当年围绕在鲁迅周围的那些人，李何林是代表。李何林的阵地在鲁迅博物馆、北师大等。丁玲、胡风都遍体鳞伤，自顾不暇了，他们还是咬住“两个口号”之争等问题，站在鲁迅批“四条汉子”的立场上，不肯原谅周扬一伙曾经对他们的迫害。所以贾先生去社科院开会，李何林见了面就问他，你跑到周扬那里去干嘛？意思是你应该是我们这里的人。后来胡风冤案平反，上面还给贾先生留了一个尾巴，没有彻底平反，丁玲知道了，就愤怒地斥责：“他们还想整贾植芳啊！”这个“他们”也是包括了周扬一伙。当时，胡风分子，包括像丁玲这样一些右派人物都是不原谅周扬的。周扬的姿态做得很高，看到人打招呼道歉，流着眼泪。但他也知道这些人是不原谅他的，他们之间的矛盾没有消除，只是他先走出一步，摆了一个很高的姿态，那个时候大家就比较同情周扬。关于这个会，贾先生回来后很认真地和我说过一件事。说他们在安排小组会讨论的时候，有一场是讨论胡风问题，让贾先生主持。这件事，我从局外人的立场看，觉得没有那么复杂，我的理解，贾先生是胡风集团成员，比较了解胡风冤案的复杂情况，请他主持会议比较顺理成章。而且那时讨论的也不是学术问题，只是关于怎么编书的技术问题。但贾先生的反弹非常强烈，他认为这是社科院周扬那帮人在试探他到底"改造"好了没有。他们很客气地请他主持这个会，但贾先生在会上一句话都没有多说，只说了这个题目，然后让大家发言。发言的过程中，有很多人就为胡风冤案打抱不平。可从头到尾，贾先生没有说一句话，他没有说在胡风问题上确实有错误之类的。别人是希望他能讲两句，或者介绍一下当时的情况，可是他一句话也没说。我觉得贾先生长期处在冤案阴影下，他有比较过敏的一面。当然，也可能我不是从那个时代走过来的，对政治斗争的复杂性理解不深，我只是说我自己的看法。后来胡风问题平反的时候，所有的人都摘帽了，唯有贾先生还拖了一个尾巴，说他不是反革命，但历史上有问题，是汉奸之类的。贾先生怀疑和这件事有关，是周扬他们看到他还在坚持自己的立场，就在背后整他。当然这是贾先生的个人看法。

我们从这件事可以看出，周扬、胡风两派之间的矛盾没有解决，如果深入地说下去，贾先生不是这个矛盾漩涡中的人，他对"两个口号"之争，对胡风的文艺理论问题等等，是不关心的。他的一个身份是作家，另一个身份是胡风的朋友，除了这两点以外，胡风的理论对不对，他其实不怎么关心，不怎么热衷。这一点与耿庸、何满子不一样。我在他身边一直听到他对胡风有所批评，他跟我说过几件事。一件是关于范泉。40年代，贾先生和范泉也不是很熟，他只是在胡风家里见过范泉。范泉是《文艺春秋》的编辑，他去胡风那边组稿，所以他们认识。贾先生和我说过，胡风但凡认为一个人不可靠，就不向自己的朋友做介绍，所以胡风从来不向贾先生介绍范泉，贾先生就知道胡风对范泉有看法。后来胡风在“三十万言书”第三部分检举说，范泉是南京派来的探子。这些内容当时没有公开，一直到后来晓风出《胡风全集》的时候才公开。范泉在50年代政治上追求进步，还争取入党，但就是因为胡风的检举，在胡风被逮捕的时候，范泉也被审查，还被打成右派，送到青海去劳改。范泉到晚年才从青海回上海，担任上海书店的总编辑，与贾先生的关系非常好。但是他对胡风检举这件事一直耿耿于怀。“文革”后，胡风的“三十万言书”没有删节公开发表了，范泉看了很生气，是贾先生把这件事平息下来，梅志知道后公开向范泉道歉，这件事才算过去了。第二件事是关于唐湜。唐湜有一次写了一篇文章叫《我观胡风》。他认为胡风当年很“左”，得罪的人非常多等等。言下之意，胡风被打成反革命，他们都觉得松了一口气。贾先生就劝唐湜不要发表这样的文章，意思是这件事已经过去了，胡风也受了很多罪，现在大家吸取教训就算了，后来唐湜也修改了自己的文章。唐湜、范泉和贾先生的关系都很好，贾先生在这些事情上一再说到，“我们”那“朋友”也很“左”，包括传言中说：要是胡风掌权了恐怕会比周扬还厉害，这个话贾先生也说过的。后来有人传说王元化也说过类似的话，彭小莲不相信，但我是相信的。当时对胡风阵营比较有反思自觉的，大约就是王元化和贾先生。但元化先生的情况还不一样，他长期从事地下党工作，中共对胡风的批判态度他早就了解，他和贾先生还是有不同。贾先生完全是站在民间知识分子的立场上认识这个问题的，他在“文革”以后对整个“左”的思想路线的反思比较彻底。尽管他与胡风、梅志都是生死以共的朋友，感情之深非我们所能理解，不过他在私下对我和李辉（可能还有其他人）都说过，胡风有忠君的一面，像汉代晁错“清君侧”。所以，在80年代思想解放运动中，贾先生一直是站在思想解放的立场上，反对倒退，反对保守，更反对“左”的观点和路线。

你可以看到，贾先生在“文革”以后，第一不是胡风派，他不是坚定不移地站在胡风立场上的，他对胡风问题有反思；第二他当然更不是周扬派，他是回到了五四以来知识分子的传统里，跳出了宗派的立场，这是贾先生非常明显的一个特征，这个特征发展到后来就发生了1985年向周扬致敬的事件。这件事是李陀、李辉他们搞起来的，那时候周扬因为在“清污”运动时受到胡乔木的批判，脑子已经不行了。李辉他们就在开文代会的京西宾馆门口贴了向周扬的致敬信，很多人都自愿签名，表示向周扬致敬，抗议那些企图发起“清除精神污染”运动的人。贾先生的签名，我估计是因为李辉的关系，李辉签了他也就签了。签了以后，很多反周扬的朋友就批评他，说你怎么去凑这个热闹了。实际上，贾先生和周扬那伙人当初并没有直接矛盾，他只是被动地被卷到文坛纷争里去，因此他不像李何林他们对宗派矛盾特别敏感、激烈。而且“文革”以后，周扬摆出来的姿态就是支持思想解放运动的，周扬手下的张光年、冯牧、陈荒煤这些人也都是坚持思想解放的代表人物。吊诡的是，反过来那些曾经受周扬迫害、坚持反对周扬的人却变成保守派了。当时的年轻人对丁玲他们反而比较疏离，觉得他们很“左”，很保守，两派的位置完全颠倒过来了。在新一轮的博弈中，周扬还是站在正确的一方。在这个过程中，从私人关系上讲，贾先生和胡风、丁玲等关系非常密切，但是在原则问题上，他没有感情用事，至少没有参与到两个派系的争斗中去。感情上他毫无疑问支持胡风，对周扬无好感，但在讨论刘再复的文学主体性问题、戴厚英的人道主义问题等等一些思想解放运动中的具体问题的时候，贾先生对文坛形势的看法和他的朋友是不一样的。

对待舒芜也是这样。因为整个胡风冤案都和舒芜有关，胡风分子极其痛恨舒芜，尤其是何满子，骂舒芜的文章都可以凑一本集子了。贾先生当然也恨舒芜，但是从私人交往来说他和舒芜没有太大的怨恨，他还说过，舒芜在他困难的时候（被国民党逮捕）帮助过他，他一度还和舒芜恢复联系了。但是后来他们之间又出了问题，还被媒体穿凿附会很多东西。其实道理很简单，先生是从那个时代走过来的，他对生活中的一些现象很警惕。那时先生去北京开会，舒芜请先生和师母吃饭，请了牛汉、绿原作陪。贾先生事先还征求牛汉的意见，牛汉说去啊，吃归吃，骂归骂，于是他就去了。吃完饭，他们到琉璃厂逛书店，舒芜买了一本周作人的《中国新文学的源流》，当着他们的面在书上写了一个题记：某月某日在何处宴请植芳兄嫂，有哪些人参加等等。贾先生回上海后就和我说，舒芜这个人不好，他这么做就是为了留一条后路，好让以后的人知道我和他早就和解了，还一起吃饭了。舒芜到底是不是这样想，我们到今天也不好说，但贾先生对这种事情非常警惕。结果在媒体炒作他们之间关系的时候，这件事还果真被舒芜拿出来作为证据，证明大家的关系原来是很好的。所以在这件事情上，贾先生很敏感，不能说完全没道理，他毕竟是从那个环境过来的，他和我们局外人看问题的方式不一样。但对待年轻人，他一直比较宽容，对刘再复他们，一直持支持态度。

贾先生在管制劳动结束后回到资料室工作，他把50年代反胡风的有关资料全都看了一遍。看完以后他曾经和我说，有一个作家没写过批判胡风的文章，那是孙犁。孙犁是从解放区出来的，但他没有写过批判胡风的文章，贾先生就一直认可孙犁的人品。赵树理写过批胡风的文章，但贾先生说，赵树理的批判文章一看就是敷衍的。胡风不喜欢赵树理，他对中国农民的旧意识一向很警惕，他喜欢的是柳青这样有理论深度的作家。因为胡风不喜欢，胡风周围的人也不喜欢，好像还发生过有人公开辱骂赵树理的事件。所以，贾先生接手编《赵树理专集》、参加赵树理研究的学术会议，表明了贾先生对赵树理真是一腔热忱。他非常喜欢赵树理，说赵树理人品好，这样的话和我说过好几次。按理来讲，赵树理和胡风也算是有隙的，但赵树理批胡风只是表态，看得出是个厚道人。后来贾先生主编《巴金专集》。巴金当年也写过批判胡风的文章，贾先生起先对巴金也是有看法的，巴金起先对贾先生主持编他的资料专集也有点警惕。但后来巴金认可了贾先生编的《巴金专集》，"文革"时期两个工人作家批判巴金的文章以及巴金早期无政府主义思想的资料，都被贾先生编进了资料专集，巴金都认可了。这时候贾先生也改变了看法，他觉得巴金真有勇气面对历史。巴金最早发表对胡风冤案的看法是80年代初，那时胡风冤案初步平反不久，但还没有正式平反，日本《朝日新闻》驻上海的一个特派记者采访巴金，巴金就开始自我反省。之前，胡风在上海的一家学术刊物上发表一篇关于鲁迅葬礼的文章，文中说到，他保存的一笔用来丧葬的钱在葬礼的时候被小偷偷了，后来是通过巴金让吴朗西把钱先垫了出来。刊物编辑找巴金核实这件事，巴金写了一个注释，说明了事情的经过，算是做证。从这件事开始，巴金和胡风总算是恢复了交往，但那个注释完全是公事公办的口气。后来巴金写《怀念胡风》，文章写了很久，一直到胡风正式平反，文章才写完，写得极有感情。贾先生对这些细节都很关注，他对巴金晚年的《随想录》是充满敬意的。

类似的情况还有王瑶。王瑶先生以前在文学史里写过胡风，后来胡风冤案发生后，王瑶就写了批判胡风的文章，好像还写过批判贾先生的文章。贾先生有点记仇，他对周扬一伙或者官方的批判没有太多的意外，但凡是和周扬没有关系的人，或者一般的自由知识分子，参与批判胡风，他特别记得住，他把这种行为称为"皇协军"，说他们又不是真正的皇军，只是伪军，干嘛还要穷凶极恶？后来王瑶去山西参加赵树理研讨会，与贾先生相遇，他们是山西老乡，王瑶主动提出，要和贾先生单独见一面，见面的时候贾先生的态度非常冷淡。王瑶又提出要拍一张合影，我听贾先生说，他和王瑶两个人冷冷地坐着，王瑶边上站了个黄修己，贾先生边上站了个唐金海，拍出来的画面完全是对称的。这张照片我看到过，没有先生说得那么夸张，但他对王瑶确实有看法，一直到后来他们之间的结才解开了。王瑶先生曾经抱病到上海来参加巴金研讨会，贾先生在家里设宴招待，王瑶吃了一半就感到不舒服，还是坚持去青浦参加会议，最后病亡于上海华东医院。那时，贾先生与王瑶之间真正流露出知识分子相濡以沫的感情。我们从这些事情上可以看出来，贾先生是一个爱憎分明、坚决支持思想解放、坚持讲真话的知识分子。

吴：这点我认为特别关键。先前我们理解贾先生，强调的主要是从鲁迅到胡风再到贾先生的这样一条五四传统，但这往往也容易导致将传统同质化、简单化误读的趋向。我想重要的除了需要一个总的概观之外，还应该有更为细致的辨析，在相似性当中把每个人不同的面向呈现出来，然后分别去检讨他们各自的得失。具体在贾先生身上，我觉得让人特别感动的一点就在这里。他尽管和胡风、和胡风分子是患难与共的朋友，尽管他们一同从最苦难的时期一起走过来了，但他并不将苦难视作绝对正确的标识，跨越苦难也并不意味着从此以后他就有天然的说话高点了，他是依然可以，甚至是必须对过去走过的道路理性地加以检讨，是不是在他们的思想里面也有着与将他们拖入苦难的“敌人”共同的错误？如果说五四传统是真正地希望将个人性的因素发挥出来，如果说我们真的是希望去做一个有独立思想和判断的知识分子，那么除了对我们所谓的“敌人”以外，对我们的同志朋友，包括对我们自己，也应该有一视同仁的反思态度。我想对鲁迅也好，对胡风也好，包括对贾先生本人也好，站在后来者的立场上，这些都是必须不断反复地加以打开的。另一方面，作为一个还不太有经验的后辈，这也同时给我提了个醒。说实话，之前我可能把胡风分子，甚至把五四传统这样的标签看得太僵化了，在人事和学术观点这两个层次，还是要分开来做不同的处理，不然读出来的东西还是会很小。

陈：从传统上说，贾先生站在胡风的立场上当然毫无疑问。而且“文革”以后，随着胡风的复出，尽管对“两个口号”之争也有不同的理解，但学界大多数人都认同胡风不认同周扬，基本是站在胡风这边的。不过贾先生和胡风的关系主要还是在朋友层面，他和胡风的人生经验不一样，对问题的看法也不一样。1948年胡风写《论现实主义的路》的时候，贾先生就在胡风家里。他说胡风坐在他对面，一边抽烟一边写作，抽烟抽得嘴唇都发白了。胡风写完一张他看一张，看完以后，贾先生就不主张胡风用尖锐的口气进行论争。他认为当时共产党就要解放全中国了，在这个时候，突然在香港有这么一帮人集中火力批判胡风，背后一定是有来头的。他就对胡风说，你应该要警惕，不能再继续和他们对立，而且批判你的人像乔冠华、邵荃麟等都是搞政治的，他们背后是有组织背景的，你不能这样去和他们斗。胡风听了这话就很不高兴。后来胡风把这篇文章拿到文协办的《中国作家》杂志上发表，杂志由开明书店出版，开明书店的总编辑是叶圣陶，文章都已经排好了，但叶圣陶还是很为难。后来开明书店找了个借口，把杂志给停掉了。文章就没有发出来，是胡风自己出钱印了个小册子。这篇文章也没写完，胡风就到香港去了。由此可以看出来，贾先生和胡风在许多地方看问题是不一致的。但不管怎么说，他们之间仍然把朋友的伦理关系看得很重，贾先生对胡风很尊重，也很真诚。贾先生和王元化还是有些不一样。王元化和胡风也有距离。王元化的理论素养比较好，他和胡风在理论上有共鸣；但王元化是地下党成员，在1948年胡风写《论现实主义的路》的时候，中共地下党已经把胡风当作敌人批判了。对此王元化不理解，他说胡风最多是有错误，怎么会是反党呢？我听王元化亲口讲过，说他一直坚持自己的观点，在党内也受到批判，后来有人告诉他，批判胡风是上级领导指示的，那他就觉得不好说了。所以王元化一直和胡风保持着若即若离的关系。不过贾先生也好，王元化也好，他们对鲁迅都是尊重的。他们也都承认胡风是继承鲁迅传统最好的一个人，胡风和鲁迅一样，独立办刊物，团结年轻人，帮助年轻人走上文坛，胡风的理论也是从鲁迅思想发展来的。在对鲁迅精神的理解和发展上，胡风可以说是做得最好的一个继承者，他们这个圈子里的人，像耿庸、王元化，鲁迅研究都很出色。如果从传统的传承意义上说，贾先生属于这个圈子，属于这个系统的。但他一直在说，我们没法和鲁迅比，鲁迅既懂政治又懂中国，所以他在政治派系里游刃有余。贾先生觉得胡风玩政治是玩不转的，就劝胡风不要卷进政治漩涡里去，但胡风认为自己玩得过来，胡风是不爱听贾先生这个话的。

吴：我刚才说读小了还有另外一层意思，就是在理解贾先生这样从五四那个思想爆炸的年代走过来的知识分子的时候，如果我们将他们的思想资源视作单一源头的话，那得出的结论一定会是片面的。从贾先生的日记里可以看到，马克思主义经典当然对他影响很深，但他同时也喜欢尼采，喜欢陀思妥耶夫斯基等等，他对于西方思想有着浓厚且多元的兴味。那么这些外来思想资源究竟是怎样具体地影响先生的呢？

陈：贾先生年轻时受到西方思想和文学的影响是当然的。他50年代在复旦开课，除了开写作和新文学课程外，主要讲西方文学、苏联文学，他主要的精力放在了讲授外国文学上。曾华鹏先生说贾先生上课经常是拿了一堆外文书，一面讲解一面翻译。贾先生早年留学日本，但他的英语是从中学就把底子打好了，当时能像这样跨几种语言上课的老师很少，所以曾华鹏先生说贾先生上课非常迷人。不过奇怪的是，贾先生虽然是英文和日文比较好，但他的兴趣主要在俄罗斯文学。贾先生喜欢俄国革命前后那些有点倾向革命但又有点颓废虚无的作品，安德列耶夫、阿尔志跋绥夫、陀思妥耶夫斯基这批作家对他的影响是挺大的，这从他的小说创作也能看得出来，受到这批人的影响，他自己的创作写的也多是较为颓废虚无的人，正面的故事他写得不多。我觉得贾先生对外国文学的兴趣基本同他的性格有关，他不是一个待在书斋里的学者，当年甚至也没想过以后会成为一个学者。他虽然也读社会学方面的书，但他读社会学也是为了社会改造，并不是为了学术去读的。因为他的这种性格，我觉得先生对西方古典文学这些高大上的东西是不大看得上的，我们讲到歌德之类，他都不感兴趣，不过但丁的《神曲》他倒是说过喜欢。我没有具体研究过贾先生所受到的影响，但我认为贾先生受西方思潮的影响和他追求革命、关怀生活其实是一回事，他从西方接受的也是批判社会、追求社会进步的那些东西，不是像乔伊斯那样高蹈的现代主义。他喜欢尼采也是因为尼采批判社会。而且我觉得，他早年追求那种否定的、虚无的文化很正常，那个时代的知识分子，像贾先生这样的人很多。他们就是比较激进，有什么社会运动就去参加的那种人，所以他对西方文学的理解和我们现在理解的那种传统的西方文学不一样。而且对于当时像贾先生这样的人来说，我觉得你说的马克思主义也好，尼采也好，其实更多的是一个符号，他们未必真的对马克思主义做过很多研究，也未必对尼采做过很多研究，他们的兴趣在哪里？就在于对社会的不满，他们喜欢一种批判的反抗的态度，希望社会能赶快改变，而且在改变过程中他们往往会比较倾向极端。像贾先生这样的知识分子在抗战爆发以后大量产生，路翎写的《财主底儿女们》里的主人公大都是这类人。他们大都比较边缘，尽管家庭出身可能是地主或者商人，但在社会中都处在进不了主流的边缘位置。不过到了50年代，贾先生因为机缘进了大学，我觉得这给贾先生带来了一些变化，朝学院派发展了。

吴：我觉得这是贾先生特殊但又特别有意思的地方。一方面，贾先生是个江湖人，这在他的性格，在他的种种人生选择上都表现得相当明显，而且他也不写什么学术著作，《文集》里的理论卷大部分都是序。当然从这些序可以看出，贾先生的学问很好，包括他写的几篇论文既有见地，条理也清楚。另一方面，他又是学院中人，从他的日记里可以看到，复出后的贾先生特别繁忙，既要担任校图书馆馆长、校务委员这样的行政工作，又在现代文学和比较文学两个学科都投入了大量的心力，而且他还不忘继续从事创作，对于这些工作的分配，贾先生是怎么考虑的呢？贾先生又是怎么开始从事比较文学研究的呢？

陈：我先讲图书馆吧。贾先生担任校图书馆馆长，在当时其实是有点落实政策的意思。因为他吃了二十多年的苦，而且在50年代的时候，贾先生又属于参加革命的，他和那些传统的学院派知识分子是不一样的。在被抓起来以前，贾先生是复旦大学中文系的工会组长，类似于现在的工会主席。在50年代的学院建制里，复旦大学中文系主任是郭绍虞，党支部书记是章培恒，大概处在和章培恒差不多的位置上的还有胡裕树，然后就是贾先生，他是工会组长，所以他那时的政治地位是高的。

吴：但他不是党员啊，不是党员也可以当红色教授？

陈：当然可以，陈望道那时也不是党员。复旦大学在那时翻译过马列著作的也就是贾先生和陈望道，所以他们都被当作红色教授。贾先生平反之后，学校对贾先生也很重视，他的教授身份恢复了，校务委员、校学术委员等等职务都担任了，但学校总觉得还要给他安排一个具体职务。那个时候，图书馆馆长级别比较高，所以这个职务安排好后，贾先生的房子也马上安排好了。贾先生原来住在第六宿舍，后来给他安排到十一宿舍，在他上面住的是校党委书记，楼上还有当时的校长华中一，这等于是给他一种特别的待遇了。好像那时也曾经动员他入党，朱东润教授就是在那个时候入党的。贾先生说，他一生都在追求进步，现在已经老了快退休了，再入党也没有用了，所以他就没有入党。那时我觉得，贾先生年纪大了，就不要去担任具体工作了。大家因为对贾先生很同情，相对来说，对学校官方就多少有点抵触情绪，觉得贾先生受了那么多苦，现在再落实政策也没什么意义了。但贾先生非常通达，他也知道他们是在落实政策，就去上任了。不过也是荣誉性的。但是在一些关键时候，他还是非常认真地在履职，很认真地在自己的位置上工作。那时正好在兴建现在的文科图书馆，等到大楼造完，他就退休了。

贾先生是我们复旦中文系现代文学学科的创始人。以前没有现代文学这个学科的，解放以后才专门成立了现代文学教研室，然后才有这个学科。复旦中文系现代文学学科除了贾先生，还有方令孺、靳以、余上沅，他们都是作家，另外还有研究近代文学的鲍正鹄，还有一个青年助教王永生。大概最早还有唐弢，不过唐弢很快就调到北京去了，靳以也调走了，剩下的人里面，余上沅教戏剧，方令孺教创作，鲍正鹄讲近代文学，贾先生讲文学史、外国文学和写作，大概一直到1955年贾先生被抓起来的时候，就是这么一个规模。贾先生被抓以后，教研室就是鲍正鹄在当家，我们系里现代文学教研室的潘旭澜、王继权等一批老师都是他留下来的。后来鲍正鹄去了北京，方令孺和余上沅也早已经调走，教研室就是潘旭澜老师在负责。“文革”后我进大学的时候，潘老师也刚刚被解放，那时他是权威，其他还有陆士清、苏兴良、邓逸群、鄂基瑞等后来陆续留校或调入的老师，唐金海还是青年教师，复旦中文系的现代文学实力那时候也非常强，比很多学校要强很多。

贾先生复出以后，先是回到现代文学组，但很快教育部开始试着建立比较文学专业，因为贾先生懂日语、英语两种语言，又教过外国文学，复旦中文系就请贾先生在现代文学组开设比较文学学科方向。所以贾先生从事比较文学学科建设不是他的主动选择，是中文系组织安排的。当时想出国的人很多，比较文学学科与国外联络比较频繁，很多学生出国都是通过比较文学这个渠道出去的。所以比较文学就成为一门显学。比较文学当时没有学科点，它依附在现代文学下面。北大最早提倡比较文学学科的乐黛云教授也是从现代文学出来的，她当时就拉了北大外文系的杨周翰和季羡林两位先生一起提倡比较文学学科，因为这个原因，比较文学学科就一直挂在现代文学学科下面。我们复旦倒是有一位正宗的法国比较文学专业出身的林秀清教授，复旦建设比较文学学科，本来应该让林老师来牵头，可林老师是一位法国文学研究专家，她不是很善于打交道的人，于是中文系就找贾先生出来牵头，给他在教育部挂了个比较文学专家的名，很多人就通过贾先生的这个比较文学专业考研出国。后来比较文学这个学科慢慢发展起来，上海外国语大学的廖鸿钧、谢天振他们组建了一个上海比较文学学会，因为贾先生有这样一个特殊的工作岗位，再加上他德高望重，就把他推为会长。那时候属于草创时期，上海就是两位老先生当了领军人物，一个是施蛰存先生，另一个就是贾先生。后来复旦大学也请贾先生当比较文学学科的带头人，那时候，先生是花了很多时间做了很多工作的。

我感觉先生其实并不喜欢做这个事，他也不大去参加比较文学的会，只是因为学校派给他任务，然后他认认真真去完成而已。不过有一点先生的投入比较多，那就是翻译，先生的翻译在当时也算是成就比较大的。有一本书叫《中国现代文学的主潮》，就是他带研究生的时候指导研究生做的工作。还有一本叫《文学风格论》，是一本西方人编的论文集，内容都是讲文学风格的。王元化翻过其中的四篇，这四篇单独出过一本小册子，贾先生就想把其他的论文也翻译出来，于是就组织了一批学生做这件事，不过很可惜，这本书后来没出版。另外，先生那时当了图书馆馆长，可以大量订阅海外研究中国的书，他就叫我每年把和中国有关的书都勾出来，然后订阅并组织大家进行翻译，他当时想按照国别做一套海外汉学史。这个工作当时都已经规划好，也拿到了一个课题，但因为已经有别的学者在做，他们和贾先生沟通，先生说既然已经有人在做，那我们就不要重复劳动了，然后他就把我们已经译好的一些文章给了对方，没有继续做下去。不过当时我们这边的力量也确实不够，懂法语的有一个人就是图书馆的王祥；他还找了《萌芽》杂志的编辑曾小逸，后来他出国去了；还有外文系的张廷琛，他翻译过福柯的《性史》，后来也出国了；另外就是谢天振，研究俄国文学，但他主要负责比较文学学会，先生周围大概就这些人。虽然先生有很多想法，但因为身边没有那么多人一起做，比较文学的人力资源也没有配备好，很多事情最终就没能实现。

那个时候的贾先生又重新开始学习。先生很用功，虽然快七十了，但他从头开始读比较文学的著作，把从王国维、吴宓开始一直到后来戴望舒、傅东华他们几个人翻译的比较文学著作全都读了。那时他认识了香港中文大学的李达三博士。李达三是美国人，在香港中文大学开始提倡比较文学，当时有一批比较文学的学者聚集在香港大学和香港中文大学，有袁鹤翔、周英雄、黄德伟等。李达三对中国很友好，到中国来过好几次，普及这个学科。他和贾先生关系很好，先生也就通过李达三、袁鹤翔等人，开始对比较文学这个学科有了一个比较完整的想法，发过一些文章，现在都收在《文集》的理论卷里。先生一直认为，比较是一种研究文学的方法，比较文学不仅可以是横向的跨学科比较，还应该有纵向的维度，像古代文学对现代文学的影响这样纵向的研究，也应该列入比较文学领域，贾先生自己就写过关于传统与现代关系的文章。他那个时期的论文比较多，包括写留学生的文章也是在那时候写的，这一组应该也是贾先生在比较文学这个学科里较重要的文章。但我的感觉是，贾先生对这些论文并不喜欢，他和我说过，他最想做的事是创作。可是他写了一篇短篇小说《歌声》，被退稿好几次，以后他就不想写了，他就准备写写随笔散文，还一直想写一本回忆录。我帮他做《狱里狱外》的整理工作，他很感兴趣。退休以后，我觉得他的主要心血都集中在写随笔和整理回忆录上面。

吴：当时比较文学成为一门显学，想出国的人很多。面对这样一股出国热，我想贾先生也会有自己的想法，因为他自己就是个老留学生，对身在他乡的个中滋味和得失是最清楚的。我看他写留学生的那篇文章，感觉先生在出国留学这个问题上的态度比较矛盾，一方面他在回顾历史的同时也在展望新一代的突破，但另一方面他也隐隐约约地提到有些人并没有读书，而是忙着赚钱等等。不过写文章毕竟可能还有些顾虑，您觉得先生的真实态度是怎样的?

陈：很多学生出国，是以贾先生为导师的名义出去的，他对学生有很多鼓励。但我觉得贾先生其实不是很赞成这么多年轻人出国。先生周围有好几个青年人出国以后，境况都不太好，先生老惦记他们。有一次密西根大学的梅仪慈请高晓声到美国去，先生就特地跟高晓声说，让高晓声聘用他的在美国的学生做他的翻译，他就这么老惦记着在国外的学生。因为那个时候出国不像现在，很艰苦的。所以在出国问题上，先生有些忧虑，他不认为出国一定是非常好的选择，当然他是愿意为学生出国提供帮助的，可他一直担心出国以后经济没了保证，有些本来在国内可以做点事情的人，出去之后反而什么都做不了。

吴：随着政治气氛的松动，贾先生复出后也逐渐开始了同海外汉学家之间的交往，在日记里记到的就有夏志清、白先勇、李欧梵等人，可以说先生算是当时和海外交流最频繁的学者了。不过中间毕竟有那么长时间的隔阂，当时的海外交流同现在环境大不相同，我也想通过先生这个点来对此了解一下。另外，贾先生自己也带过不少留学生和进修生，对于他们，先生又是怎么看的呢?

陈：那时候来复旦的外国学者有两类，一类是学校或者教育部安排的。当时的外事接待不像现在，因为和西方的接触还很少，对于来访的西方学者，上面还是有考虑的。贾先生算是他们比较信得过的人，很多外国人来了以后，上面就安排贾先生参与接待，或者把他们安排在贾先生门下。这都不是先生主动要求的，而是上面事先安排好，然后就以贾先生的名义出来接待，贾先生只是作为一个偶像被放在那里。你看贾先生日记里记载夏志清来复旦的那段，他写得很清楚，其实贾先生和夏志清是没法有更多接触的。他们想谈下去的时候就有人不让他们谈了，安排夏志清走了，非常微妙。但因为贾先生受过苦，大家都想来见见他，想和他谈谈胡风问题。当时也有好几个外国人没有通过外办，直接就找来了。我记得有一对美国夫妇就是这样，他们在50年代就研究胡风问题，但那时候没有具体的资料，等到中国开放后他们就来找贾先生，要了解第一手资料，直接找先生讨论胡风问题，这些人会直接到贾先生家里去。由外办接待的都是官方性质的会见，像白先勇、杜国清他们到复旦来访问都属于这种。

贾先生是个有独立思想的人，有些官方安排的学者与贾先生接触后，关系很好，实际交往也比较多，李欧梵就是其中一个。他是到复旦来做访问学者的。他来复旦的时候，他的那本《中国现代作家的浪漫一代》已经很红了，贾先生很认真地借来看过，还叫我们翻译成中文。李欧梵来复旦大学是以高级进修生的名义，贾先生名义上是他的联系导师，他们一见如故更像是好朋友。那时交流比较多的访问学者里还有一个叫铃木正夫，横滨私立大学的教授，是个很认真的学者。他有一个重大发现，他确证郁达夫是被日本人杀死的。当时铃木和另外两个日本学者合作做这个研究，他们到新加坡、印尼去采访幸存的参加过二战的日本军人，最后找到了当年下命令害死郁达夫的人。他和贾先生比较谈得来。贾先生去世后，他还专门到先生的墓地去祭扫。还有山口守，他在复旦大学留学，同时还担任了日语系的外籍教师，他和铃木不一样，是搞学生运动出身的。他是“左派”，有点信仰无政府主义，有点社会主义倾向。他在复旦外文系一边教日语，一边从无政府主义的角度研究巴金，写过一篇论《寒夜》的文章给贾先生看，后来收在贾先生编的《巴金专集》里。他们就这样认识了，我也是在贾先生的家里认识他的。他和贾先生有比较密切的师生关系，贾先生去世的时候，山口专程来上海吊唁，很伤心，说贾先生就像他的父亲一样。山口回国以后在日本大学工作，也是贾先生当年留学的学校。贾先生访日的事情包括翻译等等，都是山口安排的。坂井洋史是90年代到复旦来进修，也是因为研究巴金认识贾先生的。他经常在贾先生家里喝酒。贾先生喜欢交朋友，因为他自己留学日本，对日本人还是有些亲切感，像山口、坂井，都是他的比较年轻的日本朋友。贾先生真正有一个日本学生叫今富正巳，是他50年代教过的学生。“文革”结束时，贾先生还没有完全平反，今富就来复旦访问，还带来了他一直保留着的贾先生的著作，连贾师母当时编的一本《北方土语字典》，他都带来了。他来了就向贾先生磕头，对贾先生的遭遇表示同情。今富和范伯群老师他们是一届的，和贾先生感情非常好，不过我没见过他。贾先生是这样的，他看得上的人，只要见过一次面，他就会完全把你当成好朋友非常亲密地对待。有些人他不喜欢，就一直很警惕很排斥。日本人里面也有他不喜欢的人，不过这些我觉得和学术没什么关系。

吴：贾先生对香港的访问很有趣，既是学术活动，但又远比现在一般意义上的学术活动复杂，能感觉到那个时代的一种紧张氛围。感觉先生就像一个政治符号，出去转一下就是在释放政治信息，说明我们这里也思想解放了，连贾植芳这样在政治上有问题的人也可以恢复工作了。对此，贾先生自己心里也是相当清楚的吧。

陈：贾先生到香港去过两次，第一次是去参加香港中文大学举办的比较文学的学术会议，那是先生复出后的第一次出访。当时出国出境办理手续极其麻烦，到他出境日的前几天，签证还没拿到。那时候签证要先送英国政府批，英国政府批完送教育部，教育部再送到复旦，过程非常烦琐。当时等教育部拿到签证再寄过来已经来不及了，贾先生没办法，就派我坐飞机到教育部等着，签证下来了就立刻飞回上海。那是我第一次坐飞机去北京。后来总算是拿到了签证，我当场就直奔机场，赶上一班飞机飞回来，第二天先生就走了，时间非常紧张。那次出去对贾先生的影响很大，形成了他复出以后对香港、对海外的认识。那时候先生有一大批朋友在香港，就是那些当年不愿拿日本文凭、与他一起从日本回国的留日学生。先生回国后，到国民党军队里去打仗，另外有一些人从日本回来就留在了香港，这些人晚年经常来往，每周五都聚在一起打牌、聊天、吃饭。贾先生一去，他们就聚会，欢迎贾植芳同学到访香港，这是个人的层面。但确实也有从统战目的出发，把贾先生给宣传出去的意思，新华社好像在香港《文汇报》上还发了一篇文章，介绍贾先生四次坐牢等等，对此贾先生是比较警惕的。贾先生第二次去香港是在1988年，香港中文大学的袁鹤翔请他去小住半月，住在山顶的新亚书院宾馆。那次就比较轻松，没有什么政治性的任务了。那次是我陪先生和师母去的，半个月以后贾先生回来，我就留在那里做了四个月的访问学者。那次我也陪先生和师母参加了那帮留日学生的聚会。我问贾先生，如果历史从头再来，你还会像过去一样选择回国参加抗战吗？先生就说会的，他说他不喜欢那些留日同学现在的这种生活方式。总的来说，贾先生在思想上很解放，但在外事活动中他是比较谨慎的，他的政治头脑很清楚，处理事情也非常有分寸。

吴：既然谈到香港，我们也谈谈台湾吧。贾先生和台湾方面的关系如何？我看日记里面他说，和王元化他们一起商量要引进台湾方面的书等等，可见是做了一些工作的。他们那时与台湾方面就有直接交往了吗？另外，对于1949年从大陆跨海赴台的那批文人，我觉得两岸学界在认识上都有问题，我们这里往往将他们说成是台湾作家，而台湾的学者强调的则大多是他们在1949年以后的文学活动，这其实都颇为偏狭。但对于贾先生这样的过来人来说，情况就完全不同了，譬如他在日记里多次写到覃子豪，就像是说自己的一位故人一样，语气很亲近，完全没有现在人为设定出来的那些边界。

陈：王元化他们当时搞了个海峡两岸学术促进会，是代表官方的。那个时候也没有台湾文学研究，对台湾主要是搞统战。后来两岸关系松弛之后，台湾方面直接有人过来，就相对比较自由，统战功能也相应减少。因为王元化他们那边没有台湾方面的书籍，复旦图书馆有不少，都是通过贾先生买来的。那时我帮他挑了关于西方现代派的一些翻译，主要是外来思潮方面，大陆像弗洛伊德、叔本华、尼采，还有西方现代主义的很多东西那时还没有翻译过来，我挑了以后，图书馆就买进来，主要也是为了研究外来影响。

贾先生和台湾方面没有直接的联系，只是因为我的关系，他有了一些朋友。我与台湾文学界来往比较早，1988年去香港，我就认识了李瑞腾、林燿德等一批台湾文坛的新锐。90年代初的时候，林燿德、罗门来找我，我在课堂上请他们做了一次演讲，引起轰动。他们很多人来上海都是我接待，然后我把他们带到贾先生家里去，介绍他们认识，如龚鹏程、林燿德、罗门等等。后来林燿德去世了，罗门一直对贾先生非常尊重。还有无名氏，虽然无名氏和贾先生都在《扫荡报》工作过，但当时并不相识，后来无名氏来上海，我请他吃饭时请先生一起参加，他们才认识的。不过这都是后来的事了。孙乃修写的《苦难的超度——贾植芳传》在台湾出版也是我牵线，通过一些出版人，贾先生的传记在台湾出版，也产生了一定的影响。贾先生1996年到台湾参加《中央日报》副刊举办的百年中国文学研讨会，《中央日报》副刊主编、诗人梅新邀请的，那次我陪他去了。台湾那时办会已经按国际会议的程序，有规定的发言时间，有讲评人。但贾先生耳聋听不见，发言时间到了，他还自顾自在台上讲，讲评人是尉天骢，他当场拿出先生的传记，赞美先生苦难而高贵的人生，全场掌声雷动。先生什么也听不见，不知发生了什么，后来我告诉他，大家在向你致敬呢。诗人罗门就很激动，跑到先生下榻的宾馆去向先生表示敬意。我记得先生很淡定，就说一句："知识分子就像耶稣一样，总是要一代一代背十字架的。"

覃子豪的事情是这样。贾先生和覃子豪是留日时期的同学。覃子豪本来是他哥哥贾芝先生的朋友，贾芝先生年轻时是个诗人，周围有一群写诗的朋友。后来贾芝参加革命，那帮人也散掉了，其中覃子豪就选择留日。他比贾先生的年纪稍大，贾先生到日本以后经常跟他在一起。那时候与贾先生关系比较好的一个叫李春潮，还有一个叫雷石榆。雷石榆的诗在日本很有名，写一些印在明信片上的诗歌，很流行。他们这几个人是一个小圈子。他们那批诗人都是比较浪漫、在社会上也比较动荡的人，贾先生和他们有点关系，但也不算是特别密切。

吴：但贾先生后来回忆覃子豪的散文，我读了之后非常感动，文章的情感极其丰沛，如果不是在写交往很深的朋友，感觉很难写出这样的文字来。

陈：这篇散文的情况是这样。当时覃子豪的弟弟要为覃子豪出一本诗集，好像是在香港三联书店出版。因为覃子豪去了台湾，是蓝星社的著名诗人，在台湾又发表了许多“战斗文学”的作品，当时就没有人敢给覃子豪的诗集写序。他弟弟就找到贾先生，希望贾先生能出来为覃子豪说几句话，贾先生就写了。你看先生的日记里写过这件事，他其实是和雷石榆、李春潮的关系比较密切，与覃子豪倒是没什么太多的联系。但贾先生喜欢打抱不平，他不仅对覃子豪是这样，对很多人都是这样的。比如余上沅，余上沅是南京国立戏剧专科学校的，吴祖光、曹禺都在那里学习工作过，他们和余上沅的关系比较密切；贾先生是到了复旦教书以后，余上沅是他的同事和邻居，他们之间才有了一点来往。总的来说，余上沅是属于新月派的，与贾先生没有太多的交集。“文革”结束后，余上沅的夫人陈衡粹要给余上沅出一本论文集，她找曹禺、吴祖光写序，他们都没有写，最后余太太找贾先生，贾先生二话没说就写了。范希衡也是这样，范希衡也是贾芝的朋友。其实贾先生和他们的关系都很一般，但是与他们关系更熟的人都不肯写，都往贾先生身上推。因为像余上沅、覃子豪，都是属于或者受过委屈或者在政治上还不明朗的人，他们的家属都找到贾先生。贾先生的文章也确实写得好，这一组文章是他写得最好的文章，他是当成散文来写的，序文不过是个形式。

吴： 关于覃子豪还有一个很有意思的细节。贾先生在日记里写到，在没读到覃子豪那些反共诗的时候，他觉得覃子豪很好，是个非常追求艺术的人，可在读到那组反共诗后，贾先生的评价就完全变了。他说我们尽管曾经是朋友，但我们再也不可能继续做朋友了。但后来覃子豪的事，贾先生还是很用心地在帮忙，文章也写得很好，这总让人有些不可思议。

陈： 贾先生的日记里有很多东西都是在提防被别人看到，那时候的人没有安全感，他担心日记被别人看到以后可能会惹上麻烦。我和李辉最早认识他的时候，他在日记里都不写我们的名字，只写学生小陈、小李。他有一次就和李辉说，这么做就是怕万一再出事情，这样写还能抵挡一阵，只要你们不承认就行。你想他连与学生交往都那么谨慎，遑论其他。所以贾先生还是很警惕的。他自己写文章也怕万一有人上纲上线，他要在日记里再说一下：以前这个人不错，他后来那些反共的东西我没看到过，等等。所以，他写在日记里的有些内容也不是真心的，只是为了掩人耳目。贾先生有时候会这样，记录一些材料时会正话反说反话正说。他毕竟是经历过胡风冤案中把普通书信上纲上线、罗列为罪证的惨痛经验。

吴：那贾先生留下的材料就太复杂了，我本来以为他可能会把公开发表的部分和私人写作的部分分开，在私人写作的部分里是比较自由的。可现在看来，两方面的内容也可能搅和在一起，而且又根据时事的变化有反复，那想要通过这些来重返历史现场就非常困难了。像贾先生这样具有强烈的批判精神、而且敢于直言的人尚且如此，那他的同时代人留下的材料就更扑朔迷离了。

陈：不仅那个时候的文献材料是这样，现在也一样，所有的日记、书信你都不能完全看成是作者心声的表达。因为这种知识分子日记和一般老百姓的日记不一样，比方说现在年轻人谈恋爱，他写日记是为了把自己的心绪记下来。但贾先生是一个作家，他写日记是非常有目的性的。很多作家都是这样，他们写任何东西都会想着这个东西以后是会发表的。当然有时候他们也要发泄自己的情绪，但更重要的是，他想要通过这个来记录一个时代的真实面貌。贾先生为什么有的时候要把道听途说的东西也记下来，他就是想要留下这个时代的各种痕迹。他是有目的在里面，不是纯粹的私人话语。倒是他和贾师母写的信里有很多私人的东西，像布票多少、粮票多少之类的，这些倒是偏向私人性质。不过那里面也有公开的成分，因为那时候所有的信件都是公开的，寄出去的时候都要被人看、被人查的，所以其他的东西他也不能写，只能写这些。

吴：贾先生和贾师母的通信给我印象很深。先生说在牢里收到一个寄来的无名包裹，看了里面的东西就知道贾师母还活着，而且已经到达他的家乡，这让我既感动又诧异，他们之间似乎共享了一种可以直接沟通的密码，不用解释就能相互明白。信里的话都是当时的公开话语，都是好好学习努力改造这样的场面文章，但他们却能将自己真实想说的内容嵌入其中，也不知道他们是怎样在不曾事先约定的情形下做到的。

陈：他们那个时代的人都会这样做，就是鲁迅所说的，奴隶时代只能用奴隶的语言来表达，而且胡风分子也都喜欢这样写，很多事情他们喜欢绕来绕去地说，打暗语，起绰号等等，所谓“胡风反革命案”的证据之一，就是那些写得含含糊糊的信件惹出来的麻烦。被打成反革命之后，他们对书信日记特别敏感，都是很警惕的，当然里面也有很真实的东西。胡适、郁达夫他们那时候也这样，胡适从一开始就觉得自己的日记以后要留下来，郁达夫的日记很多都是他的创作，其实根本就不是那么回事。最有意思的是郁达夫与王映霞的事件。当时王映霞是偷偷离开郁达夫的，她拿了钱包、车票就跑了，但郁达夫在日记里却写自己怎样在南洋的南天酒家宴送王映霞，还赋诗一首，等等，全是编出来的。王映霞后来说，她当时就是偷偷逃走的，完全没有郁达夫日记里描写的那些故事。所以，我们做研究千万不能把书信、日记太过当真。当然也有的人，比如鲁迅，就很警惕，他的日记里几乎都是写今天到哪里吃饭、见了谁、买了什么书，都是类似这样的流水账。鲁迅有很高的警惕性，他故意不记很多东西，譬如关于冯雪峰陪鲁迅去见李立三的事，在他的日记里都是没有的。冯雪峰后来回忆的许多事情，鲁迅日记里都没有的。

吴：最后请陈老师做个小结吧。对贾先生复出后的学术贡献，您觉得应该怎么评价？

陈：总体上说，我觉得贾先生复出以后的贡献，一方面是在现代文学和比较文学的学科建设上。他为青年作者写了大量的序，在很多序里他就把自己对于现代文学学科的基本想法写下来了。那时我是他的助手，很多时候都是他口述一个大概的意思，然后我起草，写好之后他再修改成文。记得有一次，我们教研室的老师编了一本《中国现代文学词典》，请贾先生写序。先生和我说，现代文学和新文学内涵是不一样的，现在说的现代文学，他们在五四的时候都叫新文学；真正的现代文学应该包括现代所有的文学，应该包括通俗文学、国民党文学、沦陷区文学等等，而这些我们现在都研究得很不够，所以这本词典不应该叫《现代文学词典》，而应该叫《新文学词典》，新文学是五四传统这一条线下来的。当时的那本词典里，国民党、沦陷区文学这些内容都没有，他说怎么能叫现代文学呢？这样的观点，他很早就和我说了，所以我觉得先生的有些想法是很宝贵的，他对整个学科的建设有自己的看法。比较文学也是，他觉得应该要有比较文学的中国学派。当然这也不是他一个人在提，那时候很多人都这么说，就像现在说文学研究要有自己主体一样。但贾先生的想法和别人不同，他提出未来要关注钱锺书的《管锥编》，他认为中国的比较文学应该从钱锺书的研究开始，这好像是他在1990年贵阳召开的第三届比较文学年会的闭幕词里特别提到的。我认为贾先生的很多想法都是闪光型的，虽然不是系统的论文，但因为他知识面广见解宽，很多问题都讲在点子上，对学科建设很有意义。所以不能只看文章，文章有的时候都是宣传，先生有他自己的观点。除了奠定学科基础以外，我觉得先生最重要的另一件事就是培养了很多学生，因为有了先生的培养，我们学科的队伍才慢慢地建立起来。

吴：谢谢陈老师，我今天学到了很多东西。因为时间有限，这次主要集中在贾先生的80年代，不过我发现，很多东西的源头还是要回到更久远的历史中去追寻。被打上“胡风分子”标签之前的贾先生，其个人性的部分和整个时代话语之间的张力，尤其是从他到日本留学到战争爆发那一段，我觉得还隐藏着很丰富的问题，还有一些很有价值的素材有待挖掘，这可能和我之后的研究有点关系，希望以后还能和您再接着谈。把前半生的部分补上，其实也是对现有的认识版图再打开的过程，我想作为后学理解文学史也好，作为继承先生传统的一部分也好，这样的过程肯定要不断地进行下去，还请陈老师以后多加指点。

原载于《南方文坛》2016年第6期

解冻时节：贾植芳先生和他的家书

——《解冻时节》代序

李　辉

一

认识贾植芳先生是在二十年前，当时他刚刚获准从监督劳动多年的印刷厂，回到复旦大学中文系资料室重操旧业。

中文系在校园西南角一幢三层旧楼。楼房多年失修，记得木楼梯和地板走起来总是咯吱咯吱响。楼道里光线昏暗，但走进资料室，并不宽敞的空间，却令人有豁然开朗之感，仿佛另外一个天地。

资料室分两部分，外面是阅览室，摆放着各种报刊杂志；里面则是一排排书架，书籍按照不同门类摆放。一天，我走进里面寻找图书，看到里面一个角落的书桌旁，坐着一个矮小精瘦小老头。有人喊他“贾老师”，有人喊他“贾先生”。我找到书，走到他的身边，与他打招呼，寒暄了几句，具体说了些什么，已记不清楚了。从那时起，我就喊他“贾先生”。后来，到资料室次数多了，与先生也渐渐熟悉起来。面前这个小老头，热情，开朗，健谈，与他在一起，没有任何精神负担和心理压力，相反感到非常亲切。每次去找书，他会与我谈上许久。在课堂教学之外，从他那里我知道了不少现代文学中的人物、作品和掌故。

后来，我成了他家里的常客。喝得最多的是酒，吃得最多的是炸酱面。再后来，还是喝酒，还是吃面，但听得最多的则是动荡时代中他和师母两人的坎坷经历，以及文坛各种人物的悲欢离合、是非恩怨。

有一次，我正在资料室里找书，看到一位老先生走进来与他攀谈。他们感叹“文革”那些年日子过得不容易，感叹不少老熟人都不在人世了。那位老先生当时吟诵出一句诗：“访旧半为鬼，惊呼热中肠。” 这是杜甫的诗句，写于安史之乱之后。

说实话，当时我对他们这样的对话，反应是迟钝的。更不知道先生此时刚刚从监督劳动的印刷厂回到中文系，历史罪名还压在他身上，对变化着的世界，他怀着且喜且忧的心情。我当时进校不久，虽已有二十一岁，但自小生活的环境、经历和知识结构，使得自己在走进这个转折中的时代时不免显得懵懂。许多历史冤案与悲剧，许多历史人物的是非曲直我并不知情。然而，不知情，也就没有丝毫精神负担，更没有待人接物时所必不可少的所谓谨慎与心机。我清晰记得，当时自己处在一种兴奋情绪中，用好奇的眼光观望着一切，更多时候，不是靠经验或者知识来与新的环境接触，而是完全靠兴趣、直觉和性格。

当时真正称得上是历史转折时刻。思想解放、真理标准讨论、改革开放，一个新时代，仿佛早在那里做好了准备，在我们刚刚进校不久就拉开了帷幕。印象中，当时的复旦便是一个偌大舞台，国家发生的一切，都在这里以自己的方式上演着令人兴奋、新奇的戏剧。观念变化之迅疾，新旧交替的内容之丰富，令人目不暇接，甚至连气都喘不过来。上党史课，一个星期前彭德怀还被说成是“反党集团”，一个星期后就传来为他平反昭雪的消息；关系融洽的同学，一夜之间，变成了竞选对手而各自拉起竞选班子；老师和学生在课堂上会因见解不同而针锋相对，难分高低；同学发表《伤痕》《杜鹃啼归》，点燃了许多人的文学梦……就是在这样的环境这样的气氛中，每个人变得成熟起来。思想在自由流动，视野在渐渐拓宽，知识在不断丰富。二十年来每个人的发展，都是在这所可爱校园里开始起步。

引发出我这样一些感触的历史场景，当然就包括着与贾先生最初的接触。不久前我到上海，先生说他正在整理1978年前后的日记。他说我的名字大概在1978年年底时候开始出现在他的日记中。不过，最初他写成“小李”，而不敢写出我的名字。他说他有所顾虑，害怕会牵连了我。过了一段时间，才开始直接写出我的名字。他告诉我这些往事时，已是八十五岁高龄的老人。我很感动。为他的善良，为他对学生的厚爱而感动。

触动我的还有先生的余悸。新旧时代转换，人生大落大起，季节乍暖还寒，不少他那种经历的人自然而然产生出这样一种心理状态。这是历史的产物。这样的余悸，也许早已成为远远消失的陈迹，渐渐被人淡忘。但当我一封又一封整理先生1972—1978年间写给任敏师母的几十封家书时（这次选载的是一部分），这样的感触，便又成了我了解、理解他们的人生历程的重要心理准备。同时，一个变得陌生而遥远的时代，也就再度浓墨重彩地在那些字里行间凸现出来。

二

先生保留下来的这些信，真实而完整地记录着一个时代的背影。从对亲人和故乡的思念，到对个人处境每日变化的描述；从购物细节，到生活叮嘱；从在印刷厂监督劳动，到回到中文系资料室重操旧业……六七年间个人的琐碎生活，无不映衬着一个个重大历史事件的发生和动人魂魄的历史瞬间。一旦联系到他们的命运变化，联系到产生这些家书的时代环境，它们就显得并非普通平淡。

对于他这种身背"胡风反革命分子"罪名的人来说，对于许多曾经被冰冻封存起来的人来说，1972年可以说是一个解冻时节的开始。

大约一年前，我第一次读到先生在将近三十年前写给师母的信。

那次，我到上海，他递给我一摞信，说："这是我和任敏的一些信，你拿去看看，帮忙整理一下。"

> 正惦念中，接到你在襄汾车站来信，知道一路顺利，很是高兴。那天晚上车开后，我步出站台，乘车回校，九点多到了家。你走了，觉得房间分外的宽阔、空虚，但觉得你这次来，在上海住了这么一个时候，心里实在喜欢，尤其看到你身体健壮，精神焕发，这对我安慰鼓舞很大。望你在乡间健康地生活、学习和劳动，尤其要牢记毛主席教导，要学习谦虚、谨慎、戒骄、戒躁的高尚作风，在农村这个广阔的天地里，把自己锻炼好！
>
> ……

上面这封信写于1972年5月21日，是这批信中的第一封。

“1972年？我还在念初中哩！”

当时读完这封信，我脱口便是这样一句。的确，对不同年龄不同经历的人来说，1972年的含义是大不相同的。像我这样年纪的人，那一年与前一年其实很难说有什么特别之处。可是，对贾先生，以及比我们年纪大一些的几代人，它的意味却极为深远。

一切均因不久前的林彪事件而发生潜在的历史变化。

无数“文革”的参与者，肯定最为强烈地感受到这一变化。林彪事件的发生，不仅仅将领导层的矛盾冲突，以一种激烈、充分戏剧性的形式呈现在世人面前，它更无情动摇了人们业已形成的盲目崇拜、狂热投入的信念。于是，均衡被打破，偶像也不再成为偶像。大张旗鼓的运动方式开始变得如同虚张声势的演出，受到不少人的冷落或者消极应付。可以说，不管是否清醒意识到，对不少有识之士而言，他们内心开始出现忧虑、疑惑与沉思。历史的理性判断，或多或少成为人们的一种愿望和内在要求。

冰冻的情绪、思想，开始萌发新的生机。或者更准确地说，人们心里萌生出希望。

与之相伴随，被疯狂、高压、严酷捆绑得令人几乎喘不过气的生活，也渐渐趋于松动。正是在这种背景下，类似贾先生这样一些被管制的“异类”，所处的环境也就开始有所改善，周围的压力不再那么严重。这一年之后的一些家书能够保留下来，无疑与这一现实变化有关。

只是我没有想到的是，当我和同学们顽皮活泼地度过1972年的时候，在遥远的上海，会有一位长者用特殊心情，写出这样的家书。并且，几年之后，我成了他的学生，他们家里的常客。再过二十年，又成了这些信的读者。

三

十多年前，当我写《文坛悲歌——胡风集团冤案始末》一书时，我曾有过这样的感慨：像胡风夫人梅志、路翎夫人余明英、贾植芳夫人任敏等这样一些受难者的妻子，和俄国十二月党人的妻子多么相似！她们背负着历史的磨难，承受着甚至超过丈夫承受的压力，在风风雨雨中走过。她们未尝一日淡忘过对亲人的思念，她们始终坚守着正义的信念。即便没有机会与亲人重逢，即便亲人也不知道她们的现状，但正是她们的存在，正是她们这种坚韧，成为亲人们精神的支柱，成为他们生命中不可缺少的一部分。我当时在书中专门写了一章“受难的妻子们”，正是想表达出我的这种敬意。

在认识先生和师母并且逐渐了解到他们的人生故事之后，这对个头一样矮小、一样精瘦的夫妻，在我心目中一直是魁梧而高大的形象。他们相濡以沫，共同走过磨难。环境险恶，人心叵测，可是他们从未失去过做人的根本。正直、善良、坦荡、乐观，构成了他们的人格。我知道，不同时期的弟子们谈到对先生的敬意和感激时，常常也就包括师母在内。

在某种程度上，师母经历的磨难更加令人通彻心骨。

当年因为胡风案件爆发，先生率先被捕入狱。仅仅几天后，师母也被捕入狱。一年多后，她被释放。但很快，在1958年底从上海被下放到青海。初到青海，师母被安排到山区教小学。不到半年，上海的检举信到了青海，揭发师母在一位上海朋友家里的时候曾为胡风集团鸣冤叫屈。于是，她又再度被关进了高原监狱。

师母初入狱时，凑巧看守所所长也是山西人，她受到照顾，被安排当女囚犯头目，协助所方管理。这样，她也有了一定自由，可以里里外外随便走动。可是，最为艰难的日子来到。这便是饥荒岁月。在青海，饥饿像瘟疫一样蔓延。一位牧民犯人饿得难以忍受，便央求师母帮助弄一碗牛奶喝。她想方设法偷来一碗，没想到，那牛奶是公安局长的，结果她被关禁闭，戴上了手铐。

从此，她被罚从囚室里往外抬每天饿死的犯人尸体。尽管她个头矮小，体弱无力，可是，她不得不经受这种折磨，常常是每次抬完回到房间，她就会感到头晕目眩。

1962年，她出狱了，回到山西襄汾贾植芳的家乡，和公公婆婆一起生活。先生仍在监狱，她必须承担起照顾他们的责任。后来，果然是她先后将两位老人送终。她的出狱并不是正式释放，而是当时那里实在无粮，让她自寻活路。临行时还留给她一句话:“先让你回去，什么时候要你来你就来。”

回到家乡，师母首先想到的是尽量打听到先生的下落。经过多方打听，她得知先生仍关押在上海的提篮桥监狱。于是，便有了先生后来回忆的那个动人细节:“1963年10月，我突然收到了一个包裹，包裹的布是家乡织的土布，里面只有一双黑面圆口的布鞋，鞋里放着四颗红枣，四只核桃。这是我们家乡求吉利的习俗。虽然一个字也没有，但我心里明白，任敏还活着，而且她已经回到了我的家乡。这件事使我在监狱里激动了很久很久。”

1966年春天先生出狱，但仍属管制对象，师母和他只能书信往来。直到一年多之后的1967年9月，她终于凑够了钱，乘上开往上海的火车。她没有告诉先生她要来探望他的消息，也许她更愿意让他感到惊奇。

她来到先生的住所。时已中午，先生还没有回来，她静静地躲在宿舍大门后面的角落。她害怕碰到认识的人。

先生回来了。他刚走进大门，手提包袱的师母突然在旁边叫了一声："植芳，我来了！"

感人的一幕。

我的叙述没有一点儿加工，甚至比师母的回忆还要简略、平淡。可是，当年在他们住的那个小阁楼房间里第一次听到她回忆这些往事时，我沉默了好久。很多年后再写到这些，我仍然感到一股激动撞击心胸。

四

知道了先生和师母的这些故事，再读他们之间的家书，便对先生每封信里对师母所表现出的关怀、叮嘱、细致，有了更为深切的感受。

在这些家书中，先生所一再强调的是生存的信念。他始终相信历史是公正的，而要等待这一公正的结果，生命是首要的。因此，他不厌其烦地叮嘱远在农村的师母，要注意吃好吃饱，要注意休息。他用各种方式各种语言为他们彼此鼓劲。"附信寄来的窗花——一对小鱼，我很感兴趣，联想到我国古代的大作家庄生的话：'涸辙之鲋，相濡以沫。'我们各自勉励，努力学习改造，争取早日团聚。"（1973年2月）

健康，团聚，这便是一对受难夫妻当时最起码，也是最大的愿望。

这些日子没什么事，我身体精神都很健康。处理的事，也许需要上面批示，我这么想，所以还得等等，不能着急。来信说，你常想到这半年来忙于你的生活，想到我穿衣问题，等等。快不要这么想了，我常说，我们现在的唯一要务，就是集中一切力量保持两个人的身体健康，这是根本的根本，是最大的财富和幸福，穿的衣服只要能贴体和御寒就行了。你先不必为我的衣着操心，我倒是担心你腿不好，怕受寒，所以很想先把你的棉裤寄回，来信说，预请做一条，那也行，如无条件，即来信，好把旧的寄回。总之，首先要照顾吃饭，我住在大城市里，吃的总比你在乡间强些，每念及此，心里也很难受。但想到这些年艰辛的生活，对我们的改造和锻炼的意义，那收获就很大，也许这就是我们将来能再为人民和革命做些有益的事的最坚实的基础，如我所说，是千金难买的。这么一想，我觉得心胸很是开朗和广大。我想，你也应当有此体会。（1972年12月10日）

六月十二日的来信及汇来的八元钱收到了。知道你身体大健，使我精神上的负担得到解除，很甚高兴。虽然如此，但你年纪大了，加上生活的艰苦，应该从这次病中得出教训，重视生活上的保健工作，这样身体健壮，才能保持旺盛的精神力量，在生活和劳动中得到锻炼，为我们后半生的幸福，建立稳固的根基。要注意劳逸的适当安排；要加强学习，在思想上跟上时代前进。学习剪窗花很好，这也是一种精神修养，使精神上有所安排，集中，这样也能排除一些物质生活上的艰苦，保持一种内心的安乐和愉

快。（1973年6月24日）

你身体都好，我很高兴，反正我们这么拖了近二十年，两个人身体都好，并从艰苦生活中获得很大的思想收获，这就是最好的教育。还是那句老话，把我们的财力尽量用于支持生活，保持健康，你不能光吃窝窝，要吃细粮，年纪大了，乡下副食品又少，哪怕暂时不要买什么用品，一定要把经济力量集中用在生活上，精神健康，它就是我们最大的幸福。（1973年7月2日）

你这些日子生活如何，是否吃白面？要吃白面。生活上绝不能过于克苦，以致影响健康。油少，就多吃些蛋，一定要保持必要的营养水平，把身体搞好！（1976年11月5日）

什么叫“相濡以沫”？读了这些文字，我明白了。

五

漫长、痛苦的等待终于结束。

读1977年、1978年先生的家书，可以一步步感受到他内心的变化。还是那个乐观、傲然而立、不卑不亢的贾植芳。

他完全有资格这样向世人宣称：

这三十年来我们经历的生活是极为严峻的，但也是对我们在政治上和思想上的长成起了巨大推动作用的，因此也是非常有意义的。所以虽然艰苦，我们却没有陷入悲观和颓唐的泥坑，我们

走过来了！我们在精神上还保持着年青人的气质和纯正。这些你一定是有所认识和体会的。（1977年10月4日）

今年春节，我去上海看望先生和师母，翻阅他在1978年之后那几年的日记。这些日记，正好与这批家书在时间上相衔接。它们真实记录着解冻时节中一个知识分子如何迎来新生，继续走向未来的行程。我很高兴自己能够成为他的日记中的一个人物。

翻阅它们时，师母在旁人的搀扶下走到先生和我面前。她已重病多年，几次被宣布病危。可是她却顽强地与命运较量，屡次转危为安，被医生视为奇迹。尽管有时她处在昏迷状态，但我相信她未尝一时忘怀先生。她非常明白她的存在对先生所具有的意义。她是先生精神的支柱。她仍然为他而努力活着。

他们一直在以自己的生命，以动人的情感，为这些家书做着最好的印证。

1999年3月7日于北京

书写苍凉，留存历史

——站在历史高度之上体察人心

李　辉

今年适逢贾植芳先生一百周年诞辰，重读恩师作品，诸多记忆纷至沓来。在他的日记、书信、回忆录、人物印象等非虚构作品中，可以读他的坎坷，读他的坦诚，读漫溢于字里行间的苍凉。因有这些与众不同的文字，他和同时代人的命运故事得以呈现，他所亲历的历史得以留存。所有的语境背后，一个坚韧、乐观、幽默、坦荡身影，挺立眼前。贾先生常爱说一生要写好一个“人”字，他真的做到了。

贾植芳的晚年写作，大都可归于非虚构之列，如怀人、自述、日记、书信等。

早在抗战爆发前夕，留学日本的贾植芳率先以小说创作走进文坛，这一年的年初，他给胡风编辑的《工作与学习丛刊》寄去小说处女作《人的悲哀》，可谓最初的精彩亮相，随后的创作，显示出他的艺术敏感性和现实观察力。40年代末，在从国民党监狱释放之后，他出版《人的证据》一书，集中回忆自己的狱中亲历，可谓早期完整的一部非虚构作品。在从事文学创作的同时，他还翻译社会科学著作，研究中国近代经济史，关注学术，拓展历史视野，使他更加深入地介入社会、敏于思考。在成为震旦大学中文系主任和复旦大学中文系教授之后的那些年，走进大学校园的他，文学性情的挥洒、学术视野的开阔与自由精神的飞翔，这些至为重要的五四文化的传统，成为贾先生精神力量的坚实基础。

因为与胡风先生的友谊，贾植芳在1955年成为“胡风反革命集团”的骨干分子，被捕入狱，从此在狱中度过十几年。长期与世隔绝，与亲人隔绝，直到“文革”前夕释放出狱，以戴罪之身回到复旦大学，分配到印刷厂当搬运工。正是在这种情形下，给任敏师母写信，成为贾植芳非虚构写作的开始，他终于可以重新拿起笔，在夫妻之间的信件往来中，委婉隐晦地袒露心迹，留下了难得的那一时代的文字记录。以研究现当代文学史著称的陈思和，曾提出一个概念“潜在写作”，大意是，作家私下的写作，因环境所限，并没有想到公开发表，但却依旧可以纳入文学史范畴予以考察。贾植芳的书信，包括后来的大量日记，当时都没有考虑公开发表，却可以将之视为“潜在写作”。

贾植芳一生的坎坷经历，他所接触的三教九流芸芸众生，都成为后来非虚构写作的不可多得的对象。“文革”结束，平反之后的他，开始进入非虚构写作的高潮。怀念友人，自述，书信。最令人叹服的是，他的日记从1979年开始，长达二十多年，从未间断，直到病重住院方才停止。如果将这些不同体裁的作品作为一个整体梳理，可以看出一个秉笔直书的前辈，站在历史高度，审视人生，反思历史，直面现实。正是这种对历史、对现实生活的关注，才使他的非虚构写作具有沉甸甸的分量。

贾植芳的历史回顾与怀念友人的文章，两者其实性质相似，我中有你，你中有我，不妨都将之归于个人化自述。

在中国，历来并不重视个人化自述，《史记》为代表的史学著作虽然出现过个人列传类的传记作品，明清时代出现过《浮生六记》等自述作品，但就整体而言，个人化的自述以及个人传记创作，一直相对薄弱，这一点，在五四新文学兴起之后开始改观。在张扬个性精神的时代，一些文学前辈开始有意识地借鉴西方经验，积极投身于回忆录、传记作品的写作，一些具有影响的自述作品相继出现。如，胡适的《四十自述》，郭沫若回忆录三部曲《学生时代》《革命春秋》《洪波曲》等，巴金的创作谈和儿时回忆等。诗人刘半农采访赛金花，在访谈记录基础上创作《赛金花传》。沈从文曾热衷于个人记忆的写作，他不仅在三十二岁时就创作了《从文自传》，还以回忆录方式撰写《记胡也频》和《记丁玲》等作品。无疑，这些作品可视为“五四新文学”的一个重要成就。不过，50年代之后，个人化的自述与传记不再被大力提倡，除了以《红旗飘飘》为载体组织撰写革命战争个人回忆，全国政协文史委员会组织一些民国时期的政协委员撰写回忆录之外，真正能与五四新文学的个人化写作相比的作品，可谓难寻。

个人化写作的沉寂萧条的状况，在“文革”之后得到根本改观。在思想解放和精神开放的背景下，更多的个人似乎到了都可以打开记忆之门，回往历史远景的时候了。一个值得关注的现象是，文化老人纷纷投入到回忆录的写作，茅盾、夏衍、巴金、萧乾、梅志、叶浅予、陈白尘、刘白羽、丁玲、杨绛、吴祖光、季羡林、韦君宜、黄永玉等，二十年时间里，他们始终是个人记忆写作颇受关注的一大群体，其相继发表的作品，常常引起强烈反响。

重获自由的贾植芳，也再次拿起笔，以新的非虚构写作出现在文坛，走进这一人数众多的文人群体。

1983年，很少写诗的贾植芳写下《笔颂——致老友》。诗中写道：

光天化日之下，我却被旋风掀倒在地，
我手里抓紧的笔，那像灵魂一样圣洁的东西，
也同时被夺走了，夺走了……
从此，我陷在昏迷中，没有了日脚。
这是一支上好的笔哩，
它书写流利，吸墨水的能力很强，
虽然是在脑震荡的昏迷中，我仍然怀念它？
它现在在哪里呢？在哪里？
……
太阳出来了，太阳出来了，
我虽然头发全白了，
我毫不犹豫地拍了拍积在身上的厚厚灰尘，
揉了揉并未闭上的眼睛，
我赶紧低下头，
去寻找，去寻找我那久别的失去的笔。

读诗句中，我们可以充分体会贾植芳寻找被称作老友的这支笔的急迫心情。与笔阔别多年，与文坛远离多年，他的名字和身影，终于

出现在公众视野。坎坷经历需要回顾，纷繁心绪需要倾诉，逝者往事需要叙述。他寻找到的这支“久别的失去的笔”，一旦拿在手中，他再也不会放下，为自己，为友人，更是为了留存历史。

这正是贾植芳晚年非虚构写作的心境。

平反之后的贾植芳，主要精力集中在教学和学术研究方面。他带领中文系老师，编选巴金研究资料集、文学研究会资料集等；他担任中国比较文学学会副会长、上海比较文学学会第一任会长，为比较文学的开创者之一；他鼓励诸多中青年研究者，摆脱束缚，开拓研究领域，为他们的著作写序、评论，推动现代文学研究的拓展与延伸。这些事情，占据他的大量时间和精力。不过，即便年近古稀，即便繁忙，贾植芳从未放下寻找回来的笔，写下大量非虚构作品。

在这些作品中，怀念故人的文章，占据较大比例。一生漂泊，一生坎坷，贾植芳结交各种人物之多、之复杂，超出他人想象。正是这样的难得经历，他在不同情形下接触的人物，他一一写出。虽然这些怀人之作，大多都不长，但零零星星的往事描述，依旧呈现社会众生相的斑驳碎影，让我们得以在细节中触摸历史。

贾植芳曾出版《不能忘却的纪念》（上海文化出版社2001年版）一书，所写朋友包括胡风、余上沅、还珠楼主、邵洵美、王瑶、路翎、施昌东、戴厚英等不同年龄层次的人物。他在序言中坦承为何要写这些怀念之文：

> 我把交友作为自己了解社会和历史的一个窗口和渠道。各类朋友分别带着他们各具个性的社会、文化、人生背景，有其各具特色的人格风采，千差万别的知识背景，多一个朋友，就等于多

一分阅历，多读了一本书，多长了一些智慧和教训。自30年代我从投稿开始进入文艺界，以文会友，社会动荡不定，我的生活也居无定所，结交的朋友极多。那时我交往的朋友，多是“左翼”知识分子。解放初期，新政权建立起来，我转入到高校工作，生活空间相对狭小一些。作为一名专业教师，平时结交的多是学院派知识分子，有些朋友，虽然没有深交，可他们身上的正直人格、过人才学给我留下了很深的印象。50年代的那场政治风暴，彻底击碎了我那刚刚平静下来的生活，我作为“胡风反革命集团”骨干分子，被剥夺了做人的权利，更枉谈交朋友了。我的很多朋友也蒙遭和我同样的厄运，其中多人给折磨至疯、至死。想及这些历史，我的心有一种揪心的疼痛。我作为历史的幸存者，有责任把他们的命运记录下来，我把写这些文字，当作一份庄严的历史使命，一份应该履行的社会责任。

由此可见，贾植芳把怀人作品，看作自己的使命，一份责任。他在苦难中走了过来，他有责任写那些故去的人，那些与他同患难的人，包括他的学生。正因为他把这种写作，视为庄严，他的落笔，不轻飘，不溢美，他以冷静、客观之心，将人物的命运起伏与历史的大起大落相交融。

1937年抗战爆发前，贾植芳留学日本，因投稿小说《人的悲哀》得以发表，并收到胡风的热情来信，从此，他们成为莫逆之交。1955年，即便在风雨来临时，他也没有低下头，一直为胡风辩护，故而被定为“骨干分子”，成为少数几位入狱的“胡风分子”。如他在《悲痛的告别——回忆胡风先生》一文中所写：“时代命运的播弄，反而加深了我们相濡以沫的情谊。我们夫妇与他一家大小的友谊，就是这么在历史的风风雨雨里一步一步地建立起来的。”读他的这篇文章，以及《我与胡风先生的交游史》，能体会到他对胡风的相知与深刻理解。

重要的在于，深厚的情谊从来没有让贾植芳拔高胡风。相反，他十分了解胡风的性情，乃至政治上的天真与幼稚，80年代，在与我的谈话中，他反复强调这一点。我在《胡风集团冤案始末》一书这样写道：

> 和胡风比起来，贾植芳虽然年轻许多，却在政治漩涡里滚打过多次，因而，倒没有胡风那种政治上的天真和幼稚。
>
> 贾植芳回忆，他不止一次对胡风说：
>
> “我说老胡，我们和鲁迅不同，鲁迅懂得中国的历史，我们却不懂。”
>
> 贾植芳的话中隐含着极为复杂的内容，胡风虽说没有完全领悟，但多少触动了他的心。贾植芳建议胡风不如静下心来写一本鲁迅回忆录，另外搞点翻译，譬如可以译《天方夜谭》。

不仅如此，对胡风乃至一些友人的做法，贾植芳也坦率直言：

> 胡风这个人有忠君思想，像晁错一样，认为皇帝是好的，只是小人多，想清君侧，这是中国传统知识分子的思想。他写三十万言，实际上和过去传统上万言书差不多。该从中国的文化来看这段历史。再说，我们的朋友中有的文艺思想也很左的，不能容人。
>
> （《胡风集团冤案始末》）

冷静，客观，深刻理解政治，体察人心，这正是贾植芳的过人之处。可以说，他站在历史高度之上，回顾往事，叙说人物，不因情谊之深而避重就轻，不因某些友人的偏颇之说而听之任之。相反，他秉持公正，体察入微地回到历史现场，理解人性，这正反映出他的独特之处。

最能体现这一特点的，莫过于贾植芳所写怀念戴厚英一文：《她是一个真实的人——悼念戴厚英》。

八十年代，戴厚英因长篇小说《诗人之死》《人啊，人！》轰动一时。由于戴厚英"文革"高潮时，是上海作协的造反派，批斗过许多作家。但正是在关押诗人闻捷期间，两人发生爱情，从此改变戴厚英。《诗人之死》便是依据这一历史背景而创作。这些作品发表后，戴厚英在上海受到不少人的猛烈批评，包括贾植芳的朋友。但是，戴厚英也得到不少前辈的鼎力支持，包括萧乾先生。那些年里，萧乾与戴厚英往来书信颇多，戴厚英将萧乾视为知己，可谓无话不谈，内容极为丰富，她在一位前辈这里，得到诸多心理安慰。我在写萧乾传记时，曾读过其中一些信，颇令人感动。后来，萧乾将这些信悉数寄回戴厚英，不知现在何处。

大约1994年左右，我去上海，经萧乾先生介绍，曾去拜望戴厚英，她当时是复旦大学分校的老师。未曾想，这竟是与她的唯一见面。1996年，忽然传来戴厚英在家里被一位她资助的家乡人凶残砍死的噩耗，这一消息，令人震惊。

就在这一年，贾植芳写下感人至深的《她是一个真实的人》。贾植芳与猛烈批判戴厚英的几位朋友完全不同，他充分理解晚辈戴厚英

“文革”初期的历史过错，也更为看重戴厚英后来的反省与历史反思，看重她在小说中对人性的呼唤。贾植芳坦承，“当然老朋友们对戴厚英的戒备心理，不能说对我毫无影响。在后来与她的交往中，我也总有某种程度的顾忌心理。”一次，当在一个场合他与戴厚英认识，不久戴厚英送他一本《诗人之死》，以及后来的《人啊，人!》。阅读这些作品之后，贾植芳充分理解了戴厚英。他在悼念文章中写道：

> 后来，通过周围朋友的了解，并读了《诗人之死》之后，我从她与诗人闻捷的感情纠葛中，看到了戴厚英的另外一面，或者说她的本质，即她在“文革”后期的人生转变，这也开始改变了我对她的看法。她与闻捷的相识本来就很有时代特色，一个是“反动作家”，是敌人，一个是监督者、批判者，但后来事情却发生了戏剧性的变化。他们的这段经历使我想起苏联的20年代“同路人”作家涅维洛夫的小说《第四十一》中的故事。通过对诗人经历的了解，她发现闻捷并不像当时对他的政治宣判所说的那样面目可憎，也并非如她想象的那样不共戴天。相反，她看到了诗人的真诚、才情和不幸，她由对诗人的憎恶发展到关心、尊敬，由同情、理解而萌生爱情，这种与当时政治气氛极不相容的感情，其实是一种人性的复苏，当时则被作为一种“阶级斗争的新动向”而遭到批判，被认为是“反革命对革命者的腐蚀”。闻捷后来的自杀同这份感情在当时所受的巨大政治压力也有很大的关系。诗人之死给戴厚英的精神刺激很大，它促使其从过去所坚信的极左路线和教条中跳脱出来，开始意识到那一套政治理论的反人性、反历史和反社会的荒谬本质，《人啊，人!》和《诗人之死》的创作，

正是作者从人性的立场对极左政治思潮认真反思的产物，是对这种祸国殃民的思潮的有力的反击，从这一点看，戴厚英是一个真诚的人。

（《她是一个真实的人》）

不因人废言，不因历史错误而回避思想演变，这便是贾植芳与他的一些朋友的不同之处，也是过人之处。正因为如此，他的怀人之作，既可以帮助我们认识笔下的不同人物特点，更足以将之视为历史脉络。贾植芳所写的下面这段文字，可以帮助我们理解其非虚构作品的重要性：

这些写我三朋五友的文章，又可分成两种表现形式：一类是人物的专题描写；一类是以序文的形式出现的。在这些文字里，我不仅仅关注他们的才学与成就，还关注他们的人品与个性。通过记述我与他们的交友史，以及他们各自的命运史，让人们对历史多一份了解。同时，也算是我这个后死者，献与旧友的一束鲜花和几杯清酒吧。总的来看，这些文章可以说是一部中国知识分子的生活史或命运史，以至苦难史，因此我写的是历史。

（《不能忘却的纪念》序）

“我写的是历史”，对这一点，贾植芳显然充满自信。“书写苍凉，留存历史”，以此作为本文标题，在我看来，恰如其分。

贾植芳先生的涉日经历与鲁迅[①]

〔日〕山口守[②]

一、结识贾植芳先生

翻开手头的复旦大学时代的日记一看，与贾植芳先生初次相会是在1980年10月6日。后来我才知道，贾植芳先生的生日是1916年10月9日，恰好是迎来六十四岁生日的数日之前。而且还有更令人击掌称奇的事，那就是现在我所执教的日本大学文理学部邀请先生前来做学术演讲，又恰逢十年后贾植芳先生的生日，1990年10月9日。许是因为这个缘故吧，每年一到十月，东京的树木染上秋色时，我就会陡然想起贾植芳先生。无缘再见已届九载，至今难忘初次相会。回想起二十多岁时自己人生中的桩桩件件丝丝缕缕，贾植芳先生的身影便会

①本文系在2016年7月2日甘肃省张掖河西学院召开的“贾植芳与中国新文学传承国际学术研讨会”上的发言基础上改写而成。

②〔日〕山口守，日本大学文理学部教授。

浮上心头。九年前的四月，接到讣告赶赴追悼会场时，尚未有足够的实感，但翌日还须赶往美国参加一个研讨会，只得中途退场。坐在驶向机场的出租车中，想到从今以后再也见不到贾植芳先生了，突然泪如泉涌。对坐在后排座位上一边换下丧服穿上便服一边号啕不已的我，司机假装没听见。失去贾植芳先生的悲痛加上司机的善解人意，我益发泪流不止。

1980年10月6日上午，领我前往复旦大学中文系图书室去见贾植芳先生的，是外文系的仰文渊先生。仰先生自己也在反右斗争中遭受迫害，度过了惨烈的人生，得知我做巴金研究，便向我介绍说，中文系图书室有一位刚刚解除政治处分、学养渊深的老师。从那以后的半年间，我得以频繁拜访贾植芳先生，向先生求教。在与外国人交往颇受忌惮的时代，加之我知道贾植芳先生曾因胡风事件而身陷囹圄，担心频繁拜访会给贾植芳先生带来麻烦，便总是看准四下无人时，偷偷地溜进中文系图书室里。贾植芳先生一直是笑嘻嘻地欢迎我，有时一聊就是好几个小时。邻桌的女科员每次都很客气地离席避去，让我觉得很不好意思。不过能够亲聆謦咳，犹如单独授课一般，真是至福的时刻。

当初听不懂贾植芳先生的山西口音，重要的词语总是请他写在纸上。这在其后二十多年的交往中也始终未变。一开始我几乎要对自己的汉语听力与学识感到绝望了，后来见周围的中国友人好像也不时会有听不懂的样子，便对语言能力在某种程度上死了这条心。当我表现出听不懂的样子时，贾植芳先生一般会写在纸上给我看，如果仍然解释不清楚，有时就会说出一种发音奇妙的语言来。最开始的一两回我还以为是山西话，再不就是德语之类的欧洲语言，重复了几遍之后我才幡然醒悟：原来是日语。至此为止我根本不知道贾植芳先生还能说、能读日语。由此我知道了贾植芳先生还曾留学日本，但是还没来得及打听他是何时又是如何去日本留学的，我的上海生活便告结束，打道回国了。[①]

二、贾植芳先生的涉日经历

回到日本后，我又重返东京都立大学研究生院博士课程复学，后来在80年代后半终于在东京都内的一所私立大学正式成为教员而直至今日，其间在我身份尚不稳定时，贾植芳先生还曾为我的就职问题忧心不已，此事我是在后来出版的贾植芳先生日记中才得以知晓的。我执教的是日本大学文理学部中国文学科（中文系），这时从贾植芳先生处得知，其实他年轻时曾在日本大学学过社会学。经调查才发现，贾植芳先生的恩师马场明男先生（1905—1996）尚健在人世。于是我便立案邀请贾植芳先生重返曾经的母校日本大学，该申请顺利获得校方批准，1990年10月7日至28日，邀请他来日本三个礼拜。

贾植芳先生访日期间，分别在日本大学文理学部中文系和社会学系为研究生们各做了两次特别授课，此外还在东京大学、东京都立大学、东京女子大学、横滨市立大学、神户大学举行了学术演讲，并在日本中国学会的年度大会上做了特别演讲，度过了多忙且充实的三个礼拜。逗留期间，还与马场明男先生实现了时隔半个世纪的重逢。我

① 关于与贾植芳先生的相识以及先生留学日本和他一生被捕、入狱的经历，我曾在《坐过三种牢狱的知识分子——忆贾植芳先生》（东京：《留学生新闻》第31号，1991年6月1日）中有过介绍。另，关于贾植芳先生的一生，可参见孙乃修《苦难的超度——贾植芳传》（台北：业强出版社，1994年）。

以为，访日的意义得到了进一步的深化。通过这次邀访过程，我得知了贾植芳先生是如何来日本留学的，而且他的留学日本，还包含着一层令人震惊的事实：它差不多就是一次因为参加抗日救亡运动而导致的流亡过程。

当时在北京的教会学堂崇实中学就读、年方十九岁的贾植芳先生，因为抗议、反对日本的侵略，参加了1935年的一二·九运动，遭到逮捕、拘留。这首次被捕、拘留以后，贾植芳先生一次次地身系桎梏，度过了波澜壮阔的人生。那次他的伯父倾力救他出狱，并安排他逃离北平，赴日留学。不妨说是亡命一般来到自己批判、抵抗的帝国日本，这种复杂的内情，也是当时中日关系原模原样的反映。

1936年春来到东京的贾植芳先生，4月开始在为中国留学生创办的日语学校"东亚高等预备学校"就读，之后考入日本大学经济学部，未几便转学到了法文学部社会学科。至于为什么立志学习社会学，贾植芳先生回顾当年时曾说过："我原来的主要兴趣是搞文学创作，我想学点社会学专业知识，以便从中得到观察、分析、描写和反映社会生活的理论导引"，"进入社会学科读社会学，希望获得一些观察分析社会的基本方法"。（《我和社会学》，1990年10月16日于日本大学文理学部社会学系演讲）日本大学社会学系是1920年私立大学中率先创设的新领域新学科[1]，创设中心人物是后面将要述及的圆谷弘，而担任

①设立之初称"社会科（社会系）"，为夜校课程。1922年依据新大学令，正式获得认可，改称"日本大学法文学部社会学科（社会学系）"。

其助手的就是马场明男。两人皆有出自社会学视点的中国研究①。圆谷弘战后一度出任日本大学理事长，但因其研究成果与战前对华政策有关联而受到指责，作为战犯被解除了公职。

留学日本期间，贾植芳先生在东京与覃子豪、郁达夫、郭沫若、张香山、任白戈等文学家之间有交流过往，还参加了左联东京支部举办的“高尔基追悼会和纪念会”（1936年6月于早稻田大学附近的中国饭馆里举行）、萧红主持的“鲁迅追悼大会”（1936年11月17日，东京：日华学会讲堂），展开了多彩的活动。其实贾植芳先生第一部创作小说《人的悲哀》尽管故事舞台是北京，却是在滞留东京期间执笔写下的作品。而且更为重要的是，通过将这篇作品投稿给《学习与工作丛刊》（上海生活书店），开始与该刊编辑胡风通信，从此终生交友，命运与共。参与抗日运动而遭逮捕竟成为赴日留学的前期准备，而赴日留学又成了与胡风结交的契机，每思及此事，便不禁感叹人生的奇妙，感慨果然是人创造历史。

---

① 圆谷弘的主要著作为《我國資本家階級の發達と資本主義的精神》（1920）、《現代社會政策》（1926）、《集團社會學原理》（1934）、《支那社会の測量》（1936）等，其中《支那社会の測量》就呈现他站在当时政治立场而观察中国社会的看法。马场明男的主要著作为《支那問題文獻辭典》（1940）、《社会学入門》（1950）、《社会学新講》（1955）、《社会学小史》（1966）、《社会学概論》（1974）等，其中《支那問題文獻辭典》虽是工具书的形式但也呈现他对当时日本研究中国社会的基本态度。另，关于圆谷弘，日本大学校网有人物介绍（http：//www.nihon-u.ac.jp/history/forerunner/tsuburaya/）。

三、圆谷弘与鲁迅[①]

贾植芳先生的留日生涯因七七事变而告终结，回国参加抗日运动去了。关于在日本大学法学部社会学系就学期间的学习情况，想在此略做说明。在回顾往昔中，贾植芳先生说道："圆谷先生每周上两次课，讲授的教材是他自己的有关研究中国社会的性质、结构的著作。"（《我和社会学》）此处登场的圆谷先生，就是当时的社会学系主任圆谷弘（1888—1949）。圆谷弘于1909年考入日本大学法学部，因经济理由中途退学，做了一段时间小学教员后，再次考入京都大学文学部历史系，未几转系至哲学系，1919年毕业后作为特约职员供职于文部省，1920年在任职于文部省的同时，就任日本大学社会系教授。

圆谷弘于30年代曾数次访华。1935年秋天为了出席一个叫作东洋工业会议而访华，回国后，出版了一本汇集了中国各地见闻的《中国社会的测量》（有斐阁，1939年9月），由此可了解其中国观。就时期来看，贾植芳先生忆及"讲授的教材是他自己的有关研究中国社会的性质、结构的著作"时所说的教材，恐怕就是这本书了。贾植芳先生是如何评价这本书的，事到如今已经无从知晓了，但基本上是一部未能逃脱帝国主义眼光观察中国的著作，然而倒也是思考战争与知识分子关系的好材料。尤其是其中收录有研究者们不太关注的鲁迅采访录，具有史料价值。这个采访录并非逐字逐句的精确记录，而是由圆谷弘

---

① 关于圆谷弘与鲁迅的会面，庆应大学教授长堀祐造在《鲁迅和圆谷弘——围绕鲁迅写给岩村的署名本》（《中国图书》内山书店，1989年7月号）、《发现鲁迅写给圆谷弘的署名本》（《中国图书》内山书店，1990年1月号）、《补论鲁迅和圆谷弘》（《中国文学论丛》第15号，樱美林大学，1990年3月）中做了详细的资料研究，并附有解说。

或同行者整理的，在何等程度上客观地传达了鲁迅的谈话，颇为可疑。只是由圆谷弘编辑的鲁迅谈话（假定如此）的细微之处，存在有可资推论的线索。

圆谷弘在采访录前言中介绍了与鲁迅会面的经纬："在上海逗留期间，某社的支社长问我是否想会见鲁迅，很巧合，我也正要在中国期间了解各方面人士的想法，就赴北四川路内山先生家中与鲁迅面晤。"[①]《鲁迅日记》1935年10月27日有记载："晤圆谷弘教授，见赠《集团社会学原理》一本，赠以日译《中国小说史略》一本。"会谈本身当为事实无误。

实际上，当时鲁迅赠予圆谷弘的《中国小说史略》，如今仍收藏于日本大学文理学部图书馆。应当是圆谷弘在日本大学任职期间或退职时捐赠的。另，圆谷弘当时赠予鲁迅的《集团社会学原理》是前一年出版的他本人的著作。

在内山完造府上举行的鲁迅与圆谷弘之间的会面中，谈了些什么、如何谈的，对此鲁迅方面并无资料，只有前述圆谷弘整理的采访录收录于《中国社会的测量》里[②]。其中鲁迅所言"中国并不保存旧的，也不建设新的，它的彼岸能看到的就是阿拉伯沙漠"，或者"日本要以所谓亚洲主义取得中国方的一致，但是日本以军队来维持中国时，中国已沦为奴隶"以及"日本人也与中国人一样，不能自由地说话吧。对所谓亚洲主义，日本人和中国人不可能以同一样的想法接

---

① 圆谷弘：《支那社会の測量》，有斐閣，1936年9月，第245页。

②这段文章由陈福康翻译成中文，题作《与鲁迅谈话》，发表于《鲁迅研究月刊》1991年第5期。在原著中，前面还附有很大的标题《中国就是阿拉伯沙漠》。本文下面引用的部分是由笔者翻译的。

近。中国，应该由中国人自己走路”也理所当然，并无根据断定就是鲁迅的原话。不过我们仍然可以读出，当对鲁迅谈话做如此理解的圆谷弘在说到“曾经带着炽热的热情站在中国青年大众第一线的革命战士鲁迅，现在以被迫害者的可悲的姿态来凝视着中国。但是他绝不放弃自己的信念，在中国政府的压迫之下诚心希望其日的到来”时，尽管没有认识到陷中国社会于苦境之中的元凶正是自己的祖国日本，却也为鲁迅虽然以严峻的目光看待中国革命的现状、却绝不放弃希望的姿态所打动。

至于贾植芳先生在1936年（圆谷弘见到鲁迅的第二年）上过圆谷弘教授讲授的社会学课，可曾“获得一些观察分析社会的基本方法”，情况不明。不过以七七事变为契机回国参加抗日活动的贾植芳先生的人生，毫无疑问就是要创造出鲁迅寄予厚望的将来日子。遗憾的是，像圆谷弘那样的日本人只怕未能预见这番苦斗。而且贾植芳先生后来的人生历程，充满了任何人都无法预想的艰辛苦难。

四、小结

访问中国参加研讨会时，常常会有人问我：“你的老师是谁?”意思大概是问：你是受到谁的教诲而成了一位研究者。在日本一般不会这样提问。最多是问你是哪家大学毕业。对于“你的老师是谁?”这一问题，我总是回答：“我的老师是复旦大学中文系贾植芳先生。”固然，在日本也有我东京都立大学时代的恩师，而我也不曾在复旦大学中文系正式读过研究生，所以这一回答在形式上是有误的。然而，尽管对于自己的研究业绩缺乏自信，唯独在回答“我的老师是贾植芳先生”时，我心里充满了骄傲。

实际上，贾植芳先生的学生里，与我年龄相仿的有着像陈思和、李辉那样优秀的研究者，我作为研究者的水准相比于他们终归是望尘莫及的。可是，我能够坚持研究中国现代文学直至今日，任如何考虑，都是托了贾植芳先生的福荫，不管成绩多么糟糕，还是应当回答我的老师是贾植芳先生。而且不单单是学术，甚至在应该如何走人生道路这一至关紧要的问题上，毫无疑问吾师也是贾植芳先生。贾植芳先生经常教诲我说："把人字写端正。"这么重要的人生原理，我却时常会忘记，过着稀里糊涂的日子。然而说到深切思念贾植芳先生的心情，我和陈思和与李辉倒也有得一争。他们都是我的老朋友，心地善良，偶尔会让我赢一次也说不定。不过，就算赢了他们，却还是永远无缘再见贾植芳先生了。思及此，我只能怀着悲哀的心情仰望十月的长空而已。

2016年7月2日

贾植芳对鲁迅的承传

〔美〕舒允中[1]

胡志德在评论鲁迅第一人称小说时注意到鲁迅往往故意将个人与社会放在某种对立平衡的关系中：

> （鲁迅）一方面将叙述人置入故事之中，但同时又将其加以严格审视从而使读者逐步丧失当初对这一角色的同情和认同。读者起初将叙述人看成可靠的道德向导，而这一剥夺信任的过程产生了一种使读者在自己身上寻找导致这种认同感的错误根源的效果。[2]

许多评论者，包括胡志德本人，注意到鲁迅的自我审视使鲁迅意

---

① 〔美〕舒允中，纽约市立大学皇后学院教授。

② 胡志德：《雪中之花：鲁迅和现代中国文学的困境》，载于《现代中国》（Modern China）第10卷第1期（1984年1月），第66页。

识到自己也是那种他企图弃绝的残酷的社会制度的一部分。在这种困境下，鲁迅只好放弃现代短篇小说这种文体而采取一种问题较小的文体——杂文。与此同时，他的小说对个人与社会之间的微妙关系的探讨成为一种经典，给后来的作家不但留下了启示，而且也留下了醒目的疑问和未决的难题。从某种意义上来说，20世纪二三十年代的大部分中国小说从不同角度对鲁迅的初步探索做出了不同反应。

“七月派”报告文学对个人与社会的关系这一问题做出了不同的回答。举例来说，曹白为了反抗战时的英雄主义倾向,故意在谴责邪恶社会势力时强调自己与社会共有的人性弱点；而阿垅，尤其是在《南京血祭》中，则将自我塑造成一个基本上没有受到社会邪恶腐蚀的理智和道德中心，尽管他为自我的进一步发展和完善，包括自我改正，仍然留有余地。在“七月派”作家逐步使自己从报告文学这一文体对历史和事实的特有的依赖中解脱出来并逐步将创作精力转移到小说上的过程中，尤其是在他们开始贯彻胡风的“主观战斗精神”的过程中，自我这一主题成为他们作品的中心并导致了不同的答案。

自我主题在“七月派”小说中的中心地位首先显现在贾植芳的短篇小说中。作为一个在鲁迅影响下开始写作的作家，贾植芳以鲁迅的第一人称小说为楷模创作了自己的大部分短篇小说，因此，他的作品自然会使读者联想到为这些作品提供具体榜样的鲁迅小说。然而，当他在40年代中越来越多地受到胡风影响时，他的小说选择了一种明显有别于鲁迅小说的方向。我们在下文中将会见到这种方向转变起源于贾植芳对自我作用的重新思考，而这种新的方向此后将在其他“七月派”作家手中得到进一步发展。

贾植芳写作生涯中的第一个短篇小说《人的悲哀》在精神上最为

接近鲁迅。这篇于1936年底写作于东京并于1937年刊载于胡风编辑的《工作与学习丛刊》上的第一人称短篇小说，吸收了相当多的自传成分，描绘了一个刚被释放出狱的政治犯的沮丧、痛苦和徘徊。在《人的悲哀》中，年轻的“我”在出狱后滞留在亲戚开办的一家死气沉沉的麻袋铺里，而这家麻袋铺恰如鲁迅的《药》中的茶馆一样，是暴露中国社会某种断层的窗口。当“我”无精打采地观察社会并与无事可做的伙计闲聊时，他在精神上也加入了这种令人压抑的环境。“阴沉，寂寞，无聊和苦闷在每个心上缓缓地爬着，纠缠着，生命的继续在这里像是多余和累赘。”①

面对战争的阻隔而无法返乡，充满困惑的“我”不断受到有关监狱和谋杀的噩梦的折磨。后来他终于走出了令人无法容忍的麻袋铺，但他所做的只是在廉价酒店中消磨自己的大部分时间和仅有的一点金钱。一天深夜，麻袋铺的掌柜在他从酒店回来后将他叫去谈话。由于怀疑他又在参加革命活动，这位掌柜用客气然而不容商量的口吻请求他离开。在这种被迫离开的情况下，这个第一人称叙述人以自我反省结束了故事，可是这一自我反省立即就被包围在对未来去向的惶惑之中：

> 实在，我应该走一条路，这路应该是我的旧路。近两个月的痛苦而神经质的生活，证明我的敌人已不是先前的可怖的侦探，而是现在自己的怯懦，因为我有了一个避难所，人是惯于苟安的，但现在连这受侮慢的避难所也失去了。

① 贾植芳：《人的悲哀》；选自《贾植芳小说选》，江苏人民出版社1983年版，第1—2页。

> 一日一夜之间我不知是怎样过去的。有记忆的时候，正是夜晚，我已坐在火车的三等车厢里。[①]

这一自我反省在精神上类似于鲁迅早期小说中具有积极意义的结尾或所谓的“曲笔”。但值得注意的是，当“我”指出自己被迫离开并强调自己仍然处于困惑的状况时，他将仅有的一线希望也扑灭了。我认为贾植芳强调“我”的困惑以及削弱“我”对未来的期望的做法表明他在这个短篇小说中企图模仿《彷徨》中的某些小说对自我进行审查。《人的悲哀》中的“我”通过内省不仅表明了他与黑暗社会的关系以及他的软弱无力，同时也揭露了他的言行之间的距离。正如我们所见，“我”在故事结尾处发出的誓言与他的行为不相吻合，同时“我”的惶惑心情也削弱了这一誓言的力量，因此这一誓言结果被“我”的悲观行为所淹没，而“我”由于使用语言而掌握的那一点理智及道德影响则被完全破坏。

这种取消第一人称叙述人的理智和道德权威的做法，使得第一人称叙述人和作品中隐含的作者形象之间产生了一种距离，而这种距离不仅说明了作者通过一种复杂的方式表现了第一人称叙述人的不可靠性，同时也妨碍了保持沉默的作者用一种直截了当的方式处理他的题材，结果读者由于无法了解作者对这场以彷徨为中心的戏剧的态度对作者也产生怀疑。从某种角度来说，《人的悲哀》中体现出的这种暧昧正是胡风的“主观战斗精神”所要解决的问题。因此，当贾植芳在40年代初期在胡风发展这一概念的过程中进一步接受胡风影响时，他

① 贾植芳：《人的悲哀》；选自《贾植芳小说选》，第22—23页。

的第一人称短篇小说开始发生显著变化，而这种变化的标志则是第一人称叙述人和隐含作者的合二而一以及随之恢复的第一人称叙述人的认知功能和道德权威。

写于1942年夏天的《剩余价值论》就是这一转变的一个例子。这个故事大体上效法于鲁迅的《在酒楼上》，但它处理叙述人和主角之间关系的方法却与其原型大相径庭。正如李欧梵所指出，在鲁迅的故事里，第一人称叙述人和主角吕纬甫与鲁迅本人都有惊人的相似之处，“从某种意义上来说两者都是鲁迅的自我投射，他们之间的对话是经过小说的戏剧化处理的作者本人的内心独白。”[①] 相比之下，贾植芳的故事突出了充满活力的“我”与沮丧的主角之间的天壤之别。故事中的“我”与主角余子固多年未见，但“我”对这位在一个小镇上偶然相遇的老友立即产生敌意，因为余子固看上去像一个被衰老征服了的年轻人，因此感到不快的“我”很快借故摆脱了这位老友。比这一不愉快的初步印象更为重要的是“我”通过三段文字对老友退步的叙述。在前两段中，“我”回忆了余子固朝气蓬勃的年轻时代以及他后来的享乐主义的生活态度，而最后一段则是一位旅伴在坐卡车离开小镇时，当笑话讲给“我”听的一个有关余子固目前的忧郁状况的故事。贾植芳没有像鲁迅那样让主人公讲自己的故事，而是剥夺了主人公的叙述权并将主人公降格成任人评论的对象，同时“我”在集中大部分精力评论主人公时，处处表明自己在道德上的优越地位以及自己与这位退步的老友之间的截然不同。

侧重评论和反省的做法使得《剩余价值论》中的叙事成分大为减

① 李欧梵:《来自铁屋中的呐喊》，印第安纳大学出版社1987年版，第64页。

弱。在这个作品中，作者对主人公的叙述在大部分情况下是用说明性文字进行的，而且，“我”在集中精力进行思考时没有呈现出相貌、年龄和个性等戏剧因素，而仅仅呈现出一种声音。在感情和表达欲望的促动下，“我”常常超出故事本身的范围而对广大的世界直接随时地倾诉自己的观点。在“我”垄断了评论和叙事权力的情况下，“我”的信心和希望的迸发取代了鲁迅在《在酒楼上》里面描绘的主人公对自己的惶惑，迟疑和失望的抒情忏悔。《剩余价值论》的结尾就是一例：

> 我的激越的感情又向战斗转过来了。让我们向这真正的人间勇士致无涯的感激，为他们的健康祝福。[①]

代表时代动力的“我”最后将余子固作为跟不上时代潮流的零余者加以弃绝。

研究中国文学的学者们通常认为，鲁迅在他的第一人称小说中，往往通过对不可靠的叙述人的微妙处理强调人在认知方面的不足。在贾植芳写于40年代的第一人称小说中，这种意识随着“我”与隐含作者的结合以及“我”的认知能力的逐步增强而逐渐消失。在《剩余价值论》中已经得到表现的第一人称叙述人的自我信心，在贾植芳随后以鲁迅的《故乡》为模型写成于1942年9月的短篇小说《我乡》中，以更强烈的形式表现出来。鲁迅的故事以认知问题为中心，第一人称叙述人在怀疑自己半信半疑的看法的同时，多次显示自己无法将经过

---

① 贾植芳：《剩余价值论》；选自《贾植芳小说选》，第65页。

自己头脑美化的过去和面对的冷峻现实加以调和。相比之下，贾植芳故事中的叙述人则没有受到这种自我怀疑的困扰。他对自己把握时代脉搏的能力充满信心，在叙述过程中一味沉醉于突发而激奋的自我表达之中。

贾植芳的故事首先主要描写的是“我”在回乡时眼见耳闻的现实状况，而偶然提及或回忆起的过去只是作为充满希望的现实状况的反衬而存在于故事之中。在抗日战争的影响下，《我乡》中的故乡形象经历了戏剧性的变化，结果这一形象与鲁迅笔下的故乡形象大不相同。人们积极参加抗日活动并平等相待，不像鲁迅故事中的人物那样被分成各种社会等级。尤为突出的是，“我”的家庭变成了爱的港湾，以至于“我”觉得，如果自己在家逗留过久则将受到爱的陶醉，因此想逃离家乡。从另一方面来说，“我”毫不迟疑地将一些旧社会的残余，包括一位迷信的亲戚，作为垂死的社会成分加以谴责。

“我”在提供这样一种令人振奋的故乡形象时对自己看法的可靠性毫不怀疑，根本没有意识到自己的乐观主义观点所起的作用。然而，故事结尾的感情高潮却明显地表明这种故乡形象是意志的产物：

> 我们正如牧者站在四顾茫茫的苍野，对于生命的设想，是不应该茫然和忧郁的，应该挺身高唱，呼喊生命的愉快和伟大；更不是纯然动物式的生活，而应该努力增润生命，发扬生命的真价。
>
> 生命吗？就是生命。斗争，创造，征服。
>
> 故乡，战乱的故乡，是赋予我们以人生和战斗之勇气的。它

是这样的一个新的人生之港湾。[1]

“我”在这一议论性结尾中表露出来的这种力图将生活加以乐观解释的强烈愿望，不仅在相当大的程度上决定了故事中的评论，同时也决定了故事的叙事内容和结构。在没有意识到自己的乐观精神对现实的折射的情况下，贾植芳笔下的“我”在追寻生命确切意义的过程中，一边否定别人的看法，一边又将最终的认知权威牢牢地掌握在自己手中。这种无法容忍模糊和矛盾的态度，无意中显示了某些“七月派”小说的一个弱点——在诠释方面的排他性倾向。这种与当时依然存在的战时乐观主义不无联系的排他性自我观点，只是在后来的“七月派”作品中，如路翎和冀汸的作品中，才能得到克服。

① 贾植芳：《我乡》；载自《贾植芳小说选》，第78页。

在晚清以来知识分子的思想与精神谱系里

——贾植芳先生去世十周年纪念

段怀清[1]

先生离开我们，已经快十年了。

十年中，无疑发生了一些事，似乎又什么都没有发生。一切好像跟先生在世的时候差不多。有一次，我和夫人到国定路办事，事后专门绕道国顺路。在第九宿舍围墙外，隔着院墙，望了好一会儿先生晚年寄居的这个院落。院子里依然是一片苍翠葱郁，与一墙之外的喧嚣热闹判然有别，俨然另成一个世界，甚至给人一种时间静止的错觉。那一刻，真让我产生一种先生犹在的幻觉。其实，从复旦校区过邯郸路到文科图书馆或者到五教、六教去上课，多会从九舍旁边经过。有时候也会有意识地放缓一下脚步，抬头望一眼近在咫尺的九舍。九舍外面那两边挺拔高耸的水杉，十年之间显然又有成长，似乎在更坚定

---

①段怀清，复旦大学中文系教授。

也更从容不迫地守护着这个闹市当中并不起眼的院落……

先生去世之后，我曾写过一篇纪念小文章，此外再无其他文字。对此，我自己也说不出什么原因。后来业松去韩国执教，临行之前接到一篇稿约，他匆促之间难以成文，只能将他一篇旧稿发给我，嘱我在此文基础之上另成一文，这就是后来刊发在《社会科学报》上的《贾植芳：我不是科班出身的书斋学者》。此文也是我与业松第一次合作，至今也仍是唯一的一次。只是当时他在韩国，我在浙江杭州。作为一篇报纸文章，那篇文稿篇幅不算短，几乎占了一个版面。遗憾的是，当时先生去世不久，对于与先生相关的一些话题的思考，大多才起了个头，萦绕于脑际心间，尚未清理了结，也就难以勉强下笔。再加上此间读到不少师友们有关先生的怀念文章，多受教益，其中一些感受观点与我同者不少，也就不想再多言。

但我一直不能忘怀的，是先生去世的那个夜晚。我接到炳辉电话告知之后，仓促从杭州赶到上海……直到忙完先生的告别事宜，已近10点，当时几位从外地赶来的同门师友都还没有吃晚饭，可医院旁边的“新亚大包”等馆子已经打烊，大家也就只能怏怏散去。这也让我当时真真切切地感受到，先生真是离开我们了。而我也将第一次度过十多年来的第一个没有了先生的上海之夜。

那种感受，迄今犹存。

一、更是精神界的战士，而不是所谓的“启蒙者”

无论是就年龄还是知识结构而言，先生那一代知识分子，都是五四新文化运动的产儿，他们也是在五四新思想、新文化的启蒙之下走上文学以及事业生活的道路的。“我是在五四文化精神哺育下长大的文学青年，当时有意识地继承和发扬五四文化密切联系社会人生的传统，在鲁迅开创的文学为人生且改造这人生的文化道路上前进。”（贾植芳:《我与社会学》）也因此，他们与五四精神之间的联系广泛而深刻，也要远远超出一般想象与印象。对于先生的认识与理解，自然要以他的存在为中心，与他那一代人的时代历史相关联，同时还得时常重返五四——那是一个历史的重要拐点与起点，一个曾经的思想与精神的高地，当然，那也是一种凭借着壮士断腕式的勇猛与顽强，向过去自我义无反顾地告别，甚至于不惜让共同的历史文化记忆就此瓦解断裂的坚毅与决绝——他们从五四而来，或者说在五四那里找到他们那一代人的来历，无论是思想上的，还是精神上的。不过，即便如此，先生还有他那些思想上的同道与精神上的盟友们，依然独立而坚强地直面了属于他们自己的历史的挑战与考验，而不是躲藏在五四的庇荫下面，更关键的是，他们中的不少人也经受住了考验。用先生自己的话说，“近百年来，在这种历史的震荡中，绝大多数知识分子以自己不同的人生理想和价值追求，走着各自不同内容和形式的生命之路。”“其间十三年，在苦海中浮沉，前后共二十五年。我走完了自己的苦难历程。值得安慰的是，我并没有失掉自我，我还是我，苦难反而深化了我对中国历史和现实的认识与思考，净化了我的灵魂。”（贾植芳:《我的人生档案·自序》）

有关先生个人与五四精神及五四新文化之间的关系，上述概括似乎已经很清楚了，但似乎又不尽然。如果只是循着上述概括的表面理解，先生及他那一代人与五四精神之间的关系，好像就是“启蒙”与“被启蒙”这样一种单向度的关系，并没有足够展示出他们为丰富和发展这种精神所做出的不容忽略的历史贡献，更没有昭示和突出他们为继承和捍卫这种精神所付出的巨大努力甚至牺牲。

40年代末期，是先生思想极为活跃且趋于一个稳定的高峰时期。此间的那些思想成果，既是他已经认同接受的五四思想的延续，更是他通过30年代、40年代自己的社会实践观察以及丰富深刻的体验并经过反复思考沉淀之后的结晶。这些成果不仅体现在此间他所编撰的《近代中国经济社会》以及翻译的《尼采传》《住宅问题》等著述中，亦体现在他根据自己的亲身体验所撰写的《人的证据》这一在国民党监狱中的纪实文学中。这些著述不仅反映出他对中国历史、社会以及政治、经济、革命等命题长期的综合思考，也反映出他对知识分子本身问题的反复思考与自我灵魂的不断拷问，包括对五四以来现代知识分子传统的进一步清理、确认以及在此基础之上的高扬和坚持。

如果说30年代的先生是在五四精神的感召之下初步确立了自己的人生观、世界观，并作为一个新文学青年和现代思想者开启了自己的人生的话，经过40年代动荡的时代、社会风雨的洗礼磨炼，40年代末的先生，应该说已经建构起来属于他自己的思想与精神生活的方式与方法，并爆发出了令人瞩目的思想活力与精神能量。

其中，对于知识分子自身命题的不断反思，几乎贯穿了先生的一生。这些反思，一方面表现在思想领域，另一方面则体现在生活实践层面，相较而言，40年代末期的反思较为集中且格外引人注目。在《旧时代的回忆和告别》[①]一文中，他毫不隐讳地指出：

> 这本书使我沉思再沉思——知识人的命运问题。在“不是跌

① 此文最初是作为译著《尼采传》的序文，后单独发表。

倒，就是站起来”的新的时代中，知识人精神上没有战斗和战斗不够的结果，在不是堕落（无耻和反动）就是疯狂（超越现实的孤傲和自满）的历史旋律中，这真是一种空前的战栗和激动。但是我们应该站起来或已然站起来了，我们应该做“没有恐惧的人”，“每个能在无论什么地方建立了一个新天堂的人，都是在他的那个自己的地狱中获得了精力的”，“生之悲剧是出自光明的精神”，这些英雄式的名言却一再启发了我，印证了我。

在这种较为纯粹的思想与精神生活中，先生对于尼采及其思想的解读阐发，并没有拘囿于原文本以及五四语境，而是充分地与他阅读与翻译的时代之间展开思想互动与精神对话：

当时在国民党专制统治下，国统区一片白色恐怖，没有言论自由，也没有独立思想的自由，知识界被笼罩在灰色情调之下，许多知识分子在看不到社会前途的遁词下，逃避着个人的战斗中责任、针对这种窒息沉闷的气氛，强调尼采的个人主义和英雄主义，也就是强调五四新文化运动的战斗传统，对于唤起知识分子内心深处的“人”的尊严，唤起他们的斗争精神和斗争热情，是有益的。

但是，在另一方面，更大的革命高潮正在迅速到来，追求革命的知识分子又必须放弃个人主义，将个人的整个身心都融汇到集体主义的更高奋斗原则中去。在革命的形势下，尼采的个人主义和英雄主义，又成为知识分子必须克服的习性。

社会生活经验以及民族国家现实的存在，在先生日常生活和思想生活中的地位与意义得到了充分重视和深切体会，而这一切，在书写层面，则是通过“监狱”这一现实生活与精神世界的双重意象来得以展示和完成的——在五四一代及后五四一代知识分子关于现代中国及中国人的文本叙述中，先生的“监狱”叙事，不仅有着特别的文学审美意义，更具有特殊的思想与精神价值以及丰富的现实内涵。这也是他丰富和发展五四精神的一个具体表现，是他作为一个精神界战士对于自我身份认同的不断努力、提升与实现及超越。

显然，“监狱”无论是在现实层面抑或精神生活中，都是先生作为一个精神界战士进行战斗的场域和防守反击的对象。“记得外国有个作家说过：一个人只要经过两种出生入死的境界的磨难，就可以获得自由了，这两种境界就是战争与监狱”（贾植芳：《世纪印象——一个老年人的自述》）。

事实上，深刻感受并透彻体会“监狱”在先生现实生活与精神世界里的双重存在，无疑是走进先生的情感生活、思想生活与精神生活的一把钥匙、一条通道，也是理解后五四一代人的历史无法回避的关键。

再说监狱，也是我人生旅途中的驿站。我从小习性顽劣，不肯安分守己，走上社会后又接受了知识分子理想和传统的蛊惑，总是拒绝走做太平世界的顺民的道路。所以，命运之神对我的顽劣给了针锋相对的报复：把我一次次投入了监狱……许多朋友在突然来临的灾难面前感到绝望，有的过早地去世，有的精神错乱了，我因为有了前面几次吃官司的经验，所以虽然在苦海里浮了

> 二十五年，还不至于被命运之神吓唬住，我还是我。但在铁窗里夜深人静的时候，每每扪心自问，也曾惶惑过：难道我这一辈子就是这么度过？监狱里的事情看得多了，人生的许多梦也做醒了，因而就像那位外国作家所说的，人就获得了自由。

“监狱”成了通往自由的必经之路。这是一种历史的悖论，还是现实的荒诞，抑或是更深刻的真理？

> 六点钟吃晚餐，我吃了一碗，这米饭是沙子、谷子、虫子一齐俱全，我这个没吃米饭习惯的北人，吃了半碗，我的精神已不那么恍惚了，我要在这里建筑我的新生活，保卫自己，住下去吧，在这个遍地苦难的时代，这毋宁是一种福气——做着这样的打算，我重重地叹了一口气，一口气吃了半碗饭，就鼓腹地靠在铺上，悠然地从窗户看着无云的秋空，没有什么悲苦……
>
> 黄昏降临以后，屋顶上那盏惨黄的小灯无聊地闪出光亮，起了风，市声嘹亮地闯进囚室里来，这是诱惑，是嘲笑，是鼓励，是打击……人们精神却混乱了，这是苏生一样的激动，一天又完了，明天……明天的观念，在人类中没有任何种人比囚人对这个观念强烈和固执。

上述这两段文字，出自先生《人的证据——在蒋匪特务机关监狱中的回忆》，时间是在1947年的夏末，地点是上海。也就是说，这是七十年前的上海一隅。七十年后的今天，当我坐在五角场附近的上海另一隅，再次读着上面的文字，真有一种恍若隔世之感，甚至产生一些极不真实的幻觉，说不清楚是我现在窗户外几乎静谧的空气让我感觉到不真实，还是七十年前的上海一隅的那一幕幕场景令人难以置信——那一切竟然就曾经真实地发生在我所在的上海。一种时空倒转甚至错乱的感觉……但这一切又都是真的。

《狱里狱外》无疑是先生最重要的著作，这不仅是他毕生思想与精神活动的结晶，更是他用生命和长期的常人难以承受的苦难换来的重要成果。同时，也是他40年代末的《人的证据》在表达方式和书写形式上的延续。他用这种自己当初并没有想到也不会想到的方式，将五四精神的战场，从课堂、书斋、报刊、著作这些现代知识分子擅长亦熟悉的领域，延伸扩展到了另一个陌生甚至让不少读书人多少有些畏惧的空间——监狱。

如果说五四一代启蒙知识分子曾经义无反顾地“肩起黑暗的闸门”，“放他们到宽阔光明的地方”，这种理想，显然在他们及后一代人身上并没有马上就成为现实。但作为“被解放的孩子”，先生与他的同代知识分子，同样义无反顾地承担起了历史的重担。对于这样一代新人，远在异域的一位诗人，曾经这样预见性地期待并歌颂过他们的异国同路人：

> 很快就不会有牧师了。他们的任务完成了。他们还可以再待一会儿……也许一代或两代……逐步退出。一种更优秀的人将取代他们……一群群的宇宙之灵和先知会整个地取代他们。一个新的阶层会兴起，那时他们会成为人类的牧师，而且每个人都成为自己的牧师。在他们庇荫下建筑起来的教堂是男人们和女人们的教堂。那些宇宙之灵和新型的诗人将由于他们自己的神性而成为

> 男人和女人以及一切事件和事物的解释者。他们会在今天的现实之物、过去和未来的征兆中找到他们的灵感……他们不屑于维护不朽或上帝，或事物与自由的至善至美，或灵魂的绝妙的美和真实。

这是美国诗人惠特曼的《草叶集》初版序言中的一段文字。它预言式地揭示了一种即将到来的精神生活的现实：美国人民将告别教堂里的牧师们来对他们进行精神启蒙的时代，他们将迎来“一种更优秀的人”，那不是一个两个人，而是一群群的“宇宙之灵”和“先知”，那是一个新的阶层，他们将拥有自己的文学和新型的诗人，那是“一切事件和事物的解释者”。但惠特曼并没有预见到的是，在中国，这样的“一种更优秀的人”，并非只是“一切事件和事物的解释者”，他们还必须是战士，不仅是精神界的战士，还得直面现实的风霜严寒。而他们所置身并面对的现实环境，也显然要比他们的美国同行更恶劣也更具有挑战性。

二、宽泛的左翼、同路人及其他

对于延安诗歌，我最先脱口而出的，大概是贺敬之的《我走在早晨的大路上》：“我走在早晨的大路上，我唱着属于这道路的歌。我跟着前面的人，后面的人跟着我。”这是当时不满二十岁的贺敬之奔赴到达延安之后，为那里“清新而自由”的空气感染所完成的一首充满了青春热力与信念的诗。十多年之后，贺敬之的另一首《回延安》，似乎比前面那首诗更广为人知。“几回回梦里回延安，双手搂定宝塔山。千声万声呼唤你，——母亲延安就在这里！”如果说《我走在早晨的大路上》时期的贺敬之，还只能算是“延安的事业”里刚加入其中的一个小兵和新兵，还在努力尝试着将自己所理解、所认同并选择的道路与事业，与“早晨的大路”和“延安的事业”合二为一的话，《回延安》时候的贺敬之，已经是一个经过风吹雨打锻炼长成的“老战士”了。他的道路、他的事业，早已经汇入到“早晨的大路”和“延安的事业”当中了，所以才会有《回延安》当中那自信而坚定的“共产主义路上大踏步走，光荣的延河还要在前头”的歌唱。这条文学青年的道路，在那个历史时期也很具有代表性。

> 我一生没有参加过任何政党，但我一生都有一个不安于现状的理想和目标，在我的前半生里，我曾经有过许多选择，但每到历史的关键时刻，我总是毫不犹豫地选择了自愿吃苦受难的道路……
>
> 我视新社会为自己的社会，视爱护它、保卫它为自己当然的责任。

上面这两段文字，都是先生所言所写。所表达的，也都是先生的“心声”乃至信念。如果因为先生在五十五年之后的苦难经历而片面地理解第一段文字，显然是忽略了第二段文字中先生视若信念的终身坚持。某种意义上，先生20世纪中期之后的苦难经历，恰恰是因为他践行了自己的信念而不是背离了自己的信念，“我视新社会为自己的社会，视爱护它、保卫它为自己当然的责任。”

而这也就产生了一个悖论：一个视新社会为自己的社会，视爱护它、保卫它为自己当然的责任的人，却在新社会遭遇到了如此惨重的

“惩罚”。究竟是新社会“惩罚”了先生，还是其他什么主体“惩罚”了先生？如果不是新社会“惩罚”了先生，那么，又究竟是什么人背离了新社会的理想与信念，对一个视爱护新社会、保卫新社会为自己当然的责任的人施以黑手和重手呢？从历史实践来看，这显然并非是一个轻易就能回答的问题。或许迄今对此仍有不同说法，但我可以肯定的是，对于新社会的爱护，先生并不逊色于那些自诩为保护者的人。

其实，对于上面这两段文字以及由此而引发的追问，最充分的阐释及回答，还是先生自己的文字。在《我的人生档案·自序》中，先生是这样写的：

> 解放初，即1950年秋，我就插队落户到大学当教授，虽然我生平未参加过任何党派，我们这一代在五四精神培育下走上人生道路的知识分子，在当时的历史条件下，既继承了传统儒家的“天下兴亡、匹夫有责”的历史使命感，投入救亡和社会改造的政治运动，同时也坚持了自己的独立人格和思想自由。我们这一代人的思想意识和生命追求，是在当时开放性的历史文化环境里，在中外文化交流、碰撞与融会的时代潮流下形成的。而我们这代知识分子的主流思想，是要使中国走向现代化的道路，就必须首先反对专制主义的传统政治体制，这也是五四运动的一面思想旗帜。因此，我在旧社会是一个反叛者，在各个历史时期都作为“政治犯”在监牢里进进出出，前后有三次之多。万万想不到，我们为之追求与奋斗并为之付出沉重的生命代价，梦寐以求的新社会来临以后，在农村包围城市的革命运动中，竟成为被改造与再

> 教育的对象……值得安慰的是，我并没有失掉自我，我还是我，苦难反而深化了我对中国历史和现实的认识与思考，净化了我的灵魂。[①]

上述这段文字，有段时间我曾反复阅读。当我准备写这篇文稿之时，首先想到的，也是先生这段文字，因为这段文字不仅仅揭示出了先生个人命运中令人扼腕叹息又颇为吊诡费解的一些历史悖论，而且还触及他那一代人思想的来历以及所属的精神谱系。尽管先生只将这一代人的思想来历追溯到五四，但前五四时期的晚清知识思想及文化精神场域的波澜壮阔与艰难曲折，某种程度上并不逊色于五四。尤其是先生在文中特别提示："我们这一代人的思想意识和生命追求，是在当时开放性的历史文化环境里，在中外文化交流、碰撞与融会的时代潮流下形成的。"在我看来，这段文字特别重要，也格外的意味深长。什么是"开放性的历史文化环境"？什么又是"中外文化交流、碰撞与融会的时代潮流"？这些只是历史的自然现象，还是一代又一代人的努力奋斗与奉献牺牲才赢得的"现实"？先生并没有明言，但慧心之人应该能不言自明。

晚清"西学东渐"，中国自此开启了延续至今的现代化进程。在此过程中，传统与现代之间的博弈交锋，很长一段时期是在外来与本土之间展开的，或者是以外来与本土的名义展开的。作为本土对于外来的一种回应，张之洞提出了"中学为体，西学为用"的调和策略，这种策略不仅为晚清朝廷所采纳奉行，之后在不少精英知识分子当中

① 这段文字，最初出自先生的《解冻时节》的序文。

亦相当盛行。但这种策略作为一种“政策”，随着清朝的灭亡以及帝制皇权的崩溃而烟消云散，但它作为一种思想学说以及一种个人文化立场乃至信仰，迄今仍有一定影响。30年代，曾有一些学者联名提出“中国本位的文化建设宣言”，遭遇到了五四新文化运动的发起人之一胡适的猛烈回击批判。胡适也就是在这一时期前后，将其在“新思潮的意义”一文中所提出的有关五四新文化运动的十六字主张“提出问题，输入学理，整理国故，再造文明”，扩展成为“我们对于近代西洋文明的态度”以及“充分的世界化与全盘西化”等文章中那些后来为人们所熟知的思想观点。

毫无疑问，胡适对于现代文学、现代教育、现代社会、现代政治以及现代文化和现代文明的思想，曾经是五四新文化运动中极富启发性和影响力的思想，后来也是中国现代思想中颇为重要的一条脉络。但它既不是五四新文化运动的全部，更不是中国现代思想的全部，这一点应该也是毫无疑问的。80年代前后，国内学界有学者曾提出，五四时期的中国现代思想，应该是由陈独秀等人为代表的激进主义、胡适等为代表的自由主义以及《学衡》等杂志所代表的保守主义共同建构而成的。撇开这种概括表述是否准确，有一点至少是可以肯定的，那就是上述思想观点主张彼此之间虽然互有攻讦批判，但彼此却又相互启发与相互补充，共同推进了现代中国知识分子对于中国的“现代化”内涵、方式与进程的想象及设计，这大概也就是先生所说的“开放性的历史文化环境”。此外，上述所谓激进主义、自由主义与保守主义，对于西方世界乃至整个人类文明的认识与理解，基本上都抱持着相当开放兼容的态度，并不故步自封，态度与立场上也并非为历史虚无主义或者极端民族主义，它们甚至分别对接并引进了外国思想史及政治运动史对传统文明及现代文明产生过或产生着重要影响的思想主张，并掀起推动了传统中国向现代中国的转型发展，这大概就是先生所说的“中外文化交流、碰撞与融会的时代潮流”。为什么先生要特别强调他的思想观点主张生成的“环境”与“潮流”的上述特点，在我看来，是因为后来这样的“环境”渐趋逼仄甚至紧张，而这样的“潮流”，似乎亦逐渐变成了“涓涓细流”甚至最终干涸断流了。先生从自己的经历中——不仅仅是他个人的苦难经历——感受最为深刻同时认识亦最为清晰彻底者，恐怕与上述这一“环境”一“潮流”在当代中国的改变不无关系。如果说先生的个人命运已经成为历史，既无人能复制也没有必要再去复制，先生对于中国社会个人思想形成的当代环境与思想潮流的生成机制的思考与忧虑，却是值得关注和深思的。

先生自认为鲁迅思想的传人，对此，他既不隐讳，亦终生奉行坚守。他说，自己当初流亡日本期间，在东京内山书店看到上海生活书店出版的《工作与学习丛刊》第一、二本。“第一本书名《二三事》，是以鲁迅先生的遗文为书名，第二本题名为《原野》，是以艾青译的比利时现代派诗人凡尔哈伦的诗作为书名。我从这个丛刊的撰稿人员阵容和编辑风格上感受到这是继承鲁迅先生开创的战斗的文学传统的严肃的左翼文学刊物，因此把自己来东京以后写的一篇以我的第一次监狱生活的人生感受为题材的小说《人的悲哀》投了稿。”这不仅是先生文学写作生涯在一个更高平台上的开始，也是先生自觉地选择自己的文学与思想道路的一次重要经验。

可以肯定的是，在先生的认识理解当中，鲁迅所代表的文学道路与文学思想，无疑是当时中国左翼文学最正确的道路与思想，而他所认识理解的“左翼”，也还是一个宽泛的“左翼”，是一个他自己尚可自由理解和阐释的“左翼”，还不是像后来那样只有一个来自官方权威解释的“左翼”。他将自己纳入其中并视之为其中一分子。仅就外表形式来看，这种选择与贺敬之“我走在早晨的道路上”中“我跟着前面的人，后面的人跟着我”似乎并无二致，但从后来历史的实际情况来看，两者之间是判然有别的。

无论是先生当初的道路与思想选择，还是后来对于道路与思想的坚持，他基本上都奉行坚守了“独立之精神”“自由之思想”的现代理想，而他前后长达二十五年的苦难遭际，归根结底也正是因为他依然坚守着这一信条且奉行不悖。在历史的进程中，当“宽泛的左翼”以及“同路人”等都已经丧失掉存在的现实可能之时，随之而面临挑战的，其实还有最初“宽泛的左翼”以及“同路人”之所以能够出现以及存在的环境与条件，即对于“独立之精神，自由之思想”的包容与接受，也就是先生所说的“开放性的环境”以及“中外文化交流、碰撞与融会的时代潮流”。历史绕了一个大圈，又重新回到了这一个点。在先生去世十周年之际，重新直面并反思这一点，也就是反思那一段历史——那不仅仅是先生一个人的历史，还是他那一代人的历史。

在这里，我又想到了美国诗人惠特曼，想到了19世纪上半期新英格兰的那种健康自然的个人主义，也想到了惠特曼的那首《不管你是谁——现在握紧我手的那个人》：

> 不管你是谁——现在握紧我手的那个人
> 少了一样东西，这一切全都是徒劳。

在你想进一步掌控我之前，我必须给你忠告，
我并非你想象的那种人，而且与之相差甚远。
谁又是那个将要跟随我的人呢？
谁又愿意承诺对我忠心不二？
那前面的道路还让人质疑，而那后面的结果也难以预料，
或许还会有毁灭之灾，
而你只有放弃一切，并将我作为你独一无二的标准。
可即便如此，你的适应期依然辛苦而漫长，
你过去全部的人生观，还有你对周遭生活的所有原则，
亦都得抛弃。
所以还是马上放开我的手吧，免得你招惹更多麻烦，
把你的手从我肩上挪开！
放下我，然后离开我，去走你自己的路。

显然，这是另外一个思想与精神谱系中的关于道路、同路人以及追随者的诗歌吟唱。在这首诗中，你所读出来的，也是这首诗最里面也最坚硬的思想与情感内核，与《我走在早晨的大路上》都显然有所不同。而我在经过多年思考了先生与胡风、与鲁迅以及与五四新文学和新文化的关系之后，最后又回到了先生有关他自己思想形成的那段话，还有就是惠特曼的这首诗。

三、“精神是生命的支柱”

在《王观堂先生挽词并序》一文中，陈寅恪对王国维的“自沉”，做出过颇具中华文化精神、情感及思维特色的解读，即“凡一种文化

值衰落之时，为此文化所化之人，必感苦痛，其表现此文化之程量愈宏，则其所受之苦痛亦愈甚；迨既达极深之度，殆非出于自杀无以求一己之心安而义尽也”。文中在提出了“为文化所化之人”这一概念的同时，还特别强调了“心安而义尽”的自我选择与自我归宿，所指也是一种特殊类型的人。在这一人物谱系当中，应该有为后人所熟知的屈原、司马迁、岳飞、文天祥……当然也有近现代之交的梁济、王国维。只是“国性不存，我生何用”一类的沉痛与慷慨，还是将他们隔在了一个曾经历史的中国，而现代中国所开启的事业与未来，不过才刚刚肇始，但他们似乎对此已经失去了期待与努力的信心和力量。与王国维颐和园内的“一死从容殉大伦”相比，梁济的《敬告世人书》，读之似乎更让人默然无语：

> 吾因身位清朝之末，故云殉清，其实非以清朝为本位，而以幼年所学为本位，吾国数千年先圣之伦理纲常，吾家先祖先父先母之遗传与教训，幼年所以对于世道有责任为主义，此主义深印于吾头脑中，即以此主义为本位，故不容不殉……效忠于一家一姓之义狭，效忠于世界之义广，鄙人虽为清朝而死，而自以为忠于世界。

毫无疑问，这种“国性不存，我生何用”一类的责问与践行，在传统文化语境中不难理解，但在现代思想语境中，却不免有些尴尬甚至于不合时宜。即便如此，这种行为背后所宣示的那种自我信念与自我坚守，却不能不说自有一种严肃、风范与意义在。

或许是感觉到《王观堂先生挽词并序》中对于王国维之死的阐释

“意犹未尽”，在《清华大学王观堂先生纪念碑铭》一文中，陈寅恪再次就王国维之死的意义与王国维思想学术所蕴涵昭示之精髓要义予以阐发：

> 士之读书治学，盖将以脱心志于俗谛之桎梏，真理因得以发扬。思想而不自由，毋宁死耳。斯古今仁圣同殉之精义，夫岂庸鄙之敢望。先生以一死见其独立自由之意志，非所论于一人之恩怨，一姓之兴亡。呜呼！树兹石于讲舍，系哀思而不忘。表哲人之奇节，诉真宰之茫茫。来世不可知者也，先生之著述，或有时而不彰。先生之学说，或有时而可商。唯此独立之精神，自由之思想，历千万祀，与天壤而同久，共三光而永光。

无论是梁济《敬告世人书》中的“国性不存，我生何用”，还是陈寅恪《王观堂先生挽词并序》中的“殆非出于自杀无以求一己之心安而义尽也”，这种情感方式与思维方式，似乎还是在将思想与精神主体存在的意义，与其所依附的对象客体合并成为一个“命运共同体”。在此巨大而久远的历史惯性之下而生成的两者之间“共生共死”的相互依存关系模式，确实塑造并见证了中华文化几千年的历史进程中士大夫阶级与知识分子阶层的精神人格与生活品格。而这种传统，在梁济、王国维的行为中也显然再次得到了体现，他们也用这种方式，从容而悲壮地继承并践行了中国知识分子对于责任、信念与担当的坚守。

但在《清华大学王观堂先生纪念碑铭》中，我们显然还听到了另外一种声音，“思想而不自由，毋宁死耳”，“先生之著述，或有时而不彰。先生之学说，或有时而可商。唯此独立之精神，自由之思想，历千万祀，与天壤而同久，共三光而永光。”这显然是从更现代也更富于个人主体性的角度来解读诠释王国维之死的思想精神意义的一种尝试，即便是为一种文化所化之人，依然可能为了“独立之精神，自由之思想”而“一死从容殉大伦”，只不过，这里的“大伦”，显然已经不是原来作为传统而存在的那种对象化的理念，而是精神主体本体之存在的“独立性”与“自主性”，以及对于“自由”原则永恒的追求与捍卫。

其实，从先生的一生尤其是20世纪中期以降的现实遭际来看，他的思想早已经从20世纪上半期的各种社会思潮与思想运动中解脱出来，五四对于他，也早已不再是一种思想文化运动，更是一种观察、思考和直面历史、社会、文化以及人性乃至国民性的立场与方法——与其说先生和他那一代人从五四那里直接继承了某些东西，还不如说他们从五四那里学会了观察与思考、承担与坚持、追求与超越。对此，先生亦早有解释：我们这代知识分子，在五四精神培养下迈入人生道路，生存于中国内忧外患的动荡年代，一方面追求人格独立、社会进步、精神自由的五四理想，另一方面又继承了传统文化中“天下兴亡、匹夫有责”的忧患意识，在红色的30年代，成为被公认为代表进步的左翼主流政治力量的“同路人”，这铸就了我们这代人独特的精神品格。（《贾植芳：《上海是个海——我在上海的生活史》）

这种独特的精神品格，自有另一种从容与镇定，另一种风范与境界，另一种意义与价值。它溯源于五四，锻炼铸就于20世纪中国历史的进程之中，同时并没有放弃中国知识分子历久弥新的社会担当与天下情怀。

在先生的回忆录中，我曾对他有关自己的“生活史”的回忆叙述特别关注过。先生有篇回忆文章《上海是个海——我在上海的生活史》，这也是先生的回忆录在叙述其思想史、人际交往史之外比较集中地叙述一个地方、一座城市。但与晚清王韬那种方志式的上海叙事方式明显不同的是，先生的上海，既是一个“有人”的上海，也是一个“有我”的上海。因为有人，所以上海不会是一座钢筋水泥或声光电化的空城；因为有我，所以上海不会是一座摩肩接踵又莫名其妙的“魔都”。上海对于先生，既是他文学创作、翻译编撰以及学术研究重新开启的地方，也是他展开生活当然又一度跌入生活最底层并饱受苦难的地方。

先生对于上海这座城市的叙事中，有两点格外引人注目，其一是他肯定“上海是中国知识分子大显身手的地方”，“在这里，传统的‘文人’慢慢摆脱了对官方的由人身到人格依附的附庸地位，而成为自食其力、具有独立人格的社会个体，这是一种历史进步的现象”。故在抗战之后先生亦辗转来到上海，准备在上海这个“文化大海”中一试身手；其二是他对自由自在的平民生活的珍惜与践行。“我不是一个愿意安坐于书斋写文章的书生，而是一个喜欢在人生之海中游泳的‘社会型’的人，我不愿有一个固定的职业，而想做一个来去自由的作家。”（贾植芳：《上海是一个海——我在上海的生活史》）

谁都知道，后来的历史证明，先生所向往的那种自由自在的生活，几乎自他来到上海那一刻起，就从不曾真正存在过；反倒是他为了成为能够“自食其力”“具有独立人格的社会个体”而付出了惨痛的生活的、事业的与人生的“代价”。这里不妨摘录几段有关先生在那个特殊时期的生活与自我存在状况的文字：

那时候我为自己定了一些规矩：平时我抽八分钱一包的“生产牌”香烟，每次挨批斗以后，我就花一角二分钱买一包“勇士牌”香烟；我一般只吃几分钱一顿的菜，每次挨斗之后，我就买一块一毛四分钱的大排或者一块一毛三分钱的大块肉吃，自己犒劳自己。

有时我利用到五角场买日用品、洗澡、理发的机会，到附近的小饭馆买上三两八分钱一两的土烧酒、两毛钱的猪头肉、半斤阳春面，为自己举行一场盛大的“宴会”。那时候，买食品都得凭粮票购买，我每月只有二十八斤粮票，干的却是重体力活，体力消耗相当大，所以每顿都能吃八两（这在我是此前、此后都没有过的饭量），每月的粮票都十分紧张，不够吃。那时候，没有人敢借给我一分钱，一两粮票，我像是生活在荒无人迹的孤岛上一样。

每次读到先生的回忆录中类似上面这样的叙述，我几乎都会莫名其妙地联想到梁济的“国性不存，我生何用”的沉痛责问，以及王国维的“殆非出于自杀无以求一已之心安而义尽也”的无路可走时的凝重，但上述文字中所透露出来的，又分明是不同于梁济、王国维的最终选择，而且我也知道，先生与梁济、王国维他们属于晚清以来知识分子大谱系中的不同类型，但究竟不同在何处，好像又说不出个所以然来。他们中间，不仅隔着一个五四。而不了解那段历史的残酷与黑暗的人，很有可能把先生的那些文字，仅仅视为一种雨过天晴之后的语言修辞，一种文人自嘲式的风雅，却不知那里面恰恰没有所谓的文人风雅，有的只是知识分子的风骨。

对于从那样的艰难中生活下来的依靠，雨过天晴之后，先生倒是说过这样一段话：

> 因为无书可看，我只能反复阅读列宁的《左倾幼稚病》《灾难年头的办法》等等。这些书给了我思考的材料以及新的启发，而思考使得我获得了新的勇气和力量，所以二十多年的重重苦难并没有压灭我的生命火焰，反而激发出我旺盛的生命活力。

可以肯定的是，监狱里或监管时期的那些阅读，当年一定给过濒临绝望中的先生以勇气和力量，但同样可以肯定的是，仅凭这些勇气和力量，要想挨过二十多年的苦难与无望的生活，显然是难以想象的，也是不可能的。

我一直觉得，先生身上有一种健康而自然的个人主义的特质，这种特质几乎不是来自于外部世界的任何一种思想本身，而是来自一种生命的自然与本性，它就是先生生命的本色。而抵抗生活的重重压力的依靠，就是这种本色所支撑的精神的风骨与硬度。

精神是生命的支撑！

谨以此文，纪念贾植芳先生去世十周年。

2017年7月14日至18日于沪上

沧溟何辽阔，龙性岂易驯

——琐记贾植芳先生

张新颖

一

贾植芳先生有一对闲章："洪宪生人""秦坑余民"。"秦坑余民"的意思不用说了，由此可知，这对闲章是先生历经那场大劫难之后所刻；"洪宪"是袁世凯称帝的年号，贾先生出生在1916年，也就是所谓的"洪宪"元年。这样一算，就快到先生的九十大寿了。之所以还要算一算，是因为平常确实习惯了先生的"年轻"，不特意去想，不觉得先生已经这样"老"了；再一算，我从入贾先生的门，到现在，也已经十五年了。

我能够成为贾先生的学生，说起来，多少得感谢年少时的任性。1989年上半年，我大学就要毕业，获得免试直升研究生的资格，我跟班主任李振声老师说，我要读贾先生的研究生。李老师很是赞同。但过了不久，李老师告诉我，贾先生年纪大了，不招硕士研究生了；接着，李老师又指点我说，你可以跟哪位、还有哪位老师读。我记得那是在东部宿舍的走廊里。我一急，就对李老师说，贾先生不招，我就不读了，我要去工作了。

那时候免试直升研究生的名额很少，我这样的反应，大概李老师也没想到。不过我敢在他面前发这样的坏脾气，也是他四年来纵容和偏爱的结果。这一来，他也和我一样急起来。于是，有一天晚上，他带我去见贾先生。

为什么一定要读贾先生的研究生，到现在，我也不能很好地回答这个问题；其实在那之前，我只见过贾先生一次。那次是北京大学的王瑶先生来，在第四教学楼有个讲座，贾先生是主人，陪坐在讲台上。现代文学研究界的这两位山西老乡坐在一起，是很有意思的。王先生抽烟斗，贾先生抽纸烟。我对贾先生的第一个印象就是，吸烟的频率极快，而且是抽完一支，接着就点上另一支，我注意到，那天贾先生抽的是黄盒子的凤凰烟。后来我常常听到贾先生向人谈“养生”经验，宣扬的是王瑶先生的观点：一不戒烟，二不戒酒，三不锻炼。但那天的讲座上贾先生讲了什么话，王瑶先生谈了些什么，却全忘记了，或者当时就没听清，贾先生的话难懂，王瑶先生的话或许不那么难懂，但在大教室里，人多，就显得声音轻，我坐得不够靠前，听起来吃力。

李老师带我去见贾先生，我心里非常紧张，紧张的是我不知道该说什么话。等我在贾先生的书房里坐了五分钟之后，这种紧张就没有了。我还是不知道该说什么话，但这根本就不是个问题，先生滔滔不绝，而且妙趣横生，用不着我这样不会说话的人多开口。

从先生家里出来，我的心踏实下来，我甚至注意到第九宿舍里的树、房屋和它们在月光下的投影。事情就这样发生了转机，我如愿成了贾先生的学生，而且由贾先生和陈思和老师合带，也因此成了陈老师的第一个研究生。

那年暑假，我带着贾先生推荐给我读的几本比较文学方面的书，回到老家。我坐在小板凳上读一本英文版的厚厚的比较文学早期论文集，母亲问，读得懂吗？其实是读不大懂的，我却含含糊糊地回答母亲。那时候心里有一种奇异的宁静，又有一种对即将展开的世界的宁静的渴望，就这样，在北方夏天凉爽的风中，把这本读不大懂的书一页一页地读了下去。

过完暑假，我才正式成为贾先生的学生。

二

如果按照现在的讲课方式来说，在我全部的读研究生期间，先生就没有给我讲过一次课。先生的方式就是坐在书房兼客厅里聊天。聊什么呢？没有限定。这位瘦小的老人，能够让你充分感受海阔天空和人事沧桑。你在这里学习历史和认识社会，全是通过具体可感的形式。这个房间里常常爆发出笑声，那一定是先生特有的幽默引起的。这里形成了一种特别的氛围，吸引着各不相同的人。很长一段时间，我们会固定在每个星期五中午到先生家里，称为“星期五聚餐会”，节日一般。这个“我们”，由不同“辈分”的人组成，有老师，有师兄，我是最后的一个，直到又有比我后来的人加入进来。

在贾先生的书房兼客厅里，你不知道会碰上怎样的人和事。有一阵，大概90年代初的那两三年，我经常碰见高晓声。我常在贾先生家里蹭饭，高晓声呢，印象里也多是在吃饭的时候来，背着个包，路过上海，不必事先打招呼，就进家了。有一次中文系请高晓声住在复旦讲课，高晓声不愿吃安排好的公饭，总到贾先生家里喝酒。

贾先生和高晓声是一对奇特的朋友。两人一见面，就有很多话要说，都说得很兴奋；但是他们两个人其实都听不大懂对方的话。贾先生山西音，高晓声常州腔，都没被普通话“驯服”过来。如果还有别人坐在那里，这个人就成了他们两位各自的听众，兼他们之间的翻译。

高晓声见贾先生说得乐不可支，就问我说的是什么。我说，贾先生讲，您好酒，有一天晚上喝多了，回复旦招待所，半夜里同屋的人醒来发现床上人不见了，起来找，才发现躺在洗手间，爬不起来。原来是摔了一跤。连夜送到长海医院，一检查，摔断了两根肋骨。

高晓声急忙否认，说，那是贾先生瞎编的。

见我不信，他就自问自答：“贾先生为什么要瞎编呢？因为贾先生自己喜欢酒，有一次喝醉了，走到大街上，结果撞上了自行车，撞断了腿，在长海医院住了好长时间。他不好意思，所以要编我醉酒的故事。”

说完，高晓声也乐得大笑起来。

贾先生被自行车撞断腿住院的事我知道，这个原因倒真是高晓声瞎编的。其实是一个青年喝多了酒骑自行车，撞上了贾先生。贾先生被撞得住院，却不追究这个青年的任何责任（先生说因为他并不是有意的），这也就难怪，这个“肇事者”，后来也成了出入贾先生家里的客人。

三

贾先生平易、风趣，就我所见，他的书房是欢声笑语最多的书房；但我所说的特别的氛围，还不仅仅就是这些。有人赞美先生的达观，以为先生历经劫难之后，什么都“想开了”，其实是错的。先生的认真和坚持，是骨子里的东西，八十岁时先生写自寿联，上一句就是“脱胎未换骨”。

就说我们这些学生，在贾先生那里完全可以无拘无束，贾先生自己也不讲究形式，但其实，贾先生是有他的要求的，做人上的要求，学业上的要求。这些要求就在那些随意的聊天中透露出来，就在他自己的日常行为中暗示出来。这些要求，不刻板，不是条条框框，在精神上却不能不说是严格的；同时，又因为是在开阔的境界里，虽然严格，却不死板，反而能够激发和唤起人的潜能。

从南区到贾先生家的路太近了，我两三天去一次，有的时候天天去，甚至一天去两次。我好像没有什么问题要向先生请教，但也可以说，那时的我也正经历着精神上的困惑和苦恼。这种困惑和苦恼说不清楚是什么，可它又确实在那里；我甚至想说，这样的困惑和苦恼不只是我一个人的，跟我差不多年龄和经历的人或多或少都有。大学毕业的夏天，火车站“一场游戏一场梦”的歌哭之后，同学们风流云散；和我一起读研究生的同学，到崇明岛农场去割稻子，要劳动一年以后才回来。我因为读的专业是比较文学，属于外语类，上面说是学外语的不能中断，中断就都忘了，所以不用去劳动。我住在南区空空荡荡的十四号楼里，每天自己读书，一个人吃饭，再就是，去贾先生家。坐在先生书房的沙发上，听先生讲历史和现实，讲他自己的传奇经历，讲他所遇到的形形色色的人和奇奇怪怪的事，讲写书编书译书（先生认为，这是一个学者应该具备的基本技能），讲社会新闻，讲潮流风尚，不知不觉中，心就安静下来，坚定起来。我的困惑和苦恼也慢慢地化解于无形之中，又在无形中培育起新的精神力量。

在贾先生的日记里，我看到这样一段话："下午，张新颖来替我整理堆在地上的旧杂志，做了一些剔除，只保留一些有专业学术价值和文献价值的东西，剔下来的东西预备作废纸卖掉。他晚饭后别去。和他谈了我们这一代知识分子的人生追求和生活道路，作为他们青年一代的历史参照。"（1990年12月26日）最后这一句的郑重其事，在多年后的今天读到，仍然令我心里一凛。

就这样，去贾先生家成了习惯。最频繁的时期，是在研究生快要毕业的时候。那时候，原定的工作突然没了，仓促间要找一个新单位。先生很着急，四处托人。去先生家，不仅是因为这件具体的事情，还因为，在受挫的时候，习惯更加强了。

后来，在《文汇报》工作那四年，离开了学校，却没有从先生身边离开。先生送我一本英文版的德国传记名家艾米尔·路德维希的《人之子》，希望我把他翻译出来。这本书先生年轻的时候读过，对它很有感情。我就在工作的间隙，在一个近二十人共用的大办公室里，断断续续完成了翻译。我把这本书的翻译看成是我自己工作那段时间的一个纪念，更把它看成是受教于先生的一个纪念。

四

在贾先生家里听他谈话，师母常常坐在一旁，插几句。不知从什么时候开始，师母开始持续地写东西，从卧室开着的门可以看到她伏在靠窗的桌子前，听到人来了，就放下笔，走到书房里招呼。先生就说，老太太在写回忆录呢。师母话不多，等我抄写这部回忆录时，才完整地了解了师母流放青海和在山西二十余年的情形。这就是后来发表的《流放手记》。

每想到师母，就一定同时想起先生叫师母的声音。那是在各种不同情形中的声音。譬如一起出去散步，如果还有其他的人分别陪着先生和师母，先生走着走着就到前头去了，他走路快，慢不下来，却会突然停住，转过身来，喊，任敏，任敏；譬如在书房里坐着，喝了一口茶，就说，“任敏，任敏，喝茶”，同时把杯子递过去。1997年10月之后，先生叫任敏任敏的声音，就只能在师母的病床前了。

2002年那一年，我在韩国。11月的一天，突然收到师母去世的消息。我想象不出贾先生会怎样承受这一打击，虽然我知道先生的坚毅，但我也同样知道先生和师母相濡以沫、相敬相爱的高贵感情。

我给先生打电话。直到电话拨通，我仍然没有想出什么话来安慰先生。先生听到是我，就说，老太太昨天去了。先生跟我讲师母去世时的情况，我怔怔地说不出话来。先生又跟我说，你一个人在外面，要当心身体，要吃好饭。先生还特意说，今天的《文汇报》上有你一篇文章。

放下电话，我一个人呆呆地在房间里坐了整整一个下午，直到暮色四起，窗外的灯光亮起来。

五

胡风在漫长的牢狱生涯中想念友人，写《百花赞》——因为没有纸笔，其实不能叫作“写”，只能是“吟”，储存在记忆里。其中《酒醉花赞——怀贾植芳》后来凭记忆写出，共十首，开题句是“酒醉花无忌，常披急义心”，第一首是总括，后面九首从贾先生各个时期的经历和追求刻画他的壮气豪情和丹心赤胆。第一首，贾先生的精神气质和人格特征就跃然而出：

能生师侠盗，敢死学哀兵。
懒测皇天阔，难疑厚土深。
欣夸煤发火，耻赞水成冰。
大笑嗤奸佞，高声论古今。

就从这篇《酒醉花赞》，也可见出有着生死情谊的两个人之间的深刻理解。胡风诗中的贾先生的形象，和20世纪中国社会的复杂变动联系在一起，突出了一个人大义凛然、能生敢死的勇者气概。我在这些年的平常日子里听贾先生谈话，看他做事，表面上似乎这样的年代没有那种危急时刻的选择和行为了，我却依然感受到胡风诗的真切：贾先生还是那个样子。只是，我更多地从细小的事情上感受着一个丰富的人格。

两年前的一天晚上，和贾先生一起在外面吃饭，贾先生见了我三岁的儿子，称他为张先生，晚饭后要给张先生买糖吃。这个小家伙本来谁都领不走，一听要买好吃的好玩的，就乖乖地跟着老公公走了。

但不巧，因为太晚了，没有买到小家伙想要的那种又好玩又好吃的糖。

第二天，贾先生让家里人打电话，叫我去一趟。我还以为有什么事。原来是先生买好了给张先生的东西。

我说，小孩子没记性，早就忘了有这回事。

先生很认真地说："不，不，答应小孩子的事情，就一定要做到。"

六

去年，在八十八岁的寿宴上，贾先生很动情地说，我十三岁离家，家庭观念淡，朋友观念深。先生叛离家庭，为追求而东奔西走，浪迹江湖，从精神上讲，是五四新文化的儿子。这条精神血脉形成了贾先生的人格，也影响了他的命运。

胡风集团案刚平反不久，有一天陈思和老师去贾先生家，碰上先生的很多朋友聚会，神色庄重。等他们散后，先生问陈老师："今天是什么日子？"

原来那天是鲁迅的生日。

先生说，他们一些朋友，在50年代，每逢鲁迅的生日都会聚在一起。

经历了二十多年的灾难，他们刚刚获得自由，首先就恢复了这样一个近似仪式的传统习惯。

贾先生属龙，这个属相和他的性格与命运是否有什么关系，我不清楚；但先生的龙属相使我自然想到新文化英雄陈独秀的两句诗，是他多遭磨难、1937年出狱后所写："沧溟何辽阔，龙性岂易驯。"

贾先生的"脱胎未换骨"，不就是一脉相承？

2004年8月4日

缅怀贾植芳先生对中国比较文学的贡献

宋炳辉[①]

20世纪的中国经历了各种风暴和变迁，人称“硬骨头教授”的贾先生，作为中国现代知识分子命运的一个缩影，更是一生坎坷。自少年时代起他就参加学生爱国运动，负笈东洋后，又经受了战争的洗礼、牢狱的折磨和各种政治打击，可谓九死一生。他担当过学生、军人、作家、记者、编辑、教师等社会角色，先后被许多种政治势力当作敌人对待，但更被人当作侠肝义胆的朋友和宽厚尊敬的师长——他的侠义和豪情是许多不同年龄的人所公认的。胡风在狱中写下的《酒醉花赞——怀贾植芳》一诗里，称他“酒醉花无忌，长披急义心”“大笑嗤奸佞，高声论古今”，是其人格形象的精辟概括。先生那传奇般的人生，不仅对普通读者有一种特殊的魅力；他屡经战火与牢狱的磨砺，生命却仍然如此强韧、乐观和通透，更显示了一种人格力量。

①宋炳辉，上海外国语大学文学研究院教授。

先生虽然经历了各种今天难以想象的历史和生活场景，但他从来不是社会和历史的看客，无论是战场、监狱还是校园、书斋，他始终关注着民族和历史的命运，并全身心地投入其中。一个民族的文化血脉和知识传统需要薪尽火传、代代相递，先生在五四文化的启蒙中睁开双眼，并以伟大的鲁迅为精神楷模，在鲁迅开创的文化和文学传统中确立自己的人生目标和岗位意识，终身坚守，矢志不移。在先生身上，体现了中国现代知识分子可贵的精神传统。

先生复出后，一方面主持复旦大学中国现当代文学学科，呼吁学界“从清理重灾区入手”，积极倡导和践行现代文学史料的整理工作；另一方面与施蛰存、杨周翰、季羡林等学者一道，积极倡导和开拓中国比较文学学科，特别注重中外文学关系资料的发掘、编辑和整理，在近现代中外文学关系领域取得了重要学术成就。先后出版了《狱里狱外》(1995)、《暮年杂笔》(1998)、《历史的背面》(1998)、《贾植芳文集》(四卷本)等著作，发表了一系列比较文学和现代文学论文；同时不遗余力地奖掖后进，通过序跋等方式，表达对于比较文学和中外文学关系研究的关注和肯定，为新时期中国比较文学的复兴和学科建设做出了杰出贡献。

作为一个集现代知名作家、翻译家和学者于一身的知识分子，先生所具有的魅力是相当丰富和复杂的。而作为一个学者，他广泛涉猎中国现当代文学、通俗文艺学、外国文学和比较文学等多个学科，尤其在中国现代文学和比较文学学科领域做出了杰出贡献。自五四新文学时期比较文学学术观念开始被介绍到中国之后，先后有20年代的章锡琛和吴宓，三四十年代的傅东华、戴望舒、闻一多、朱自清、刘西渭、钱锺书、朱光潜、杨宪益、李长之和范存忠等学者，持续介绍国外比较文学学科的进展并积极开拓研究实践。50年代之后，因苏联文艺思潮的影响和极左政治的压制，学科发展出现明显的萎缩和断裂，所幸仍有《管锥编》这样的鸿篇巨著的问世，还维系着这一学科的血脉。到新时期，中国比较文学面临了一次新的复兴和发展机遇。作为中国比较文学学会创会副会长和名誉会长、上海比较文学研究会创会会长，先生与季羡林、杨周翰等学者一起，积极倡导比较文学研究和学科建设，其奠基和开拓之功已经成为学科发展历史不可分割的一部分。同时，他在比较文学学科理论，特别是中外文学关系研究领域的具体实践，也是中国比较文学一笔丰厚的财富。它产生于20世纪中国独特的文化现实，又与先生的人生历程、生命体验和精神探索紧密相连。

贾先生继承了由鲁迅开创（胡风以某种方式继承）的传统，积极投身现代社会生活实践，以强烈的主体实践精神参与包括政治、军事、文化和文学在内的活动，将独立的人格追求和民族国家的独立、文化文学复兴的使命感紧密结合在一起，从而使他后来在比较文学学术上的追求，具有强有力的主体实践性和创造意识。他曾反复申明："我是在五四文化精神哺育下长大的文学青年，是有意识地继承和发扬五四文化密切联系社会人生的传统，在鲁迅开创的文学为人生且改造这人生的文学道路上前进……对于中国社会的历史、现状、性质、结构和组织机制等，我始终保持着不竭的探讨热望，并积极主动地介入社会现实生活。"学问之道，不仅是一个认识论的过程，更是一种践行，一个实践过程。实践之知有别于理论之知和技术之知，它直接以"生活世界"为对象，实际上涉及了一切科学，包括自然科学的前提和基础，使得科学的自我理解得以回到最终的依据，在这个意义上，实践哲学是人文科学的基础和前提，也是其最终的理想。同样，比较文学不仅是一个学问体系，也是一种实践认知方式，是体与知的结合，只有突破主客二分的思维模式，才能使比较文学这个“外来”的学科门类，真正在中国这一具有古老传统的文化中生根开花，使比较文学的学术成就，真正参与到本土文化的创造和发展之中。先生的学术精神，值得我们记取。

作为一个人文学者，先生有着社会学、政治学、经济学和文学等多学科的背景。他早年留学日本，在东京帝国大学学习社会学，对西方现代社会和政治学的发展和30年代初中国社会性质问题的论争十分关注，按说这才是他的“专业”。抗战结束后，他还翻译过德国社会学家魏特夫的《中国的经济和社会》，又有专著《中国近代经济社会》（之前还曾着手写作《中国现代军阀论》一书，书未完稿即被国民党军统缉捕入狱）、译著《住宅问题》（恩格斯著）和《人民民主主义的长成与发展》等论著为证。虽说在20世纪80年代之前，先生不曾料到自己会成为一个比较文学学者，但他的多学科的学术素养和背景，在客观上养成了其跨学科、跨民族和跨文化的眼光，正好与比较文学学科形成契合。不仅如此，即便从文学角度来看，先生自中学时代发表文学作品起，笔耕不辍，长期的写作实践是其后来从事文学研究的一种经验积累。同时，他虽然对五四以来新文学投注很大的热情，但也广泛涉猎传统文学，还对通俗文学有着持久的兴趣，直到晚年还积极倡导通俗文艺的研究，创立了上海通俗文艺研究会，发掘出版被长期遗忘的《亭子间嫂嫂》等现代通俗文学作品。这果然与他的社会学兴趣和对现实的热切关注紧密相关，但同时也体现了其通达、多元的文学观念（这与他的朋友胡风不同，而他的这一学术精神，终于在他的学生范伯群及其再传弟子那里结出硕果)，这在相当程度上弥补了五四新文学对于通俗文学的某些偏见。另外，先生对外国文学特别是俄罗斯和日本文学的长期阅读、翻译和研究，逐渐形成了其开阔的世界文学视野。新中国成立后，先生从震旦到复旦，为中文系学生讲授西方文学、俄苏文学、写作和中国现代文学四门课程，开始其大学执教生涯；先后出版了《契诃夫的戏剧艺术》《契诃夫手记》和《俄国文学研究》等译著。所有这些，都为先生在复出后从事比较文学研究，在知识背景、学科意识、学术问题意识等方面奠定了坚实的基础，终于使其对中国比较文学的复兴做出重要的贡献，成为中国比较文学学科建设的一位重要奠基者和开拓者。

先生对中国比较文学最突出的贡献，表现在中外文学关系研究方面。作为比较文学与中国文学研究的交叉领域，先生一再强调这一领域有待开掘的学术价值，而他的比较文学研究，也总是与近代以来中国文学进程的研究相结合。他充分肯定外来文学思潮对于中国现代文学发生发展的意义，认为“开放与交流”是比较文学的学科特色，同样也是中国现代文学区别于古典文学的最鲜明的特征。“中国现代文学是在猛烈地批判封建复古和排外倾向的同时，广泛而自觉地吸取外来的先进文艺思潮和创作流派的情况下，发生发展起来的。这个我国现代文学和外国文学的关系和影响问题，就是我国现代文学区别于古典文学的一个标志，也是现代文学史研究工作的一个重要课题”，而新文学“开创和建设者们都是从翻译介绍和研究外国文学开始自己的文学事业的”。(《中国新文学作家与外国文学的关系：以茅盾为例》)因此，“产生于世界无产阶级革命与民族民主革命运动风起云涌的年代中的中国现代文学，一开始就具有重要的世界性意义。正像我国的古典文学曾经对世界文学的总体构成产生过重大影响和做出了巨大贡献一样，我国的现代文学是世界现代文学总体构成中的一个重要组成部分。这不仅表现为它曾经以拿来主义的态度接受过马克思主义与其他外来思潮、理论和文学样式，同时还表现为它以辉煌的文学成就向世界宣告了一个古老文明在文化上的新生。”（《博采众长，以酿己蜜——海外中国现代文学研究译丛总序》）这不仅明确了中国现代文学在世界文学中的历史定位，而且指出中国文学并非单纯的接受外来影响的产物，它的独创性和新生的价值已经成为现代世界文学不可或缺的一部分。对中国文学和文化之外来影响的承认，在今天已成一个当然的事实，但在当时则不仅需要思想的解放，更需要学术上的胆识与勇气。

为此，先生一方面在中国文学研究中倡导现代文学与古典文学的比较研究，同时，积极倡导对于外来文学理论思潮的历史性还原，开拓比较文学的中外文学关系研究。他主持了20世纪中外文学关系史料的发掘和整理工作，主持编辑出版了大型资料丛书《中国现代文学史参考资料》《中国近代文学大系》和《中国现代文学研究译丛》，先后主编了《外来思潮和理论对中国现代文学的影响资料》《巴金研究资料》《赵树理专集》《闻捷专集》《文学研究会资料》《巴金写作生涯》《巴金作品评论集》《中国现代文学词典》和《中国现代文学总书目》等学术著作等研究丛书，在编辑过程中，将外来文学思潮和翻译文学作为贯穿其中的重要部分，并多次撰文申述中外文学关系在国别文学和中国比较文学研究中的突出意义，明确指出其作为中国比较文学独特性体现的重要性。尽管先生没有大部头的比较文学论著，但他通过独特的方式，表达了他对于这个学科的精辟识见。除了在为中青年学者的比较文学著作所做的序文中提出他的学术主张外，他还在《中国比较文学研究的过去、现在和将来》《比较文学的由来和发展》《中国现代文学与传统文学》《中国新文学作家与外国文学的关系——以茅盾为例》等一系列论文中，借助于某些专题的研究提出自己的学术观点。其中《中国近现代留日学生与中国新文学运动》一文是特别典型的一例。

1990年10月，七十五岁的先生应母校东京日本大学文理学部的邀请，赴阔别半个多世纪的日本做为期三周的学术访问，先后在东京大学、一桥大学、横滨大学、神户大学、东京都立大学、日本大学社会学部和文学部做了题为《我和社会学》《关于胡风的文艺思想》《我与胡风先生的交游史》《六十年来中国现代文学史研究一瞥》《十年来中国小说之发达》等学术报告。其中，关于“中国留日学生与中国现代文学”作为最重要的题目而讲演多次。同时，古稀之年的先生当时正酝酿着回忆录的写作。对自身命运的反思和日本之行感受，引发他对于近代留日学生与中国新文学运动之关系的思考。回到国内后不久，他很快便在演讲稿的基础上进一步撰写成文，并以《中国留日学生与中国现代文学》为题发表于《中国比较文学》1991年第1期。1996年3月，为参加台北召开的“百年来中国文学学术研讨会”，先生又在该文基础上进行较大修改，并向大会提交了题为《中国近现代留日学生与中国新文学运动》修改稿，该文不久又发表于“台北《中央日报》”。

今天看来，这篇文章是先生文化实践与学术一体化的典型体现。先生在文章中从中国新文化运动的发生发展与海外留学生运动之关系、中日两国交往密切关系和悠久历史、中日现代化的进程的比较等等开阔的视野中，对近现代留日学生在新文学运动中所发挥的具体作用展开多方面、多层次的论述。不仅论述视野开阔，在论述方法和展开方式上，也不拘于某种理论，虽说所用的大致属于社会历史研究方法，并无展开详细的创作文本剖析，但即使是简要的述及都十分贴切，尤其是从《留东外史》等通俗文学作品中引出论述思路，别出新意，举重若轻，至今仍是相关研究中无法绕过的成就，而且对中外文学关系研究有着启发和示范意义。

作为一个从传统体制和文化中反叛出来的现代知识分子，先生历经漂泊和磨难，终于在其生命的最后三十年里，以一个“七月派”知名作家的身份，在大学的文学教育和学术研究中确立了自己的岗位，成为一个比较文学和中国现代文学的成就卓著的学者。

他不仅对中国比较文学学会和上海比较文学学会的创立具有筚路蓝缕之功，也是《中国比较文学》杂志创刊者之一，并为杂志的最初出版做出了关键性的努力。在之后的二十多年里，始终一贯地关注着期刊的发展，即使在其退休之后的晚年，仍为这份国内唯一公开发行的比较文学专业学术期刊倾注着心力。作为复旦大学中国现代文学和比较文学与世界文学两个学科的创立者，先生自1981年起招收比较文学专业研究生和出国预备生，使复旦大学与北京大学一起成为国内首批具有比较文学硕士学位授予权的教学单位。几十年来，他同时在这两个领域培养了几代优秀的学生，他们中的许多人已经成为国内学术中坚。而作为中国比较文学复兴和学科建设的倡导者和奠基者之一，他的影响所及则远非限于面授的学生弟子。

对于先生为我们留下的精神财富，思和老师的挽联有很精彩的概括：

由胡风追鲁迅，冷眉横世热肠扶颠，聚悲智良心傲骨侠胆为一腔正气；

从社会进书斋，大写做人中道敷文，融创作翻译学术育才开八方来风。

先生一生坎坷多难，却又从不放弃对命运的抗争；他并不将自己的人生限制于学院学术，相反，他一生的文化和学术活动开始于对广泛的民族独立和现代化的社会斗争实践。这种对于当代民族文化身体力行的实践精神，在他后来所从事的文学学术活动中获得多方面的体现。在他看来，比较文学与中国现当代文学等其他学科一样，它不只是一个学问体系，一个认识论过程，它的学术展开同时是一种由主体参与其中的文化实践；他的文化学术活动兼及政治经济学、社会学和文学等多个领域，在文学内部他又是从文学创作实践转入学术研究，因此不仅熔铸了创作和研究的双重经验，而且从来就具有兼容古今、涵摄中外、并包雅俗的包容、通达的文学观念以及广阔的学术视野。

自贾先生离开我们，时间已过了整整十年。

十年后的时代和这个时代的学术，表面看来的确发生了很多变化，有的变化甚至是十年前很难想象的，热闹和繁荣的背后，隐藏或者暴露了很多问题。也许，回忆贾先生的学术贡献，单单挑出比较文学来说，本身就说明我自己的局限。但很可能不仅仅是我个人的局限，这是很要命的问题，也是我们怀念先生，从先生那里获取启示和力量的理由。

监狱叙事与人学话语

——论贾植芳的文学创作

文贵良[1]

引言

作为“火凤凰”丛书之一的《狱里狱外》是这样结尾的：

> 我一生四次从监狱里走出来，都是处于风雨骤变的年代。1936年出狱，一年以后爆发了全面抗战；1945年8月第二次出狱，正是日本侵略军宣布投降的翌日；1948年第三次出狱，一年以后国民党就在大陆垮台；1966年5月第四次出狱时，一场史无前例的“文化大革命”即将爆发，中国将再度陷入大浩劫之中，我也又一次被抛进了受苦受难的茫茫苦海。[2]

① 文贵良，华东师范大学中文系教授。

②贾植芳：《狱里狱外》，上海远东出版社1996年版，第192页。

贾植芳写这段话来总结自己的人生经历时已经八十岁。这段话的睿智在于，它显示出贾植芳的生命历程的拐弯，与中国时代的大拐弯紧密相连，个人的命运与时代的命运息息相关，并且他的监狱生涯成为拐点。他1936年二十岁从国民党的监狱出来，至1966年从新中国的监狱出来的四次监狱生活，跨越他人生的青壮年时期，而中国也将经历抗战、内战、新中国的成立以及“文化大革命”的发生等重大转型。从这点看，也印证了贾植芳自己所说的“个人的命运总是与时代休戚相关”[①]和他是社会中人的观点。

贾植芳在“文”与“行”的选择中，“行”往往先于“文”。他常常称自己是社会中人，并非纯粹的文学家和学术家，文学写作受人生选择的引导。“我不大相信文字。”[②]贾植芳不仅不大相信文字（历史叙述）的真实性，而且不重视书写这一行为的意义。他要的是一种“人生的主人”[③]，即想做行动的主人。人生也好，历史也好，在贾植芳的话语里，都要在滚烫的现实生活中才能被感知，才能立起来。“能和世界一起痛苦的人，是最伟大的人。这痛苦包涵了创造和斗争意义。”[④]“文学，一定得赌着自己的生命。”[⑤]“打倒生命平凡！”[⑥]诚然如此，作为文学家的贾植芳仍然具有与社会人的贾植芳不同的意义，即他不仅仅是一个被叙述者，而且是一个叙述者。他用文学创作讲述

① 贾植芳：《狱里狱外》，第1页。

②③ 贾植芳：《沉闷期的断想》；载于《贾植芳文集·创作卷》，上海社会科学院出版社2004年版，第103页。

④ 同②，第104页。

⑤ 同②，第105页。

⑥ 同②，第106页。

自己的人生选择，从而使得人的主体性得以绽放。今天我得以研究贾植芳，不是从被讲述的贾植芳开始，而是从讲述的贾植芳开始，即从他的文学创作开始。

虽然贾植芳的文学创作并不丰富，但有自己的特色。钱理群以贾植芳小说创作和发表的故事线索以及对贾植芳小说文本的敏锐分析，把贾植芳的创作与精神通过胡风这个中介而上追鲁迅。贾植芳小说对20世纪40年代末的国统区的社会基础以及道德原则进行了无情的揭露与批判。[①]我认为贾植芳的文学创作与他的人生道路一样，都与监狱有关。他《人的悲哀》所写的“我”就是一个刚刚从监狱中出来找生活的人，这仿佛是一个预示：他的创作与监狱将密切相关。《人的证据》直接记录他在亚尔培路二号的监狱生活，《人的斗争》转述他人的监狱生活。《狱里狱外》则以回忆自己作为胡风冤案的受害者的经历为主，贯穿了前前后后的人生故事。因此，贾植芳的文学创作描写的两极是监狱和人，如果从场域的视角来描述就是“狱里狱外的人”或“进出监狱的人”，从而使得他的文学创作成为独特的监狱叙事。

贾植芳的监狱叙事，早已经引起学者的关注。祝勇认为贾植芳“把监狱视作洞察时代的好角度”[②]。张璐挖掘贾植芳“表现监狱生活的小说，拓宽了中国现代文学的范围”[③]。但是这两位学者的研究还没有很好地落实到贾植芳的创作中。武汉大学李显鸿博士的学位论文

---

① 钱理群：《“人类史前时期的风俗画”——读〈贾植芳小说选〉》，载于《复旦学报》2005年第3期。

② 祝勇：《非生非死之境——读贾植芳〈狱里狱外〉》，载于《全国新书目》1997年第6期；引自陈思和主编《贾植芳先生纪念集》，复旦大学出版社2011年版，第76页。

③ 张璐：《才华缘三晋大地 风骨蕴求真之旅——从山西地域文化特点及其人生经历看贾植芳的学术成就》，载于《山西档案》2014年第5期。

《中国当代文学监狱叙事话语的嬗变》（2011）也许是第一部比较系统论述中国当代文学监狱叙事的博士学位论文。其中有两处提及贾植芳的监狱叙事。不过，很遗憾的是，该论文两处都把贾植芳的《狱里狱外》的书名弄错了。第一处在第二页："贾植芳的回忆录《墙里墙外》也较有影响。"[①]第二处在第八十二页的正文"较有社会影响的是贾植芳的回忆录《狱内狱外》"以及注释"贾植芳。狱内狱外。上海远东出版社。1995"[②]。贾植芳1995年由上海远东出版社出版的回忆录是《狱里狱外》，而非《墙里墙外》或《狱内狱外》。李显鸿写道：

> 这种回忆录并非严格意义上的文学叙事，也未形成大的风潮，故很难代表90年代文学监狱叙事的成就。[③]

这种评论似是而非，模棱两可。"这种回忆录并非严格意义上的文学叙事"的意向不知在何处。回忆录一般放在纪实文学的范畴里，也可放在文学的散文类型中。"也未形成大的风潮"作为叙事成就的根据更是让人摸不着头脑。好的文学作品并不一定形成大的风潮，形成风潮的作品也不一定是好的文学作品。这在中外文学史上屡见不鲜。要做到恰当合理地评价贾植芳的监狱叙事的成就，必须要考虑如下问题：第一，在范围上，要把贾植芳写于1949年的《人的证据》和《人的斗争》纳入进来，与1995出版的《狱里狱外》构成一个监狱叙事的系列。这样能显示近半个世纪中贾植芳在遭遇大冤大屈前后监狱

---

① 李显鸿：《中国当代文学监狱叙事话语的嬗变》，武汉大学，2011年，第2页，引自中国知网。

②③ 同①，第82页，引自中国知网。

叙事的变化。第二，紧接着第一个问题，必须正面揭示贾植芳监狱叙事的特征，而不是笼统带过。第三，贾植芳的监狱叙事必须放在他的人学话语的框架中衡量，才更能显出其独特性。

监狱叙事的核心是人。贾植芳曾经反复强调过“人”的重要。因此，笔者不妨把贾植芳以人为中心的人生选择和以人为核心的监狱叙事结合起来，把这一结合看作贾植芳的人学话语。

那么，如何展开对贾植芳人学话语的描述呢？笔者认为，以贾植芳的文学创作为主线来展开描述，分为三个时期：第一时期，从走上文坛到抗日战争结束，其主要作品有小说集《人生赋》和散文集《热力》中的部分篇章，包括《人的悲哀》《人生赋》《理想主义者》《剩余价值论》《草黄色的影子》《更下》《我乡》等等。虽说这个时期的创作不直接写监狱故事，但为后两个阶段的监狱叙事做准备。第二个时期，从抗战胜利到1955年他被捕入狱，其主要作品有《热力》中的部分篇章、《人的证据》、《人的斗争》以及《血的记忆》等。第三个时期，1955年被捕以后直到2008年病逝，其中最主要的作品是《狱里狱外》。

一、人的悲哀与挣扎：感伤而阴郁的抒情

胡风在《工作与学习丛刊·黎明·校后记》这样评价贾植芳的小说《人的悲哀》：“正是用沉闷的坚卓的笔触所表现的沉闷的人生”，“没有复杂的故事，但却充溢着画的色调和诗的情愫，给我们看到了动乱崩溃的社会底一图”。[①]尤其是两个“沉闷”概括了贾植芳早期创

① 胡风：《校后记》，载于《工作与学习丛刊·黎明》，1937年10月6日。

作感伤而阴郁的抒情色彩，这在文学史脉络中上通郁达夫的自叙传小说。不过，郁达夫的自叙传小说更多关注主人公自身的欲望与苦闷，而贾植芳更关注叙事者外在世界的沉闷的人生，因而叙事者自身也变得沉闷而哀伤。《人的悲哀》中麻袋店的掌柜、伙计和“打闲者”，无不在无聊中虚度日子，“像拆了房子下来的几根木料”恰好是人被生活拒斥和删除的写照。

《人生赋》中的牙科医生张大夫写出了抗战中一类形象。在抗战时期的文学形象中，人们熟悉张天翼《华威先生》中的华威先生，路翎《财主底儿女们》中的蒋少祖与蒋纯祖，张爱玲《倾城之恋》中的白流苏与范柳原，这些形象自然堪称典型。贾植芳笔下的张大夫也写尽了那类曾经热情爱国勇于爱国的青年最后沉沦在金钱与肉欲中的形象。张大夫是一位二十八九岁的青年，抗战前毕业于同济大学的医科专业。毕业后他的人生经历了三个阶段：抗战初期上海的热情激愤阶段，这个阶段他把自己的医院改成伤病医院，他不惜与家庭分裂。他说“听见是我们的炮，看见是我们的飞机，我兴奋得血管要破裂的样子，像谁请我吃了我喜欢的糖醋鲤鱼一样。”[①]这个阶段的张大夫如千千万万爱国青年一样，热情激愤而富于奉献精神。直到他的医院开不下去，跑向重庆。第二阶段是重庆的忧郁迷茫阶段。他在去重庆的路上，把身上的路费拿出来与难民共用，到了重庆只剩一元二角钱。他在重庆住地下旅馆，受人歧视，当掉自己心爱的照相机渡过难关。他在朋友的帮助下又开设精美的医务室，但是他的状态已经不如从前。他刚来重庆时还以“贡献了自己所有于战争的人”来安慰，听到某种

---

① 贾植芳：《人生赋》；载自《贾植芳文集·创作卷》，第43页。

神秘的呼喊，但是他已经感觉到自己像浮在海上般迷茫，工作上开始出现间歇性的停顿，精神上已经严重感受到周围的压迫。他自己的叙述中已经完全没有之前在上海那样对战争中的他人的关心。他的医务室在战争炮火中化为灰烬，他离开重庆北上西安。重庆阶段是他精神发生转变的阶段，上海阶段的热情激愤而乐于奉献的精神虽然荡然无存，但也没有堕落下去。第三个阶段是他在西安的堕落腐坏阶段。他刚来西安的时候也是流浪而来，只好当西装过日子，又在同学同乡们的帮助下开设医务室。这个时候的他开始过着世俗而麻木的生活："我开始健全地生活着。我想，人生的具体内容，第一是钱，第二是钱，第三是钱，钱的朋友是女人，——女人，世界上最快乐的地方，是女人的肚皮上，古人早就说过，——也顶顶要紧；我的努力向着这个目标，——钱和女人，其实是一个目标，因为女人是钱的一部分。——进行，进行得很顺利。"[①]他因酒醉或其他原因开罪一位老前辈，委托一个骗子做生意而被骗掉七千多块，又因打官司而负债三千多元。当"我"在火车上与他相遇的时候，他念念不忘的就是那被骗的七千多元。张大夫虽然缺乏政治信仰，但曾是一位热情的爱国青年，在从上海到重庆再到西安的辗转迁徙的生活过程，逐渐丧失了爱国的激情、对受难者的关怀以及生活的向上理想，沉沦在肉欲酒醉的庸常生活中。这个形象，很容易让人想起鲁迅笔下《孤独者》中的魏连殳、《在酒楼上》的吕纬甫。《人生赋》中叙述了牙科医生张大夫的双重环境：第一重是"我"的叙述呈现的环境：机关军人的慵懒，上尉副官的堕落。第二重是张大夫自己的叙述呈现的环境，尤其是西安的环

① 贾植芳：《人生赋》，载自《贾植芳文集·创作卷》，第47页。

境，除了有王永春这种骗子之外，他用“共同景色”和“健全地生活”来形容周围的生活：“生活成了另一副景色，——大家的共同景色，吃吃喝喝，玩玩乐乐，天塌下来压死大家，或者我多几个铜板，逃难还来得及。”[①]这双重环境其实就是张大夫沉沦的生活环境，具有典型环境的概括意义。

《剩余价值论》（1942）的叙事手法很像《祝福》，倒叙开头，“我”与主人公相遇，然后回叙之前主人公的事情，再接续故事的展开。战争的岁月中，“我”与余子固在一个小镇偶遇，余子固已经成为精神颓唐、内心空虚、被衰老征服的年轻人。“我”与余子固属于战乱中的流浪人，不期相遇，时而分离，各自在战争岁月的皱褶里寻找生存。他们的认识也可分为三个阶段。他们刚刚认识的时候，余子固的那特有的笑给“我”非常美好的感受：

> 那高大而挺直的身躯，蓬乱而尖硬的头发，和那无论在什么境地里永远浮在苍白面颊上的坚定的微笑，发自坦然心坎里的健康而硬朗的笑声，温良坚决的眼神……那一切仿佛便是希望的化身。[②]

> 尤其是那微笑，真可说是典型的笑，好像一首诗，一个启示，一个信仰，秋夜高空的星，峻岭幽谷中的溪流，静月下的花瓣，少女梦中的呓语……[③]

① 贾植芳：《人生赋》；载自《贾植芳文集·创作卷》，第47页。
② 贾植芳：《剩余价值论》；载自《贾植芳文集·创作卷》，第77页。
③ 同②，第78页。

他们几年后在北方海滨城市的海水浴场再次相见的时候，余子固却是另一番景象：

> 他着一身上等的蓝色游泳衣，黑色的皮肤，在阳光的曝晒里闪烁着一种健康的亮光，弥漫着一种喜悦的气息，涂着发蜡的头发烫得时髦而光亮，平滑的额角还颤着一滴一滴的水滴……[①]

此时的余子固年轻健康，追赶时髦，沉湎在物质享受和女性肉欲里。余子固的粗朗的笑声，在我听来却是“无节制和色情的”[②]。多年后在小镇再次相遇，余子固做了参议，升为少将，但精神麻木，毫无斗志，如行尸走肉，“我”对他的无聊感到非常厌烦。

《更下》（1946）记叙的只是一个对话场景，主人何天民和客人老夏之间关于推销黑货（鸦片）的对话，何天民极力劝告老夏利用职务之便推销鸦片，而老夏忠于自己位置因自己可能升职而拒绝。两个人的灵魂如黑暗中闪烁的鬼火，只能让人惊惧不已。《理想主义者》（1946）写抗战后知识分子的生活陷入困顿的情形。史英、五哥、方善里都在寻找着生存下去的地方。尤其是五哥的愤慨仿佛很可笑，他鄙视中国的脏、乱、土匪横行、大学被外行管理，一心想到美国去，可是美国又不是轻易能去得了的。他这个理想主义者就生活在自己的虚幻的语言里。不过，他终究还有义愤，还有不满。尽管他的这种气确实不管

① 贾植芳：《剩余价值论》；载自《贾植芳文集·创作卷》，第78页。

② 同①，第79页。

用。《草黄色的影子》（1946）国民党军队的指挥官史得彪从前线撤回到上海，过着醉生梦死的生活。抗日战争时期，史得彪因军饷不足而贩卖鸦片，军法处的处长利用职务之便，私吞鸦片中饱私囊。军队的腐败已经病入膏肓。抗日战争胜利后，国民党军队的战士厌战情绪弥漫。

《人的悲哀》《人生赋》《理想主义者》《剩余价值论》《草黄色的影子》《更下》等作品呈现了贾植芳表现人生的基本方式：即把人放在具体动荡的社会生活中考察。这些作品所表现的人生无不是变调的人生，人在不知不觉中把自身堕落到价值的低谷。那个叙事者“我”并没有与他笔下的人物一起沉沦。贾植芳对人物的堕落批判中有同情，鄙视中有痛心。《人生赋》的最后写道：“我更深深地感到近乎麻醉的疲惫。”[①]对何天民这个人物，作者的批判态度有所保留。很明显，作者对何天民的“今天主义”“宁肯痛痛快快活一分钟，不别别扭扭地活一百年”的享乐主义和虚无主义非常鄙视，但是对这个人作者在小说的结尾留下一点余地：

> 我在这些地方，好像常听到一种呼唤的声音，这声音像在热情地有力地召唤着我，像是一种复活的诱惑，听着这声音我就惶惑战栗起来，不知所措，……[②]

我身子大大地震撼着，同时婴儿刺耳地啼哭起来。我惊醒似

---

① 贾植芳：《人生赋》；载自《贾植芳文集·创作卷》，第51页。

② 贾植芳：《剩余价值论》；载自《贾植芳文集·创作卷》，第81—82页。

的发现车子正艰辛地迂回在一个险峻的山头上，西边的半个天空抹满美丽的巨大红色，落日像一匹兽的血红的大口，要吞没一切地走向沉坠。钢色的群山耸立着，空气是暗紫的。没有鸟迹和风声，一副沉默的晚景。山旁暗绿的峡谷里，一小队骑兵正在纵马奔驰。马嘶着，人的身子伏在马背上，突出的枪尖闪着暗沉沉的光……[①]

贾植芳的早期小说的叙事常常采用象征、暗示的手法，阴郁的色调使得卑下的人生更加沉闷。《剩余价值论》把两个人的对话安置在黑暗这一越来越强大笼罩着周围的意象之内，从而让人感觉到这样的现实是没有希望的，这样的人群是没有希望的：

黑暗已半固体地塞满了院子，人仿佛听到它的互相拥挤着、喧哗着、斗争着的声音：嗡，嗡，嗡，嗡，……使人越发手足无措，不胜恐惧。[②]

……

屋内青弱的灯光，虽已有损于广大的院内黑暗体系所统治的尊严，但是坚强的黑暗对它的抗压是更严厉的。青弱的灯光，被风吹得抖动一秒，黑暗的斗争威力就趁机增强一秒，毫不放松……何天民继续停留在黑暗的院子里。自从送走了客人，他先感到一个征服者所有的愉快，充满了精神的力量，以致每晚照例要去的大街上一五三号里，或是大旅社的他的艳窟，这时也暂时忘

① 贾植芳：《剩余价值论》；载自《贾植芳文集·创作卷》，第83页。
② 贾植芳：《更下》；载自《贾植芳文集·创作卷》，第85页。

记了那里给他的享乐；这次征服的胜利，忽然和他在北平学生时代因为做学生运动坐在牢狱中的精神愉悦，以致他初到部队上因为不惯于长官的腐化恶化退化的三化作风，因而被一次又一次地送到禁闭室的精神愉悦，以及他现在的追求等等，奇怪地都联系了起来，成了一片汹涌的波涛，冲激着他。他先是抵御般地啃着嘴唇，强硬地站在院子的当中；后来又像抵御的防线已形崩溃的急遽地来回踱着短促的步子。他仿佛是一匹负伤的兽，在这黑暗的包围中，快短地踱着像是无尽的步子，头低得更下，更下，……[①]

二、人的证据与斗争：温情而泼辣的纪实

《人的证据》第一部《在亚尔培路二号》（1949）是一部非常奇特的作品，当我第一次阅读它的时候就非常震惊。它以尖锐的笔调写监狱生活，让监狱成为文学性的表达空间。亚尔培路即现在的陕西南路，亚尔培路二号是40年代后期国民党中央执行委员会调查统计局的上海特派员办事处。这是国民党的特务机关。抗日战争胜利后，国民党虽然宣称实施宪政，新闻制度却没有发生本质的变化。只是形式上国民党党部退居幕后，形成了党政军特四位一体的管理机制，即国民党党部、上海市政府社会局、中统局上海特派员办事处多头管理的制度。[②]

---

① 贾植芳：《更下》；载自《贾植芳文集·创作卷》，第89页。

② 黄瑚、樊昊：《以上海为例探析战后国民党新闻统制制度的变化》，载于《新闻大学》2006年第2期。

《人的证据》是一部纪实作品，是根据作者自己第三次入狱的真实经历写成，文中写到的人物都是真实人物。1946年7月，上海《文萃》周刊案中许多人被捕，包括《文萃》周刊的经营人吴承德、编辑骆何民、陈子涛等人。《人的证据》中出现的有吴承德、骆何民、韩月娟等人，《人的斗争》（1949）重点写陈子涛讲述自己遭受严酷拷打的经历。[①]

《人的证据》第一部《在亚尔培路二号》开篇描写了1947年夏末吴淞路义丰里九十一号这个畸形的上海空间。这是一个关押日本战俘的地方，中国人让日本战俘自己管理自己，保甲长就是一个日本战俘。但是其中有些房间出租给中国人居住。因此，住在这里的中国人还要受到日本战俘的管制。当代中国人绝对想象不到抗日战争胜利后还有这样的处所。贾植芳因朋友D君的介绍而借住此地，他自嘲自己是"侨民"。义丰里的保甲长日本战俘还随意出入他的房间，保持着日本人对中国人的恶劣的威风。义丰里九十一号的畸形复杂性首先在于这是一个日本战俘做主的空间，让贾植芳获得了一些意外让人震惊的信息：冈村大将军替老蒋上前线打共产党去了。日本战俘与国民党联合反共。这让从日本监狱里出来的贾植芳唯有愤怒，但是他还是劝他的朋友D君要谨慎行事，这也体现了他对现实复杂性的认识。义丰里九十一号的畸形复杂还在于这里成为当时中国进步人士的避难所，也成为国民党特务的栖身之所。身为中学校长的段华是中共党员，还

① 吴承德（1920—1949），又名吴二男（或二南），江苏苏州人，1946年1月开始参与《文萃》的工作，1949年5月9日被枪杀于宁波。骆何民（1914—1948），又名仲达，江苏江都人，1927年入党，曾经九次入狱，1948年4月被押解南京，1948年12月27日被活埋于南京雨花台后。陈子涛（1920—1948），广西玉林人。1947年接替黎澍成为《文萃》的编辑。韩月娟为女工。

有三个进步青年（犯有严重肺病的刘，一只眼睛半盲的李，走路一拐一拐的黄）和一个姓曹的三十多岁的男人带着女人。贾植芳对段华和三位进步青年都很敬重，进步青年刘还送给他一支钢笔做纪念，希望他多写文章。他虽然对社会的残酷性有所认识，但是凭着对人的基本道义，仍无私而热情地把家里一半的粮食资助那对曹姓夫妇，以为他们是落难者。但正是这姓曹的出卖了他。

贾植芳擅长把自己放在一个场域中以带动对这个场域的刻画，这个场域即一个小社会。义丰里九十一号如此，亚尔培路二号也是如此。

贾植芳所住的囚房是亚尔培路二号的二号囚室。二号囚室住着十来个人，除了上文提及的《文萃》周报发行人吴二男（吴承德）、编辑骆仲达（即骆何民）、贾植芳外，还有三轮车夫王云生、小宁波、小广东、某出版社的欧阳胖子、光头吴以及特务江（后来还增加了一些人）。二号囚室的人员如果按照阶级分层，可以分为知识分子和工人农民，知识分子包括贾植芳、吴二男、骆仲达等人，工人农民包括王云生、小宁波、小广东等人，只有特务江是个异类，不属于这两个阶层。二号囚室虽为囚室，却是一小社会，建立了一种按照能力分配工作、共享物质生活的生活秩序："大家相望相助，过集体生活。"[①]这仿佛有些荒诞：在国民党的监狱里过着一种几乎是共产主义式的集体生活。诚如福柯所言，"监狱的首要原则是隔离"[②]，但让监狱制造者意想不到的是，隔离造成了另一种聚合。二号囚室的生活秩序在贾植芳入狱的时候已经形成，非常切合他豪爽坦荡风趣的个性。他第一次踏入这

① 《贾植芳文集·创作卷》，第179页。

② 〔法〕米歇尔·福柯：《规训与惩罚》，刘北成、杨远婴译，三联书店1999年版，第265页。

个集体时，迎接他的是温暖的询问："一点没睡吧？""要喝水吧？""饿吧？""吸烟吧。""我们都是自家人。"[①]这种集体生活秩序表现在：

> 卫生：小宁波管卫生，包括公共卫生和个人卫生。公共卫生方面如倒尿桶，打水，扫地，洗碗，轮流值日；个人卫生如洗澡，如果有人长期不洗澡，则提出必须洗澡的要求。
>
> 外交：骆仲达负责，主要负责与两个警卫和一个饭师傅打交道。这个任务不轻，因为监狱规定被关押的人不准与外面通信息，但是他们打通警卫的关系，与外面的亲人和朋友取得联系，让外面的人送信送钱送物进来，这叫"跑条子"。
>
> 经济：吴二男负责，规定不准自己存私钱，除吃香烟的人外。开销之处包括买手纸、买肥皂、买菜、生病买药，以及给警卫的赏钱。另外，给两个不吃米饭的河南人买大饼。

这种生活秩序除了经济上的平等主义外，还有重要的一点是知识分子在这个集体中担当重要责任，知识分子是这个群体的精神引导者，尤其是骆仲达；知识分子在体力劳动方面也是身先士卒，比如带头倒尿桶。

在这些人中，特务江是一个特殊的存在，他是国民党特务犯事后被抓进来的，其他人对他的态度是不相信、不拒绝、不主动拉拢，也不恶意排斥，不招惹他，不激怒他，不排斥他，来则接受，离则不留。因此，二号囚室的集体生活稳定而温馨。尤其是"中秋佳节"这

---

① 杨力（贾植芳）：《人的证据》（第一部），新潮出版社1949年版，第34页。

一节极有人情味。狱友们通过“跑条子”，收到了月饼、酒和熟菜，把这些分成三摊，团团坐定，开始宴会：

浑圆清冽的月亮，透过铁窗，射进昏浊的狱室来，照在暗污的赤膊上、尖瘦的脸孔上，映出一种奇异的光彩和跃动，显示出这些不可侮的受难的生命的庄严和高贵。奇怪的是每个人都彬彬有礼的下筷子，酒只倒在三只茶杯里，一个递一个喝着，发出声音来，月饼都切成小块，每人有指头大的一块，但大家都不忍一下吃去，恐怕食物一光，早早地散了会，有着难分难舍的心情。两个警卫都喝得醉醉的，站在窗外，显出寂寞地艳羡地望着我们的欢诚的聚饮，有说有笑，一如一个劳动家庭的团聚，他们灼红的眼睛里，初次露出无邪的人性来。①

贾植芳的监狱叙事中最为精彩的是审讯者与反审讯者的话语交锋。摘录两段如下：

他（苏麟阁——引者）的笑声似乎还可以延长的时候却骤然而止，他威严地瞪着我的面孔，忽然声音冷酷地说：

“你什么时候入的党？”

“什么党？”我接着问他。

“哈哈，”他又笑了，“你们贵党——共产党呀，要是国民党，

① 杨力（贾植芳）：《人的证据》（第一部），第100页。又见《贾植芳文集·创作卷》，第226页，后者略做订正。

你还会坐在这里吗，先生？”

“我不明白，”我说，“你有什么根据这样问我？”

“没有根据？”他生气的样子，两眼睁大，“你说国民党三个月垮台；这是其一；再有，——”他翻着挂在椅子上的洋服上衣口袋，拿出一本折叠的杂志抛在我的面前，“这就是铁证。”

我哈哈地笑了，我说：

“你开玩笑吧？”

“玩笑？”他惊奇的口气，“打官司还有开玩笑的，真奇怪极了！”沙发上的警卫们发出了讽笑的声音，这明明是助威。

这是一本香港版的《群众》，我有一点小慌乱，但是我镇定了自己，因为家里的这种东西，我看过后都烧了的，这绝不会是我的东西，这是一种诬赖的手段。我说：

“因为我还没见过这个杂志。”

“你的东西你没有见过？”他瞪着我，“奇怪极了。这是我打你家里早偷出来的。”

“先生，”我笑着说，“我家里虽然没有什么值钱的物事，但是经常还小心门户，从没失过窃的，至于你的杂志，我还是第一次看见。”

“是一个老举吧？”他问着书记，书记嘻嘻地低头写着，已然出了汗。“那么你怎么敢说国民党三个月垮台的话？”

“这就更没有根据了，”我说，“国民党三个月垮不垮台是一回事，你在什么地方听我说的？”

“听谁说的？——自然有人——我们的情报员。”

“我在屋子里是说话，不是讲演呀，我没见过你什么情报员。”

“那么，你说国民党三个月垮得了台吗?”他突然转了题目。

“这你要问国民党才知道。”我干脆地回答说。

“好吧，”他站了起来，“我得先看看你那位朋友去，咱们回来再谈，你考虑考虑吧。”①

他用着仇恨的眼瞪着我，忽然尖声吆喝一样地说：

“你领导谁，谁领导你，说!”

“什么领导，”我大声说，“我不明白!”

“自然是你的组织关系，”他还是一样的严重。

“这才是笑话，”我笑着慢慢说，“我看，我们这样没有结果地吵下去，有点无聊，是吧？所谓犯罪，第一先得搜查证据，是不是？这样空口吆喝是解决不了问题的，请你们先把证据搜集好，那我抵赖也没有办法，我也决不抵赖，公事公办，这全由你了。要不，”我怒气地接着说，“我不是一个小孩子，你该明白，不能由你说什么就认什么，你要是办公事，照例不会有结果，你要不往道理上讲，那就悉任尊便了，我决不再说一句话。”

“那你是不是左倾?”他的口气缓和了。

“这我也不知道。”我冷冷地答道。

“连这个也不明白?”他不服气地问。

“不明白——”我说：“请你先给我解释一下左倾的定义。”

“不满意现状反对国民党，就是左倾——你就是!”他肯定了

---

① 杨力（贾植芳）：《人的证据》（第一部），第22—24页。又见《贾植芳文集·创作卷》，第168—169页，后者略做订正。

我的身份了。

“拿证据来！”我笑着。

“这不要证据，”他又沉沉地笑起来了，“你总是左倾分子。”

“先生，”我说，“你要随便戴帽子那就戴高一点的吧，那我也光荣些，这种不明不白的帽子，我不高兴戴！”我的态度决绝。

“你不承认是共产党呀，”他摊开两只手，好像一筹莫展的样子，“我只能说你左倾了。”

“怎么你能随便说我左倾？”我的话还没有落脚，他却突然夺口而出：“我问你，你说政协破裂，说谁负责？”

我想，这是现地贩卖，搜集我的左倾证据了，我打这个官司，我要替我个人的人格负责，而且我的能力，也只有替我个人的人格负责，保卫自己的人格的尊严，我不假思索地说：

“这该国民党负责！因为它没有一个政党的风度和诚意，所以破裂了！”

“你瞧，”他讥笑地向低着头写字的书记说，“全是学者派头！”于是又抬起头来向我说：

“这你可不能抵赖左倾了吧？”

“如果这算左倾，我不想抵赖，我在这个地区生活，看的全是你们允许发行的报纸，我的意见，不过一个老百姓的感想。你认为左倾，那没有办法了。”

“你说D是怎样的一个人？”他又转了题目。

“我看他是一个知识不足，老实得过火的青年。”我本来想说D还热情，但在口边咽住了，因为热情在这个国度里往往也构成可疑的罪行。

“恐怕不这么简单吧？”他摇着头。

“可惜我看不出复杂的部分。”我说。

“你的楼口住的姓段的是共产党，可惜今天没有抓到他。”他又转了题目，不放松地看着我。我没有听见似的无表情地看着他。

这时D和审问的两个家伙都进来了，苏特务打了一个呵欠，自语似的说，“真麻烦，我懒得再问了，反正有的是时间，我们这个地方你该明白，好进难出，要想出去全看你们自己了。”

对于这种恐吓意味的话，我只干坐在那里嘴唇都没动一下，既来之则安之，只好这样打主意了。[①]

贾植芳对审讯者的抵抗富有经验，非常机智。特务的审讯策略是“一吓二哄三圈四套”[②]，他采取的反审讯策略是“一赖二挺，装傻混说”[③]。他的反审讯构成了一套独特的表达系统。上述第一段引文中，他针对审讯者的提问，避实就虚，不是回答“你什么时候入的党？”这一提问中的“什么时候”，而是另掘问题“什么党”，不会让自己落入审讯者的问题框架中，而是引导审讯者改换问题。当审讯者拿出所谓的证据时，他在小慌乱之后立即镇定下来，坚信审讯者在“钓鱼”，逼诱被审讯者上当。因此，他坚定否认，使得对手无计可施。在上述第二段引文中，当苏麟阁吆喝谁是贾植芳的领导时，他以“我不明白”对抗，这招在话语的策略上属于“不懂装傻”，其效果就是让审

---

① 杨力（贾植芳）：《人的证据》（第一部），第28—31页。又见《贾植芳文集·创作卷》，第172—174页，后者略做订正。

② 杨力（贾植芳）：《人的证据》（第一部），第25页。

③ 同②，第26页。

讯者不得不继续自己的思路往下说，从而找到可以反驳的缝隙。当苏麟阁解释这是指“组织关系”时，他先以“笑话”瓦解其意义指向，然后荡开一笔，把这场审讯解释为无聊的吵架，从而模糊审讯者与反审讯者的身份与立场，把审讯者拉到一个与被审讯者同样的位置。接着指出解决问题的合理办法，即指控一个人犯罪必须搜查证据，不能欺侮一个小孩子一样欺侮他人。这种策略为“反客为主”，掌握对话的整体导向，从而改变审讯者的思路，或者让其陷入僵局。正是这种理智的对话导向，使得审讯者改变提问，这是反审讯成功的标志。苏麟阁提出的第二个问题是问贾植芳是不是“左倾”的问题。他第一步仍然是“不懂装傻”，逼得审讯者不得不对“左倾”进一步解释。当“左倾”被解释为“不满意现状反对国民党”时，他理直气壮地要求拿出证据。当对方以耍赖的方式说不要求证据时，其实贾植芳可以有若干种回击方式，比如沉默，比如纠正他的强盗逻辑，等等。但是贾植芳以一种诙谐的方式回击：“左倾”分子是一顶不明不白的帽子，给我戴帽子也要戴高一点的帽子。这种对话回击把对方的帽子推到价值的极低处，从而达到瓦解对方审讯意图的目的，可谓挫败对方于谈笑之间。当苏麟阁问“你说政协破裂，说谁负责”的问题时，他没有回避问题的正当性，而是直接回击：“这该国民党负责！因为它没有一个政党的风度和诚意，所以破裂了！”苏麟阁听后以“全是学者派头”讥笑对方，恰好反证了贾植芳是一位“保卫自己的人格的尊严”的知识分子。当苏麟阁再次坐实贾植芳是“左倾”分子时，他在这个意义上承认自己的“左倾”，不过他说自己“看的全是你们允许发行的报纸，我的意见，不过一个老百姓的感想”，这样就把自己的“左倾”普遍到老百姓的层面，表明对国民党的失望那是当时民众的基本而普遍的倾向。

贾植芳曾把自己的反审讯的方法概括为“毒恨论法”，即采用布迪厄所说的屈尊策略，顺着审讯者的逻辑思路，把自己降低到水平面以下，从而击溃审讯者的论断，最典型的是如下例子：

> 特务们说贾植芳是“社会的败类，共产党的走狗”，贾植芳顺势推论：“照这么说，你原来知道我不是共产党，只是共产党的走狗，这和打倒帝国主义的走狗的走狗并不是帝国主义一样。”[①]

贾植芳的“毒恨论法”很有泼辣色彩。他很喜欢用“泼辣”一词来表达某种状态的强劲有力和紧张情绪：

> 他眯着眼看着我，突然放肆地大笑起来了，我的精神泼辣地在膨胀。所谓横了的心，就是这样吧，我也更大声地纵笑起来，这笑，使我沉醉于恐怖，超越于恐怖，获得了自己的精神的苏生。[②]

> 房门忽然推开，那个姓曹的被推进来了，屋里的空气突然泼辣了起来，阁楼上的人都下来了，……[③]

“泼辣”一词用来形容贾植芳上述的监狱叙事，恰好能呈现贾植

---

① 杨力（贾植芳）：《人的证据》（第一部），第54页。

② 《贾植芳文集·创作卷》，第172页。

③ 同②，第181页。

芳那种反对恶势力的机智与坚定。中国当代文学中描写国民党特务机关审讯共产党人或者进步人士的场景并不陌生。人们很自然会想起产生过巨大影响的长篇小说《红岩》[①]中的多个审讯场景。《红岩》中有多个审讯场景。第六章徐鹏飞气势汹汹审讯云阳县参议员蒋炳章，只是一出闹剧。徐鹏飞原以为蒋炳章可能是共产党内部的一条大鳄，却不料他是国民党的党员。徐鹏飞与蒋炳章之间的对话只是一般的审讯对话，蒋炳章的回答根本就不具有抵抗性。只是他最后说出自己入的是国民党，才使得审讯的全过程充满强烈的反讽色彩。第九章徐鹏飞审讯许云峰一段，属于《红岩》中审讯事情的重点篇章，这是真正的优秀的共产党员与国民党特务头子之间的正面交锋。审讯的整个过程一波三折，先是徐鹏飞试探许云峰的身份，接着让许云峰见身受重刑的成岗，以求震慑许云峰。许云峰将计就计，承认自己是《挺进报》的领导人，把敌人的视线引到自己身上，审讯的过程同时也在推动整部小说的情节发展。再接下来，成岗写自白书，他以朗诵诗歌表达振奋的情感，许云峰以乐观的态度告诉特务们国民党已经处在穷途末路，从而激怒徐鹏飞，最后徐鹏飞以枪毙许云峰为恐吓手段，但许云峰的凛然正气让徐鹏飞的恐吓失败了。这段审讯过程中，徐鹏飞与许云峰都知道对方的身份（许云峰的共产党员身份），不过徐鹏飞要许云峰像甫志高一样叛变，而许云峰则镇定自若，见机行事，以一身正气镇住审讯者。第十五章写夜审江姐的过程却不是直接正面来写，而是通过狱友们的见闻来写。江姐对审讯者全是坚定的反抗，因为她的身份被审讯者掌握，审讯者要求的就是让她把党的机密说出来。恐吓和严

---

① 罗广斌、杨益言：《红岩》，中国青年出版社1977年版。

刑拷打成为审讯者的伎俩，但在江姐顽强的抵抗面前，不起任何作用。第十章中，徐鹏飞和毛人凤诱降和劝降许云峰，都被许云峰识破，双方的对话是那种尖锐的阶级对立的对话。杨沫的《青春之歌》、丁玲的《魍魉世界》、陈白尘的《向世界告别》大体如此。

这就很明显地可以看出，《红岩》中监狱叙事的反审讯话语带有浓厚的共产党人的革命勇敢，而贾植芳的监狱叙事的反审讯话语则鲜明地呈现出进步知识分子的机智周旋。机智周旋而不失坚定与威武，正如骆仲达所说“第一要赖掉一切”，第二要受得住刑。[①]这两者要的结合才能做到“我们在这里起码要挣一个人格，至少放到外面去，不会脸红，不会对不起朋友”。

三、人的端正与辩证：睿智而诙谐的回忆

福柯的认识自我观包括如下问题：“我能做什么？我知道什么？我是谁？”[②]“我是谁”的问题也许是其核心问题。不过，福柯认识的只是一个被构造的“我”。对于贾植芳而言，他作为一个具体的人，却是实实在在地面对自身。“我能做什么”更多表现为做出一种选择，即“我选择什么”。做出选择，同时就意味着认同与抵抗。在福柯的话语中，这就涉及权力关系。确实，做出选择，就进入权力的关系结构中，认同是对某种权力的认同，抵抗也是对某种权力的抵抗。没有抵抗就没有权力。“我知道什么”暗含一种理性的认知。在福柯的话语中，这意味着知识与真理，在贾植芳那里，我更愿意认为是一种理想，对民族与国家未来的关怀与担忧，对他人生存的关怀与担忧。

① 《贾植芳文集·创作卷》，第183页。

② 〔美〕艾莉森·利·布朗：《福柯》，聂保平译，中华书局2014年版，第38页。

“我是谁”的问题在福柯的话语中，那是对自我的认识与表达。在贾植芳的人学话语中，这一问题是对自己的清醒的认识。

《狱里狱外》就是贾植芳写“我是谁”的一部奇书，“奇”不仅表现在他以八十岁的高龄睿智地回忆自己四次入狱的个人历史，而且表现在他“弱”写个人历史的同时“强”写他周围人们的生存波澜，由此让读者自己认知历史的复杂性与荒诞处。

贾植芳在《狱里狱外》中对自己有个含义深远的表达：“我只是一个普通的知识分子，不过是大时代里的小角色。”[①]“大时代”指的是中国社会急剧转型的时代，不仅指中国政治体制发生根本性的改变，而且指中国人的思想观念也在发生根本性的转变。“小角色”自然是“普通的知识分子”的代名词。“小”在贾植芳的话语有几层含义，第一，在历史的层面上，对于20世纪的中国人而言，任何个体只是这个时代的小角色，一个普通知识分子当然也不例外。由此而言，小角色除了被大时代的浪涛裹挟之外似乎毫无作为。但关键的是，如果小角色能够在历史河湾里寻找到继续往前流动的出口，而不只是在回旋、乱窜、逆背，而能够在历史大河里不被腐臭的淤泥腐烂，那么，小角色就自有其独立性和个体价值。第二，在生存论上，“小”表征一种微末的存在感受。贾植芳这种小的生存感，一方面来自自己的生活，比如意想不到的四次入狱；另一方面，也是由胡风上追鲁迅的一种精神延续。鲁迅把战士放置在无物之阵的对立面，这个战士就显得十分渺小，虽然这渺小中也蕴藏着强大；胡风把上海居所命名为

① 贾植芳：《狱里狱外》，第1页。

② 贾植芳：《狱里狱外》，第6页。

"蚓楼"[2]也是一种象征。总之，"小角色"的定位是晚年贾植芳回顾人生、洞察历史和看待他人的人学基础，由此实现了张新颖所说的"人的宽广的意义，人的开放性"[1]。没有"小"这个基础，《狱里狱外》是另外一种样式。

视自己为"小"，所以能观周围世界的"大"，能察周围不同人生的"多"。《狱里狱外》虽说带有传记性质，但对作者周围的许多人生给予同情性的描述。胡风、李春潮、潘开兹、萧军等友人和伯父等亲人，因为与贾植芳的人生道路关系极为密切，自然会用较多的笔墨叙述。不过，贾植芳也常常关注那些与自己的人生有个交叉，但并不对自己的人生发生多大影响的人生，这些人生的道路与贾植芳自己人生的道路相映成趣，更能让人理解不同的人生背后相同的历史推手。施蛰存的朴素淡然，陈望道夫妇的关心以及请他花钱的诙谐，何其芳革命行动的过激，随手拈来，自然有趣，这些都是学者和文人圈子里的朋友。华侨老黄曾经是地下党员，新中国成立后还劝贾植芳积极改造思想，不过在1957年被打成右派，"文革"中被下放当煤矿工人。更惨的是，他妻子因精神恍惚被车碾死，一个儿子武斗时被打死，一个儿子在煤矿做工人。就结局来看，老黄的人生故事有点类似余华《活着》中富贵的故事。国光印刷厂老板的遭遇，让人深刻体悟到历史巨变中人的命运的偶然与无奈，任何客观的主义都无法给予合理性的理由。这位国光印刷厂的老板，1947年在白色恐怖的上海，自愿印刷进步刊物，即使拖欠三百元印刷费也毫不在乎。50年代中期，贾植芳却

① 张新颖：《贾植芳先生的乐观和忧愤》，载于《广州文艺》1998年第10期；引自陈思和主编《贾植芳先生纪念集》，复旦大学出版社2011年版，第73页。

在看守所与他相遇，他被抓的理由只是因为他的一个房客是反革命，1960年病死狱中。贾植芳写道："他的死亡，仿佛一只巨大的拳头在我胸脯上深深地一击似的，直到我写这些文字的今天，还隐隐作痛。"[①]

视自己为"小"，所以能洞察历史的复杂与荒诞。胡风曾经告诫贾植芳警惕陈子展，因陈很"阴险"；但在贾植芳的眼中，陈子展豪爽正直，说话带些幽默。尤其是在胡风被公开批判后，他对贾植芳说："胡风曾经骂我是国民党走狗，现在人家又说他是国民党走狗，其实我们都不是走狗。"[②]贾植芳由此领悟道："由于历史的动荡性与复杂性而形成的人的愚蠢和可悲"，没有简单地斥责自己的对立面，而是同样批判自己友人的局限性。为胡风文艺思想辩护的章培恒和批评胡风文艺思想的施昌东两人都上了"胡风影响分子"的黑名单；有人撰写了《胡风黑帮的灭亡及其他》在"文革"中被打成现行反革命，在监狱里顶替了贾植芳的代号"一七八三"；审问者把贾植芳小说中的人物行为当作他"犯罪"记录。如此种种，无不让人惊心于历史的复杂与荒诞。

视自己为"小"，就能平静面对遭遇的苦难，就能在苦难处找出诙谐与幽默。《狱里狱外》的叙事风格已经有许多学者做了精彩的概括，贾植芳"用他惯常的幽默和平静在叙述往事"[③]，绽放出一种

① 贾植芳:《狱里狱外》，第166页。

② 同①，第91页。

③ 陈思和:《留给下一世纪的见证》，载于《南方文坛》1997年第2期；引自陈思和主编《贾植芳先生纪念集》，第69页。

④ 张新颖:《贾植芳先生的乐观和忧愤》，载于《广州文艺》1998年第10期；引自陈思和主编《贾植芳先生纪念集》，第74页。

“朴质的绘声绘色”[4]，“不迁怒于任何人，不抱怨于任何事，不无谓地诅咒那动荡不安的时代，澄明通达，坦坦荡荡”[1]。寓幽默诙谐于质朴平静之中，从而获得心灵的自由舒展。特别是贾植芳的幽默诙谐，别有趣味。他常常引用一些类似名言警句的口头语，在诙谐中达到某种效果，有时是批判讽刺，有时只是显示人物的性格。对50年代批判胡风和胡适两人思想的状况，引用“整天拉二胡，越拉越糊涂”[2]概括，批判的无聊感一下子显露出来。陈子展对胡风曾有微词：“东风东吹，西风西吹，胡风胡吹。”[3]但贾植芳自己创造的一些幽默诙谐却往往富有睿智和批判性。1953年8月，胡风离开上海往北京，到车站送行的人只有贾植芳夫妇和周而复，周而复是上海统战部副部长。事后贾植芳调侃说：“老胡在上海生活工作了这么多年，没想到临走时只有我们和周而复来送行，周而复是统战部部长，显然是来履行职责；我是平头百姓，倒是代表人民。”[4]王若望曾经猛烈地批判过胡风，只是“文革”中仍然被抓入监狱，对于王若望的“顶替过你的位置”的说法，贾植芳这样解释：“你年纪比我还大，怎么能顶替我？不是儿子才能顶替老子吗？”[5]贾植芳巧妙地把王若望的“顶替”理解为新中国成立后子女顶替父母位置的意思，让人在笑声中去体味讽刺的意思。有些叙事带有含泪的微笑的意味：

记得有一天晚上，我被冲散后摸黑拼命地跑，人疲惫得不

① 雷启立：《读贾植芳著〈狱里狱外〉》，载于《文艺理论研究》1999年第6期。
② 贾植芳：《狱里狱外》，第86页。
③ 同②，第90页。
④ 同②，第70页。
⑤ 贾植芳：《狱里狱外》，第85页。

> 行，一边迷迷糊糊地瞌睡，一边两条腿还在踉踉跄跄地向前跑。跑到天蒙蒙亮时，发现前面是一道城墙，抬头一看，城墙上站着日本兵，手里端着明晃晃的刺刀。我那时一身灰，个头又小，幸好没让他们发现。[①]

《狱里狱外》以视自己为小的人学基础，把个体提升到一代知识分子命运沉浮的高度思考，把“小角色”的个体力量释放出来，不仅让人赞叹贾植芳作为个体在时代中选择的人性光辉，而且让人震惊于历史的复杂与荒诞的交会，人生的必然与偶然的较量。他深刻地概括50年代知识分子的命运。抗战以后起来的一代知识分子：

> 他们几乎是吸吮着五四新文化的营养成长，又在抗战的炮火中练就，从小就知道独立人格的宝贵，有一种藐视一切权威、反抗一切压迫的个人主义冲动。[②]

贾植芳自己在新中国后，一直处在改造与被改造的对抗中。拒绝改造，因而不断被改造。“愈是不想改造，愈是被点名去‘改造’。”[③]福柯在《不正常的人》中，把“需要改造的个人”作为不正常的人的一类。这类人最为普遍，可在家庭和学校、车间、街道、街区、神父辖区、警察局等范围内出现。需要改造的个人之所以出现，是因为家庭和社会用来矫正的习以为常的所有技术、所有程序、所有投入都已

---

① 贾植芳：《狱里狱外》，第140页。

② 同①，第45页。

③ 同①，第48页。

经失败。在这个意义上，界定需要改造的个人的东西，也就是他是无法改造的。在此情形之下，催生了一系列的新的超介入的技术。“需要改造的个人”不过是权力话语塑造出来的。“围绕着这个需要改造的个人，勾画出了不可改造性和可改造性之间的游戏空间，勾画出了可改造的不可改造性的轴线。”[①]这句话非常精当。如果把贾植芳视为“需要改造的个人”，那么《狱里狱外》中，社会（体制）与个体之间的压制与抵抗的种种方式和面貌，不妨看作“不可改造性和可改造性之间的游戏空间”；而贾植芳在改造过程中顽强坚守自己信奉的人学道义的苦难人生，不妨看作是“可改造的不可改造性的轴线”，自然，“游戏空间”和“轴线”其实是一个统一的整体。很显然，“改造”对于贾植芳已经失败，他虽然被改造二十多年，包括坐牢和被监督劳动，但绝不后悔：

> 检点一生，出入于黑黑白白之间，周旋于人人鬼鬼之中，但心里所向往、所追求的理想之光，从未熄止。所以合则留，不合则去，虽漂泊四方，心却一念系之，问心无愧。[②]

四、基于监狱叙事的人学话语：面向意义的意志

贾植芳从发表小说《人的悲哀》开始，一直关心行动的人的价值区分。他不仅以此看待别人，更以此要求自己。所以才会有很多学者把贾

① 〔法〕福柯：《不正常的人》，钱翰译，上海人民出版社2010年版，第46页。
② 贾植芳：《狱里狱外》，第55页。

植芳作为人的某种典范来赞美。比如，著名学者钱谷融先生就认为贾植芳是“一个真人”，“他最后还念念不忘自己一定要再把做‘人’的‘人’字写得更好，他的宽大与自强不息的生命要求与精神境界是多么可敬!”[①]这种人格养成，监狱生活承担着重要的角色。贾植芳晚年曾经深情回忆在亚尔培路二号的监狱中狱友们的互相勉励——“要活得像一个人!”“这句话一直响彻我的后半生。”[②]它不仅成为他行动的准则，也成为他人学话语的基石。

贾植芳的文学创作其实比他自己个体的行为所呈现的人生典范要宽广，因为他的文学创作不仅把自己的人生描述出来，而且还描述了不同的人生形态，他把这些不同的人生形态放置在滚动的历史车轮下碾压，从而形成了他人学话语的独特性。他的人学话语基于监狱叙事。福柯在《规训与惩罚》中曾用“监狱之城”的比喻来揭示监狱的功用。他认为位于“监狱之城”中心位置的是一套以高墙、空间、机构、规章和话语组成的复杂网络。这个复杂网络凭借自身机制所产生的功用是：

> 所有这一切都是为了制造出受规训的个人。这种处于中心位置的并被统一起来的人性是复杂的权力关系的效果和工具，是受制于多种“监禁”机制的肉体和力量，是本身就包含着这种战略的诸种因素的话语的对象。在这种人性中，我们应该能听到隐约传来的战斗厮杀声。[③]

---

① 钱谷融：《回忆贾植芳》，载于《现代中文学刊》2011年第2期。

② 贾植芳：《狱里狱外》，第162页。

③〔法〕米歇尔·福柯：《规训与惩罚》，刘北成、杨远婴译，三联书店1999年版，第353—354页。

监狱及其“复杂网络”唯一的目的就是“制造出受规训的个人”，规训的不仅有个人的肉体，更有个人的思想。规训是规训者与被规训者在权力关系中的较量，因为这种较量是殊死搏斗，所以会发出“战斗厮杀声”。因此，在这种殊死搏斗的规训中，不仅人性的复杂得以显现，而且人性复杂赖以生长的关系网络也得以显现。所以，监狱成为观察人性的独特的权力关系。在这个意义上理解贾植芳的监狱叙事，就不难触摸到其中的命门。贾植芳的监狱叙事，集中叙述福柯所说的监狱的“复杂网络”，从而击穿监狱围墙的正当性，裸露出规训的荒诞。监狱叙事使得贾植芳能观察人生的幽禁与自由，观察人生的正义与邪恶，从而使得他的人学话语呈现出自身的独特性。

第一，把人放在滚烫的社会生活中观察与思考，框定了贾植芳人学话语中话语主体的社会视野。如果用绘画来比喻，贾植芳的人学话语采用的是张择端《清明上河图》式的方式，而不是达·芬奇《蒙娜丽莎》的方式，即他不是把人孤立出来刻画，而是在泥沙与珍珠俱存的社会中给人一个位置，一条折线。尤其是他自己人生的折线，链接的都是历史的转折点。

第二，对“对立者”的审视不仅有共时的辩证，而且有历时的变动，这奠定了贾植芳人学话语的话语主体的历史辩证的思维方式。这里的“对立者”并非单指政治上的敌人，而是指在具体境遇中站在自己对立面的人。如何对待对立者，往往决定了一个人胸怀的宽度与深度，往往也决定了话语的弹性与辐射。贾植芳早期小说中那些卑下的人物，也是叙事者和作者的对立者，贾植芳对他们的态度基本上与鲁迅的“哀其不幸，怒其不争”相似。在《人的证据》《人的斗争》中，贾植芳的对立者是审讯者和看守。《人的斗争》(1949)中，叙事者把第一个审讯者称为“大牲口”“牲口”“畜生”，第二个审讯者——名叫苏麟阁——称为“野兽”“兽”，把陈子涛直接称为“人”。《人的证据》花了很多笔墨写全吼和宴希众这两个看守，宴希众属于好的看守，贾植芳劝他改换工作，做点有意义的事情。全吼属于坏的看守，但在写中秋夜宴一段中也透露了他没有彻底的泯灭的人性。《血的记忆》(1951)中，农民看守马得生在看守政治犯(共产党人)过程中逐步觉醒而转变。马得生从政治犯身上获得“共产党绝不是坏人”[①]的初步觉醒。鲁迅小说《药》中夏瑜与牢头的关系是典型的启蒙知识分子与民众之间的关系，不过这是一种非常隔膜的关系。《红岩》中被称为“猫头鹰”的看守长和被称为“狗熊”和“猩猩”的看守，与共产党人江姐们之间是绝对对立的反革命与革命的关系。而贾植芳笔下，看守有着向被看守者转化的一面。《狱里狱外》中贾植芳的对立者仍然是审讯者与看守，但不以“人——动物”的差别来区分，而是更理性了。在现实生活中，他对待舒芜态度的变化也是一个很好的例子。40年代贾植芳与舒芜是围绕在胡风周围的好友，50年代因舒的文章在“胡风反革命集团”冤案中的作用，贾植芳在失去自由的岁月中对舒芜无不恨意。“文化大革命”结束后，贾植芳得到平反，他与舒芜还有交往，但是后来贾植芳断绝了与舒芜的交往，《狱里狱外》提及舒芜时也没有过多的指责，贾植芳对舒芜态度的一波四折中，他并没有把冤案的责任要舒芜承担，但是并不意味着他放弃对舒芜的人格的考量。

第三，在对自由与正义的双重追求中，当遭遇政治制度与个体权

① 《贾植芳文集·创作卷》，第315页。

威压迫使得自由与正义发生冲突的时候，往往以舍弃自由张扬正义的选择完成人生的转折。对自由与正义的追求成为贾植芳品格的核心。自由，不受他人或者制度的约束；正义，不为权力物质欲望所挟制。在贾先生的选择中，正义高于自由。为了正义宁可失去自由，不愿意为自由而丧失正义。这塑造了贾植芳人学话语的话语主体的人性本体观。贾植芳自己概括为“自觉地献身于祖国的进步事业——救亡运动，又坚持和维护自己独立的人格价值，这两条可以说是我立身行事的基本准则”[①]。具体在贾植芳的身上表现为两个方面，第一方面，当家庭安排与自由追求相冲突的时候，他违背家庭安排，奔向自由意志。陈思和曾做如下解释：

> 把这种天生的不安分的灵魂称作是浮士德的灵魂，它是以永远不满足（也就是“永远抗争”的永恒主题）为生命力的标志。[②]

当政治权力的压迫下，自由与正义相冲突的时候，他毫不犹豫做出抉择：宁愿失去自由也不愿违背正义。对此陈思和有精辟的解释：

> 对怎么样的人字才是端正的，这个问题的回答是：人之所谓人的肯定性前提，鲁迅五四精神传统这个中枢点，在贾植芳身上的体现：“一是怀疑一切权威教宗，要求在人性的范围——就是把人字写端正——检验一切事物的真相；二是要有尽可能开放的视

---

① 贾植芳：《狱里狱外》，第100页。

② 陈思和：《留给下一世纪的见证》，载于《南方文坛》1997年第2期；引自陈思和主编《贾植芳先生纪念集》，第71页。

野来看世界，要接受世界上一切有价值的文化财富，不排斥异己，不唯祖宗为绝对之是。”[①]

对此一问题，也可以借用西方的意义治疗法解释。奥地利心理学家维克多·弗兰克根据自己在二战期间的德国纳粹集中营的经历创立了意义治疗法，被称为维也纳第三心理学派。意义治疗法的英文单词为logotherapy。根据弗兰克自己的解释，“logo”源自希腊词汇logos，基本含义是“意义”（meaning）。“therapy”的意思是治疗。因此logotherapy即意义治疗法。[②]意义治疗法的核心是“聚焦人类存在的意义以及对这种意义的寻找”[③]。弗兰克把人类寻找意义的内在动力概括为“面向意义的意志”（will to meaning），区别于弗洛伊德心理分析学说的“面向快乐的意志”（will to pleasure），也区别于阿德勒学说的“面向权力的意志”（will to power）。[④]面向意义的意志概括贾植芳身上的人格精神非常恰当。在贾植芳身上，面向意义的意志的内涵可以概括为：中国传统江湖侠客的担当精神与五四以来现代知识分子的良知精神的统一，它一方面抵抗快乐的引诱，一方面也抵抗权力的压制。

2016年6月28日初稿

2016年7月18日定稿

---

① 陈思和：《我心中的贾植芳先生（之三）》，载于《中国现代文学研究丛刊》2008年第5期。

② Viktor E. Frankl: *Man's Search for Meaning: An Introduction to Logotherapy*. New York: Washington Square Press, 1968. p153.

③④ 同②，第154页。

读贾植芳先生书信有感

金　理[①]

一

此处的书信是特指——《贾植芳、任敏致胡风、梅志、路翎、晓风、晓山信件选（1982—2005）》，凡一百二十余通，笔者参与整理、校注，收入《贾植芳全集》（第五卷）[②]。

贾先生曾在信中殷切劝告梅志："除服用必要的药物外，首先应从生活上着眼，要节劳，注意必要的营养和休息，……除平常的饮食外，还应吃些补品，我们这里上了年纪的高寿老知识分子，都有这个经验之谈，我以前还不理解，甚至当成'资产阶级生活方式'来否定，这几年我才从实际中懂得了。我们这里有一二十位八九十岁的老

①金理，复旦大学中文系副教授。

②这批书信首发于《史料与阐释（第四辑）》，复旦大学出版社2016年版。《贾植芳全集》2018由北岳文艺出版社出版。本文在这部分书信的引文后用括号内数字标注日期。

头子老太太，都是以此获得健康和长寿的。这点应该向他们学习，何况我们要做的事还只是开头呢？”（1986年7月25日）这是指哪些“事”？而贾先生又做了哪些“事”呢？

我把这些事情理解为贾先生晚年的学术部署，其中很多的环节，与历史记忆的“拨乱反正”有关。“风兄的回忆录我到手后即读过了，这样直抒胸臆，让历史说话顶好，这样不仅有助于澄清这些年来由于‘人工降雨’所积有的灰尘，也有益于真正的中国现代文学史实的研究……”（1985年3月17日）“文集所收各文，最好都加个‘题解’或必要的注文，由您代行为上。这有利于中外读者，尤其我国的中青年两代。对于胡先生的文艺思想和事业贡献，他们多年来都被蒙在鼓里，闭目塞听，这种不正常的历史现象，令人可气可笑。因此，多加注文，也是一种拨乱反正的需要和措施。”（1982年2月25日）

发扬幸存者的声音，让更多的后来人了解这段历史。这是贾先生晚年关注的重中之重。

二

因为身在高校，就近取材，贾先生为胡风全集的出版，可谓投入了一切可以争取到的力量：搜寻刊载胡风文章的各种资料，不但亲自上阵身与其役，任敏师母、内侄女桂英都参与（1983年11月15日），且发动身边的友人和学生，“我们这里的工作同志，在她们查阅旧报刊的工作中，也随手记下一些所见到的胡先生文章题名”（1982年5月20日）。尤其是胡风早年的一些论文，请人“在上图等处查阅过，希望能一一复制，但上海无这些刊物（因为这些文章凭我的记忆，似乎未收进他的集子内），现将目录抄出，希望能在北京查查，实在不行，再托日本人在日本复制（我这里带一个日本横滨大学进修的副教授）”（1983年12月25日）。广搜材料之外，贾先生还以学术眼光建议晓风“不妨定下心来，为胡先生编一部大型的《年谱》，从他的生活和文学道路中，反映八十年来的一个历史时代的内容，包括中外大的历史事件、文坛风云、政治文化斗争等等。总之，从一个人的生涯看一个动荡的年代，一定很有意义和价值”（1990年5月31日）。

对胡风及“七月派”的各种研究性资料，贾先生一方面因身在高校，得以率先过目，另一方面又出于学术敏感，主张“介绍进来”也“翻译出去”的态度。

先看“介绍进来”这一方面。如1983年11月15日致梅志信中以下三条：（一）1983年6月29日夏志清来复旦大学访问，贾先生参与接见[①]，信中提道：美国哥伦比亚大学出版社1981年出版夏志清、李欧梵、刘若愚“编辑的一本《中国现代中短篇小说选》[②]，其中有一篇路翎小传，已被我们这里编‘路翎研究资料’的同志收入”。（二）捷克普实克编的《东方文学辞典》，其中第一卷收有胡风条目，贾先生复制一份寄给晓风，并嘱译出。（三）“我这里还有一本林曼叔、海枫合编的《中国当代文学史稿》（巴黎第七大学、东亚出版中心1978年版），也是一本海外华人著作，其中有一个专门章节，你处如未见到，我可

① 关于此次接见的前后情形，见贾先生1983年6月26日、27日、29日三条日记；参见贾植芳：《早春三年日记》，大象出版社2005年版，第177—179页。

② 参见“*Modern Chinese Stories and Novellas*，1919-1949，Columbia University Press，1981”；该选集中文版为《中国现代中短篇小说选》，香港友联出版社1984年出版，“本书是《中国传统短篇小说选集》（马幼垣、刘绍铭合编，哥大，1978）的姊妹篇。我同刘绍铭、李欧梵身任编辑，在书中录用了二十位作家的四十四篇作品。藉以代表1919至1949这三十年间的中国小说成就”。见夏志清：《〈中国现代中短篇小说选〉导言》；载自《夏志清序跋》，古吴轩出版社2004年版，第30页。

复制有关章节寄你存查。”

又如，贾先生注意到台湾刘心皇《现代中国文学史话》(正中书局1979年8月出版，书信中作“《中国新文学史话》”)，书前有胡适一篇演讲作序。这篇题为《中国文艺复兴运动》的序言中，提及了胡风及1955年事件，贾先生提醒胡风家人“注意收罗这方面的材料，它们有其史料价值”(1985年3月17日)。还有:“我将托去香港的朋友，在那里收集些最近海外对胡风第三次平反后的反响和论文，因为国外一直注意这一问题，作为了解中国现实政治的一个视角，也是研究中国现代文学的一个重大课题。”(1988年11月13日)“日前有一个日本京都大学的博士拜访我，说是日本研究胡风的人多起来了，我托他收集这类材料。”(1988年7月1日)

关于“译介出去”也举一例。胡风在1984年时写过一篇文章《略谈我与外国文学》，刊发于《中国比较文学》1985年第1期。“广西大学还办一个向外发行、用英文出版的《比较文学研究》，我当建议他们译成英文，在该杂志刊用，向外发行，以广流传。”(1984年2月1日)故而贾先生特意将胡风此文“复制了一份，托广西大学来人带回”(1984年3月24日)。《中国比较文学研究》(又名《文贝》，英文译名为cowrie)是一份公开发行的英文版学术刊物，最早为广西大学所办，由杨周翰任编委会主任，贾先生与孙景尧任副主任，编辑为孙景尧和美籍专家马克·本德尔。创刊号于1984年2月出版，次年2月出版了第二期[1]。胡风的这篇文章英文版正式发表于第二期上。而贾先生之所以如此安排，他的考虑是:“这个外文刊物，第一期出版后，在国外

---

① 对该杂志的介绍引自《中国比较文学年鉴·1986》，北京大学出版社1987年版，第342—343页。

颇有影响，英法一些刊物都有评价，风兄应该多找机会，在国际间‘亮相’，也算以正视听的一个方面。”（1984年6月1日）贾先生后来遇到《中国比较文学研究》编辑孙景尧，后者刚参加了在法国召开的比较文学年会，告知：“此次去巴黎，带了《文贝》第二期一百册，分发与会各国代表，影响颇大。东欧一些国家代表，甚至闻讯向他索取，我听后颇觉安慰。”（1985年10月4日）这里再提供一条旁证材料，乐黛云先生在怀念孙景尧的文章中提道：“特别是他1984年开始策划并编译出版的第一个中国比较文学英文刊物《文贝——中国比较文学学刊》六卷（漓江出版社，1984—1991）更是在国内外产生了巨大影响。1985年8月，国际比较文学第十一届年会在巴黎召开，代表中国学者出席此次大会的杨周翰教授在他回国的报告中特别提到法国比较文学元老艾田伯的总结发言。这个发言的题目是‘中国比较文学的复兴：1980—1985年的中国比较文学’。其中引用的材料大部分出自《文贝》。”[①]由此可见，这份杂志的国际学术影响以及贾先生上述预见之高明。

三

说到“拨乱反正”，资料的搜集、整理还只是第一步，接下来是

① 乐黛云：《悼念中国比较文学的开路先锋孙景尧》；载自陈跃红、张辉主编：《比较文学与世界文学（第三期）》，北京大学出版社2013年版，第170页。乐黛云先生提及的杨周翰教授回国后的报告题为《国际比较文学研究的动向》，其中说道：“广西大学办的‘Cowrie’（《文贝》）在国外有很好的反响。艾田伯的报告主要是根据《文贝》提供的材料。这也说明，我们要跻身于国际学术之林。必须使国际学术界对我们有所了解。”杨周翰：《国际比较文学研究的动向》，《中国比较文学年鉴·1986》第7页。又，1985年5月14日《人民日报》刊发署名文章《〈文贝〉在国内外学术界受好评》。

如何将这些材料尽可能保持原貌地呈现给读者，这就涉及出版策略。

胡风的特写集《和新人物在一起》[①]曾由上海新文艺出版社于1952年7月出版，80年代初的时候准备再版。但是当时出版社的领导顾虑颇多，“书里写的那些‘新人物’不知后来政治历史情况如何，需要做些调查”（1984年1月18日）。也难怪，在胡风遭受批判的岁月里，该书曾被指为携带着“反动毒害”[②]，出版社领导的顾虑、犹豫，也可以视作乍暖还寒时期心有余悸、惊弓之鸟的表现。很可惜，这次出版最终还是夭折，“借口《和新人物在一起》里写的那些劳模和战斗英雄，现在无从查对他们以后的政治面目，仍然把稿子退了”（1984年7月18日）。不过我们要注意贾先生在此过程中曾劝慰梅志：上海文艺社“在观风色，不愿为天下先，只要北京人文，或湖北人民、江苏人民的书出来了。那时他就会抢印了”。（1984年1月18日）

也就是说，目的无法一步达成之时，不妨注重迂回策略，“为了争取与读者见面，有些事不妨先写得隐晦一些，尽可能不要触动某些人过敏的神经，正像晓风说的，先印出来，过个时期再行恢复原状，或另行补充”（1984年5月4日）。举个例子，1985年8月，上海书店影印再版《工作与学习丛刊》，出版社此前通过贾先生约请胡风写一序文（1984年6月1日、1984年7月5日），胡风执笔的《〈工作与学习丛刊〉始末》寄到上海，这篇在贾先生看来原该属于“介绍性的文章”中，却有几段敏感文字事涉茅盾、冯雪峰、生活书店，于是贾先生特意将“耿庸兄，以及何满子兄找来研究了半天”，用意是，“在目前情况下，为了

① 1950年9月，胡风列席全国第一届英模大会，英雄模范们的事迹使其深受感动，先后写了十多篇报告和速写，后结集为《和新人物在一起》。

② 孟凡：《胡风所写“和新人物在一起”的反动毒害》，载自《新华月报》1955年第9期。

争取与社会见面，这些事情，凡是易惹出纠纷、授人以口舌的东西，写出应该暂时隐晦些；只要在不伤害自己又不歪曲事实的前提下，要讲究笔法，直白的写法，留到风兄写回忆录时写进去。”（1984年7月18日）在商量后，删订如下：关于茅盾只写他“被列为这个刊物的基本作者之一，挂个编辑名义”；关于冯雪峰，只写他“是领导人，我只能服从”；关于生活书店，只写“第四本排好后，得到书店通知说前三本禁了，这一本虽已排成，不能出了，只好拆版，直到40年代后，看到上海复印本，才知道这本还是出了的，不过改名为《黎明》”[①]。我们对照《工作与学习丛刊》影印本的序言、收入《胡风晚年作品选》及《胡风全集》（第七卷）的该篇文章，都是以采纳了上述贾先生等人删改建议的面貌而出现的。

梅志撰写胡风的传记，贾先生边读边给梅志建议：“基本原则是反映历史的真实、生活的真实，绝不要因顾忌由于先要发表、怕触怒当权者的敏感与反感，而绕开或避免一些尖锐而真实的东西，以免贻误历史，或弄得历史面目模糊不清，如蒙上一层雾气。先写出历史真相再说。摆放一下，至于为了目前能够发表而又不太触怒当权者的敏感与暴怒，可以就一些敏感处可稍加改削，而保留底稿，以便在目前历史环境许可下能出版，这样就保存了历史的真实，有利于国内外文化学术界的研究，又不妨碍目前环境条件下的发表机会，就叫‘将计就计’。”（1994年12月31日）这段“将计就计”的话，把贾先生的态度表述得很辩证。

---

① 关于上述事情的大致原委，可参见胡风回忆录；参见《胡风全集》（第7卷），湖北人民出版社1999年版，第346—350页；梅志：《胡风传》，十月文艺出版社1998年版，第339—342页。

四

贾先生晚年学术部署中还有一项重要的环节，就是培养“七月派”、胡风集团的研究者，尤其是中青年学者：“希望能多读到第三者或中青年一代这类文章才好。他们头脑比较干净，看问题比较客观，因此多一些科学性和学术性，更接近历史的真实。这就是青年一代可爱可贵之处。”（1986年1月3日）将这一条与贾先生于1989年3月写给李辉信中所言合观，意思就显豁了：“我觉得这件历史公案，作为当事人，很难避免感情因素，往往看问题失之偏颇，也不排除由于现实环境，某些人还有所顾忌，这都是事之常情，不足为异。你已是隔代之人，执笔写来，必然是客观而全面地观察、分析那些历史现象以及人们的生活境遇与精神世界，这样就比较更接近更真实地反映历史真相。我认为你基本做到这一点。又由于这宗历史事件，于今相去不算太远，那些主持和参与其事者（即主凶和帮凶），也不免要触动神经，甚至反扑，这都是意料中事，不足为异。总之，你写的是真实的历史，正如某些评论家说，用的是史笔，对得起历史的真实，也就俯仰无愧，由他们七嘴八舌好了。历史终将证实它的公正。”[①] 李辉《文坛悲歌》出版后，贾先生的评价中庶几可以看到心愿的实现：“它基本上写出了它的历史面貌，驳斥了五十五年那些‘欲加之罪何患无辞’的胡言乱语，以正天下视听，以助人们进行深层的历史反思，起到了它应起的历史作用。李辉说，他预备听取各方意见，再编写一本补编，以求完整。我赞同他这个设想……”（1989年3月13日）进入90年代之后，先生欣慰

① 《致李辉》（1989年3月14日），收入贾植芳：《写给学生》，大象出版社2000年版，第102—103页。

于胡风研究成为“学术界的热点”：“进入90年代后，1955年胡风事件开始成为学术界的热点，……这是过去想象不到的历史现象，也反映了历史的无情又有情。”（2000年2月1日）

五

2011年11月26日《东方早报·上海书评》发表吴琦幸录笔的王元化先生访谈录（访谈时间为2007年7月）[②]，重提旧事（“反胡风”运动公布材料里，有一封胡风致友人信，其中说道：对于王元化要“揭穿他”），王元化先生且留下了“胡风那个人宗派意识很强”“胡风这个人我是不喜欢的，如果他当了文化部门的领导人，可能比周扬还更坏”等月旦之语。此后引发议论[③]据《王元化谈话录》，王元化与胡风之间关系出现裂隙，主要起于天蓝诗集出版中的波折，关于此事，罗洛有较为详细的记载：

> 1952年，天蓝把他自编的一本诗集寄给新文艺出版社，我作为责任编辑，即以《队长骑马去了》作为书名，在1953年出版了……就是这样一部诗集，其中的诗曾受到解放区和国统区千万读者的称赞，出版后却遇到了意外的麻烦。有一天，王元化告诉我：华东局宣传部来了个电话，说是《队长骑马去了》有政治原则性错误，必须禁止出版和销毁。《队长骑马去了》写一支抗日游击队在汉奸的破坏下，队长被诱杀，队伍遭到敌人的伏击；诗中有这

---

① 王元化、吴琦幸：《王元化谈话录》，载自《东方早报·上海书评》2011年11月26日；收入吴琦幸：《王元化晚年谈话录》，上海人民出版社2013年版。

② 参见刘绪源：《追寻思想者的最后踪迹——读吴琦幸〈王元化晚年谈话录〉》，载于《文汇读书周报》2013年10月16日；彭小莲：《如果胡风当官了……》，载自《随笔》2014年第1期。

样几行：“今日／我们并不败走，／并不逃跑！／我们是中国的军士呀，／面向着：／纪律与／死！”据说，这是把纪律与死对立起来，好像遵守纪律就得死，是对我军纪律的严重歪曲，是政治性错误。当时，我认为这理由是站不住脚的，采用行政手段随意禁书更是错误的。因此我说：“他们有意见可以写文章批评，我作为责任编辑，有责任做出答复，上海不能发表，我拿到北京去发表。”元化说：“这是上级党委的意见，你是党员，应该遵守组织原则。”我说：“党员更应该辨明是非，坚持真理。”尽管我和元化私交很好，但在这个问题上却谈得不欢而散。这件事，被满涛知道了，他写信告诉了胡风。1953年8月17日，胡风给他回了一信，信中说：“现在还是，正是需要点滴斗争的时候，要遵守组织原则。但组织原则是为了保证斗争的。”[①]

据王元化自述，“1954年我调到上海文委，年底，全国开展了批判胡风的斗争，来势凶猛，从思想问题很快上升到政治问题。这时，彭柏山把我和孔罗荪叫到市委宣传部，他拿出刚刚发下的红头文件对我们两个人说：‘中央责令每个党员都要写批判胡风的文章。这件事很严重，是毛主席亲自抓的，我也要写，你们也要写。’谈话回来不久，果然柏山写了，我也写了。这是我一生中所写的至今内心深以为疚的文章”[②]。这篇文章，当指发表于《解放日报》1955年3月6日的

① 罗洛：《琐事杂忆——我所认识的胡风》；载自晓风主编：《我与胡风》，宁夏人民出版社2003年版，第976—977页。

② 王元化：《我和胡风二三事》；载自《人物·书话·纪事》，人民文学出版社2006年版，第291页。

《胡风的反马克思主义的立场观点》。1955年6月，王元化被隔离审查，“在长时间的隔离、反复审问和不断责令交代的压力下，几乎失去了辨别真假是非的能力。然而，他仍然坚持说，张中晓是一个淳朴的青年，不能因为胡风与周扬的文艺观点不同，就将胡风打成反革命”。“1959年底，长期审查的结论下达了，王元化被定为‘胡风反革命集团分子’，开除党籍，行政降六级。”[③] 贾先生回忆：“‘胡风案件’平反后，王元化在文艺会堂请我吃饭，有文化界的人作陪。王元化说，我不承认胡风是反革命，也没有说你是反革命，我只说你这个人好复杂。我说，这样说就可以了，你已经承担风险了。当时喝白酒，那已算特别好的白酒了。我自己又在小卖部买一瓶酒。他说我请不起你吗？我说，你请我喝一盅，我自己要喝一瓶的。前两年王元化办书法展览，我去参加了，王元化跑过来和我拥抱，他哭了。”[①] 贾先生当夜日记中，留下“元化情绪很激动，谈他多年遭遇”[②]等记录。

王元化与胡风、贾植芳之间的交往，研究者似乎关注不多[③]，

---

① 胡晓明：《王元化画传》；文化艺术出版社2007年版，第90—93页、第99页。

① 樊克宁：《贾植芳：硬骨头的“胡风分子”》；载自陈思和主编：《贾植芳先生纪念集》，复旦大学出版社2011年版，第380页。

② 《日记（1981年1月9日）》；收入贾植芳：《解冻时节》，长江文艺出版社2000年版，第301—302页。

③ 参见许俊雅：《我读〈贾植芳致胡风书札〉的一些想法》；收入《史料与阐释（第四辑）》，复旦大学出版社2016年版；张陆洲、王守雪：《王元化晚年对于胡风文艺思想的反思》，载自《安阳师范学院学报》2014年第6期。

仅以贾先生留下的书信、日记而言，就有多条可供钩稽、参考[④]。笔者并不是要描述其交往的原委与始末[①]，只是因为王元化晚年谈话录所引发的议论，我在贾先生这几通书信中就格外留意“王元化”的出现，检阅之后，将较为重要的几处，罗列如下：

王元化兄前周曾来复旦中文系为师生做过一次讲演。这是二十多年来他第一次来我家做客。去年冬天我们曾应邀去他家喝酒，大家又不时有所接触，费明君家属的善后落实政策事，他曾大力

④ 书信可见《致梅志（1953年9月21日）》《致梅志（1954年11月20日）》，载自《贾植芳致胡风书札》，华宝斋书社2001年版，第69、76页；《致胡风（1979年10月29日）》《致胡风（1979年11月23日）》，收入《贾植芳、任敏致胡风、梅志、路翎等信件选（1979—1981）》；载自《史料与阐释（第一辑）》，复旦大学出版社2013年版，第3、5页；日记可见1980年2月3日、1980年8月28日、1980年11月28日、1980年12月26日、1981年1月4日、1981年1月9日、1981年5月2日、1981年8月22日、1981年11月3日诸条，收入贾植芳：《解冻时节》，长江文艺出版社2000年版，第190、245、281、297、300、301—302、353、381、397页；日记1982年4月26日、1982年4月27日、1982年5月14日、1982年5月30日、1983年2月13日、1983年7月13日、1983年12月7日等条，载自《早春三年日记》，大象出版社2005年版，第18、19、21、28、124、184、236页；日记1985年3月23日、1985年5月17日、1985年5月21日、1985年5月25日、1985年5月30日、1985年6月12日、1985年6月17日、1985年8月8日、1985年10月8日、1985年10月10日、1985年10月17日、1987年5月15日、1987年11月30日、1987年12月8日等条，收入《贾植芳文集·书信日记卷·退休前后》，第181、198、201、203、204、210、213、233、249、250、253、464—465、537、540页；日记1988年2月15日、1988年7月11日、1988年8月1日，收入《贾植芳全集》（第7卷）。

① 照实说来，笔者目前并不具备此种能力。一来人际关系随着时间迁移会有变化，本文主要关注于相关书信范围之内。二来书信写作具有明确的“对话方”，写信人与收信人之间心知肚明的内容与表述方式，对于研究者等第三方而言，往往成为冰山隐没在水面下的部分。本文初稿曾提交给2016年7月2日召开的“贾植芳与中国新文学传承国际学术研讨会”，那次会上笔者宣读完论文后，曾蒙李辉、陈思和两位师长指点，他们提供的信息，有的直接得自于当年和贾先生、王元化先生的谈话，也许还无法同目前存留的文字一一印证，却有助于我们去理解那些“隐没”的部分。此项考察只能留待将来了。

帮了忙，我很感激他。（1982年5月20日）

元化已先我回沪，正月初一，我们应邀到尚丁家吃饭，曾和他相遇，据说他将出任上海宣传部副部长和上海文联第一把手，要搬房子了。（1983年2月23日）

北京八个朋友上书中央请调工资级别事，我们上海三个人（何、耿）联合给上海市委写了封信，要求照此办理。由王元化转至，他满口答应（是他去看满子时顺便谈到这事的。他说这是光明正大的事，应据理而争云云）。（1983年3月24日）

王元化兄，我们还是今年春节时在尚丁家吃饭见过面，暑假期内他来复旦办的一个学习班讲话，桂英曾去找他来家吃饭，他说忙得不可开交，马上要回去开会，说是有许多事要和我谈，希望我进城时和他碰碰头，但我又很少进城，所以一直没碰面。听说本月20日，他去访日本，我的一个学生将陪他同行。上海地方复杂，他做了这个官，我看日子不好过。前次朱微明来说，罗洛调回上海事，元化已在帮忙，不成什么问题，罗洛女儿也由王的关系，到什么单位当英文翻译了。如此看来，他还没有一阔脸就变。（1983年9月14日）

元化近日听说住院，上海有批“三王”（王若水、王元化、王若望）之说。《解放日报》提出的，但听说已作罢，我们相信三中全会的路线政策，总不至像过去那样“无限上纲”，节节深

入吧。(1983年11月15日)

元化日本回来后，住在广慈医院，上半月我们去看望了他，他住在医院，人倒发胖了。上海前一阵子，有批三王之说（王若水、王若望、王元化)，现在像已过去。(1983年12月25日)

元化夫妇，已去广东休养，一下大约不会回来，年前我们去广慈医院看过他，经过疗养，他反而看起来胖了。(1984年3月24日)

我虽然不能出门，但学校事务仍很多，最近由我出面邀请了一位日本大阪外国语大学教授相浦杲来学校讲学，我又忙了一阵子。王元化兄去年赴日时在这人家里吃喝过，为此也来复旦拜望这个日本人，也到我们这里来过，他身体好多了。但上海地面复杂，他这个部长当的似乎并不顺当，这也是苦恼事……（1984年6月1日)

今日接王戎信，又陈思和从北京开会回来，碰到李辉，也谈了一些情况，我们非常惦记，王元化兄今天下午来我这里，也谈起您给他来信的情况（此处的“您”指梅志，“情况”当指梅志为胡风的病重而焦急——编者注)。总之，要沉着冷静的对待，重要的是生活的护理和精神上的激励，……（1985年5月17日)

我们上海几个朋友过节很热闹，从前，我们在各家或酒楼一块大吃大喝了好几次。因为都进入暮年，这样的日子不太多了。

王元化兄不做官了，今年又每次参加吃喝，而第一次相聚就在他家。（1986年3月7日）

我们因即将去香港，前天中午约来上海的朋友，何满子夫妇、王戎夫妇、王元化夫妇、罗洛夫妇、顾征南来寓相叙，也因为春节时上海流行肝炎，大家不便外出吃饭。现在肝炎基本稳定，因此借我们即将外出的机会，聚会一番……（1988年3月30日）

本月9日上海市委宣传部组织我们上海文化界年纪大的一些人出游，参观金山的化工厂、海盐的核电站，我们两个与王元化夫妇、罗洛（小杨未来，她在家里看外孙）一起快活了几天，现在大家年纪都大了，平时很少见面。（1990年5月31日）

上海文学基金会，由巴金、王元化牵头（实际上是王元化主事），拟出一套过去由于历史原因未能出版的现代文学作家作品及理论著作，由李子云、陈思和负责具体编务，我与于伶、柯灵等上海滩上的文化界老人任顾问，是一套丛书，十本一辑，由海南岛出版，其中有一本是收胡先生三十万言书等，由我们这里一位现任副教授的研究生宋炳辉编辑，思和写序文。元化特嘱最好收三十万言全文，以便研究界对这件公案的研究，可以更深入，更实际。（1996年1月20日）

由上述诸条来看，在必要的时候施予援手，对特殊处境多有体贴，其间的友谊和信任不言而喻。据贾先生自述，与王元化相识于

1946年，“在胡风家里，我们一起吃饭”[①]。我还想到，王元化曾对胡风说过，相较于路翎的小说，“我比较更喜欢贾植芳的《人生赋》”[②]。此外，2001年10月《贾植芳致胡风书札》（线装，手迹影印，华宝斋书社出版）出版，书名就由王元化题签。

对于王元化先生的思想与学术，笔者钦佩有余而难窥堂奥。我想起他的专著《文心雕龙讲疏》于1979年以《文心雕龙创作论》为题初版，贾先生曾赞誉其为“一部很有启发性的著作。读者不仅从作者对《文心雕龙》的研究中获得益处，同时也可以从其研究《文心雕龙》的方法中获得某种启发”[①]。经此联想，在翻阅贾先生书信同时，我也检出自己当年阅读《文心雕龙讲疏》的几则笔记，发现其中提到最多的居然是胡风，缀拾如下。

> 《文心雕龙·物色篇》：“写气图貌，既随物以宛转；属采附声，亦与心而徘徊。”“随物宛转”“与心徘徊”向为历代论者所重（纪昀评此八字“极尽流连之趣”[②]），而王元化先生的注疏尤为周彻妥帖：“‘随物宛转’是以物为主，以心服从于物。换言之，亦即以作为客体的自然对象为主，而以作为主体的作家思想活动服从于客体。相反的，‘与心徘徊’却是以心为主，用心去驾驭物。换言之，亦即以作为主体的作家思想活动为主，而用主体去

① 樊克宁：《贾植芳：硬骨头的“胡风分子”》，载自《贾植芳先生纪念集》，第379页。

② 王元化：《我和胡风二三事》；收入《人物·书话·纪事》，第290页。

① 贾植芳：《中国比较文学研究的过去、现在与将来》；载自《贾植芳文集·理论卷》，上海社会科学院出版社2004年版，第208页。

② 参见周振甫：《文心雕龙注释》，人民文学出版社1981年版，第494页。

锻炼、去改造、去征服作为客体的自然对象……在创作实践过程中，作家不是消极地、被动地屈服于自然，他根据艺术构思的要求去改造自然，从而在自然上印下自己独有的风格特征。同时，自然对于作家来说是具有独立性的，它以自己的发展规律去约束作家的主观随意性，要求作家的想象活动服从于客观真实，从而使作家的艺术创造遵循现实逻辑轨道而展开。”[①]这段话自然让人想起胡风著名的“主客观化合论”：“创造过程上的创造主体（作家本身）和创造对象（材料）的相生相克的斗争；主体克服（深入、提高）对象，对象也克服（扩大、纠正）主体，这就是现实主义的最基本的精神。” 甚至用词也高度一致：“服从”“约束”“遵循”“锻炼”“改造”“征服”和“深入”“提高”“扩大”“纠正”。同样重要的是，王元化指出物我之间的对立、交融，“始终贯穿在作家的创作活动里面，它们齐驱争锋，同时发挥各自的作用，倘使一方完全压倒另一方，或者一方完全屈服于另一方，那么作家的创作活动也就不复存在了”。具体而言，“仅仅以心为主，用心去驾驭物，就会流于妄诞，违反真实”，如同胡风揭批的“主观公式主义”；“仅仅以物为主，以心屈服于物，就会陷入奴从、抄袭现象”，类乎胡风反对的“客观主义”。

胡风质疑“形象化”的说法：“先有某种‘理论’或‘概念’，作家再去把它‘形象化’”，这与“真的创造过程恰恰成了一个颠倒。”[②]由此阐述艺术思维的特殊性与概念的、逻辑思维的辩证关

① 参见王元化：《释〈物色篇〉心物交融说——关于创作活动中的主客关系》；载自《文心雕龙讲疏》，上海古籍出版社1992年版，第91、92页。

②胡风：《关于“主题积极性”及与之相关的诸问题》；载自《胡风全集》（第5卷），第180页。

系："文学创造形象，因而作家的认识作用是形象的思维，并不是先有概念再'化'成形象，而是在可感的形象的状态上去把握人生，把握世界，这就非得在作家的意识上'再三感觉到'不能胜利。"[①]为了更严格的界定"形象的思维"，胡风还特别将它和流行的"形象化"的提法区别开来。尽管二者在字面上失之毫厘，但在理论意涵上却差之千里。前者意味着"在艺术创造过程里面，思想（思维、作家的主观认识）只能是一根引线，始终要附着在生活现实里面，它的被提高只能被统一在血肉的生活现实里面同时进行"；而后者既是廉价地应和、借用身外的概念、符号，即从先验的"一种离开生活形象的思想（即使在科学上是正确的思想）"出发，同时所谓"'化'成'形象'"又"加强了诗人的主观能动精神的衰退"。对于前者，生活和创作统一，思想和艺术统一，这样，"思想才是活的思想而形象才是活的形象"；对于后者，"思想成了不是被现实生活所怀抱的，死的思想"，而形象成了"不是从血肉的现实生活里面诞生的，死的形象"[②]。总之，胡风要求作家必须从直接的体验出发，以生命特有的感性机能形成关于对象的活的感受，如果相反，欠缺了主观精神的燃烧，欠缺了作家"主观精神活动"的以身相证，则创作过程无法完成。《文心雕龙讲疏》内中一段讨论"由个别到一般与由一般到个别这一认识规律体现在艺术思维中的特殊形态"时，呼应了胡风对"形象化"与"形象的思维"的辩证："作家的认识活动只能从作为个别感性事物的形象出发。在全部创作过程中，并不存在一个游离于形象之

① 胡风：《今天，我们的中心问题是什么》；载自《胡风全集》（第2卷），第613页。
② 胡风：《关于"诗的形象化"》；载自《胡风全集》（第3卷），第90页。

外从概念出发进行构思的阶段……在艺术创作过程中，存在着一个摈弃形象的抽象思维阶段，而艺术创造就在于把经过抽象思维所获得的概念化为形象。这可以说是一种‘形象图解论’，它是反对形象思维的。”[①]这在王元化对黑格尔《美学》的疏解中表达得更为显豁：“不能把构思的方式当作一回事，把表现的方式当作另一回事，认为构思属于理智的功能，而表现则属于感性的功能，艺术家把他在构思中通过理智功能所得到的思想，在创作中再把它们‘化’为形象表现出来。这样就把一种和艺术思维相对立的办法引进了艺术的创造过程，从而把艺术创造变成一种最枯燥、最乏味的翻译工作：不断地要把概念化成形象。”[②]

王元化在《上海文学》1980年第12期发表《文学的真实性和倾向性》，这是“文革”后现实主义文论“破冰”的代表性作品：“作家在写作的时候，如果强迫自己去写对他是陌生的、未经消化的、并未扎下根的思想感情，那么，不是煮成一锅夹生饭，就是弄虚作假”，“没有获得人格印证融为自己血肉的思想是虚假的。游离于艺术形象真实性之外的倾向性，不是脉管中流动的血液可以灌注全身，赋予机体以生命，而是贴上好看商标的赝品，顶多只能起着暂时的蒙混作用”。其间胡风的回声铿然作响。从30年代胡风对“观念游戏”“大而空的‘意识形态’”的奋起反抗，到80年代初王元化站在废墟上的重建，当中相隔近半个世纪，历史翻过了沉重一页。《文学的真实性和倾向性》一文主要的思想资源来自别林斯基。据说胡风曾被誉为“中国的别林斯

① 王元化：《刘勰的譬喻说与歌德的意蕴说》，载自《文心雕龙讲疏》，第156页。
② 王元化：《读黑格尔》，新星出版社2006年版，第226页。

基”[①]，胡风曾假设能提前读到别林斯基，那么“我的评论工作也许不至于那样贫乏”[②]，他在书信中对《别林斯基选集》的出版多次表示关注，当收到第二卷翻阅一遍过后，提笔给满涛（别林斯基最主要的译介者，王元化的内兄，1955年，满涛被定性为“胡风集团一般分子”）写信：“只觉得，那一种拥抱万有而又精细入微的力量，对于我们是太需要了。”[③]

自吴琦幸先生编撰《王元化晚年谈话录》问世后，书中关于胡风的问答引来不少读书人的热议。从贾先生书信中出现的王元化形象出发，结合自己上述那些阅读心得，不是为了参与这种讨论，当然也不是为了说明谁影响谁。文人之间的人事纠缠，是史料，作掌故或八卦看也无妨。但我们不能忽略的是，在人事关系的纠缠中把握文学、思想的呼应与对话。以上所举王元化与胡风文论中的“神和”，我把他们理解为依据自身关切和脉络，对不良文坛风习的警示。其实，如果一种思维与精神的能力即使在取径各异的知识分子笔底也反复彰显，那么这也恰恰证明其确实代表着人类对文学的认知中某一特殊面相，弥足珍贵。

2010年7月25日

① 参见吴奚如：《我所认识的胡风》；载自《我与胡风》，第24页。晓风：《我的父亲胡风》，湖北人民出版社2007年版，第2页。

② 胡风：《略谈我与外国文学》，载自《胡风全集》（第7卷），第263、264页。

③ 《胡风致满涛信（1953年2月2日）》，载自《胡风全集》（第9卷），第400页。

书信里的八十年代

——贾植芳致古剑书信发微

张业松[①]

一、材料来源

因缘于时势迁变，近来同仁们喜谈“八十年代”，或掘发伏藏，或彰显精义，多有可观。恰好最近见到贾植芳先生的一批集外书信，其中致古剑先生的九通，写于1985—1990年间，内容围绕约稿投稿，牵涉相关人事，尤其是贾先生退休前后的出访和写作，参照收、发信人的相关记述，读来颇有兴味。抄校之余，略为疏解，或亦不失为“八十年代”的一个注脚。

贾植芳先生（1916—2008）是作家、学者，早年致力于小说、散文创作，是“七月派”主要作家之一；中年进入大学，教书育人，领导

① 张业松，复旦大学中文系教授。

学科建设，主要在新文学和世界文学两个领域耕耘。壮年遭遇不幸，因“胡风反革命集团案”入狱、被监管垂四分之一世纪，创作研究两废。晚岁幸逢“改革开放”，得以重新焕发，在学术和创作上做出新的贡献。学术上，贾先生成为复旦大学中文系“中国现当代文学”和“世界文学与比较文学”两个学科领域的带头人，植芳满园，成就卓著，此处不表，单说创作。有别于早年的小说、散文创作，贾先生晚岁的创作，因缘际会，主要文类变成了序跋、书信、日记和回忆录。回忆录以《狱里狱外》为主，序跋有《劫后文存》，书信日记也多有整理出版。书信方面如经先生生前手订出版的《致胡风（1938—1954）》《写给任敏（1972—1985）》《写给学生》等，经收信人和研究者整理出版的如《贾植芳、任敏致胡风、梅志、路翎等信件选（1979—1981）》《致李辉（1992—2008）》《致董大中（1982—2005）》《写给范泉（1983—1995）》《致孙景尧（1982—1987）》等，均已收入《贾植芳全集·书信卷》，将由北岳文艺出版社出版。最近搜集到的贾植芳先生书信共计十人二十封，来不及编入《全集》，以《贾植芳书信小辑》为题，在复旦大学出版社出版的《史料与阐释》丛刊第六期刊出。

古剑（1939—　），原名辜健，又名康馥，作家、编辑家，生于马来西亚，1961年毕业于华东师范大学中文系，与沙叶新同学。毕业后曾任教于华侨大学，后移居香港，历任《东方日报》《华侨日报》副刊主编、《良友画报》《文学世纪》等杂志主编，曾任香港作家协会副主席，著有散文随笔集多种。80年代在《良友画报》设立专栏介绍国内因种种运动而沉寂的老辈名作家，在此过程中辗转找到贾先生，由此开始通信。

贾先生致古剑的九通书信来源有三。其一是收信人所做的整理注疏，题为《故纸留真影——贾植芳书简》（载古剑著《笺注——20作家书简》，河南文艺出版社2015年版）。文中包含其中五通，分别写于1985年6月11日、1985年12月1日、1988年8月9日、1988年12月14日、1990年6月7日，均为迻录文字稿，另附1988年12月14日一通的手稿影印件。其二见于“艺度拍卖首页·拍卖预展·北京保利2016年春季拍卖会·古锦-近现代名人书札手迹下册·贾植芳致古剑信札”的网页[①]，该网页展示的是1985年12月1日、1985年12月7日二通书信的手稿影印件，其中1985年12月7日为新见。其三仍为古剑整理发表，题为《贾植芳书信八则》，载古剑著《信是有情——当代名家书缘存真》（浙江大学出版社2017年版）。《八则》中五通与《故纸留真影——贾植芳书简》重合，新增了写于1989年的三通：1989年1月25日、1989年2月16日、1989年4月27日。综观三个来源的九通书信，其中三通有手稿影印件，一通仅有影印件。对照手稿和迻录文字稿，可见个别释读错误，如将“耑此”认作“端此”“完稿”认作“定稿”等，问题不大，下文涉及时随文注明。

这组书信值得一说的大致有三方面，一是贾先生个人的工作、生活和写作，二是古剑所编栏目的命运，最后还涉及一些有趣的人事。这三方面所体现的，正是“八十年代”的不同侧面，从中皆可见出时代的曲折。

---

① http：//www.yidulive.com/auctionlist/detail.php？aid=52721&sid=1020，查访时间：2018年9月27日。

二、香港的窗口

整组书信起源于约稿。据古剑回忆，他在编《良友》时，要介绍因种种运动而沉寂的老辈名作家，“我想到了30年代与何其芳同时获大公报文艺奖的师陀，初请赵家璧先生撰写介绍文章，几经周折未成。师陀认为贾植芳是教授是内行由他撰写亦宜，给了我地址，我才知道贾先生在复旦中文系任教，开始了我与他的通信。”①

古剑先生谈到的约稿信没有见到。1985年6月10日贾先生日记第一次谈到与古剑的通信：“晚，给香港《良友画报》编者古剑写了回信，答应为他先写一篇关于胡风的散记。他来信说，师院推荐我给他们写一篇关于师院的文章。”②这里所说的“师院”原来应是“师陀”，显然是日记整理出版时誊抄出错了。贾先生与古剑先生的通信，源于关于师陀的约稿，接下去的展开，却导向了另外的方向和奇异的结果，某种程度上可以视为“时代的曲折”的一个见证，大概也是出乎所有当事人的意料之外的吧。今天来谈“八十年代”，这样的“曲折”是容易被忽视，也是恰恰不能被遗忘的。信件全文如下：

古剑先生：

惠函及承寄赠的《良友》画报都拜读好久了，因事杂多病，一直稽复，实在抱歉，想知我当能谅我也。

我首先祝贺《良友》在港的复刊。30年代，当我还是一个青

---

① 古剑：《笺注——20作家书简》，河南文艺出版社2015年版，第170页。

② 贾植芳：《退休前后（1985—1987）》，载《贾植芳文集·书信日记卷》，上海社会科学院出版社2004年版，第209页。下引本书随文标注页码，不另出注。

年学生的时候，我就是她的一个忠实的读者。这次复刊的《良友》，不仅保持了原有的风格，使人一见，真有如遇故旧之感，而且随着时日的前进，从内容上说，又有所开拓与更新，使人又有耳目一新之享。这些都是你们诸位编者先生辛勤耕耘的结果，作为一个读者，向你们谨致谢忱！

承师陀先生推荐，由我执笔为贵刊写一篇关于他的散记，我感到莫大的高兴，我为此给师陀先生打过招呼，希望能找个机会先聊聊，也因事杂，久久未能如愿相见，这也是我迟复您的原因。但我总要实现这个诺言，不妨先向您提个保证。

前日收到胡风先生孩子电告，胡先生已不幸于本月病逝，我为此将于日内赴京，希冀和他再见一面——和他的遗体告别。我们相交有半世纪，也可称为患难之交，我为了纪念这位挚友的逝世，表示我深深的悼念之情，我想毛遂自荐，先于贵刊写一篇关于胡风的回忆散记，文成后，当奉上请斧正。

我顷接香港中文大学John Denney先生邀请于九月初到港，参加在该校召开的比较文学讨论会，如能按期赴港，当前趋奉候请教。

匆匆作复，顺颂

撰安

贾植芳

1985年6月11日

第一段中“稽复”应指迟复，文字释读大概有误，因未见此信手稿，暂且存疑。信末所署日期为6月11日，比日记所系日期晚了一天，想来是贾先生熬夜写作的习惯所致，写完信再记日记，已是从头天晚上忙到第二天了。

除了寒暄，信中谈了三件事。第一是关于师陀的约稿，已与师陀商定办法，先见面聊过再写，“也因事杂，久久未能如愿相见，这也是我迟复您的原因。但我总要实现这个诺言，不妨先向您提个保证”。这个“保证”有个旁证：贾先生身边的年轻人证明贾先生确实一直记挂着师陀先生：“好些年前，我还是一个非常崇拜名人的年轻人，我常常希望贾植芳先生引我去拜访一些上海的文化老人。贾先生总是扳着手指计算着；哪天天气好，我们找一辆车子，到市里去看看韩侍桁先生、看看师陀先生、看看施蛰存先生……可是后来总因为忙，或者是各种各样的缘故，一直没有去成。几年以后，韩侍桁先生作古了，贾先生懊恼一阵，后悔没能早去看看他。又过一些日子，师陀也去世了。贾先生这才着急起来，他又扳着手指说：‘赶快去看看施蛰存先生，再拖下去，朋友都没啦。’”[①]贾先生与师陀的关系，此前我了解不多，目前见到的相关材料也很有限，这里透露出来的两人之间的信任和友谊，看起来很有内涵，值得进一步关注。

第二件事就是“我想毛遂自荐，先于贵刊写一篇关于胡风的回忆散记”。这件事算是突如其来的临时变故：“前日收到胡风先生孩子电告，胡先生已不幸于本月病逝，我为此将于日内赴京，希冀和他再见一面——和他的遗体告别。我们相交有半世纪，也可称为患难之交，我为了纪念这位挚友的逝世，表示我深深的悼念之情”，才有这样的

① 陈思和：《施蛰存》，载自《羊骚与猴骚——陈思和随笔集》，上海人民出版社1994年版，第355页。

请求。而且，虽说是请求，不待允许，也是要做的："文成后，当奉上请斧正。"——不管你要不要，写完会寄上。

如此迫切的情感需要发表，缘由也表达得很充分很流畅，上引文字差不多是一口气说出来的，临笔时如鲠在喉的心情跃然纸上。如此，缘于师陀的约稿，正是一个顺手可以借用的机会。翻检此前日记，1985年上半年只出现过一次与此次约稿相关的信息：4月5日"收到师陀信。"（186页）此外都是各种忙碌，也没有回复或谈论师陀来信的记录，古剑的名字更是在前引写完第一封信之后的日记里才第一次出现。推测应该是师陀的来信里附有古剑的信？或者师陀来信谈过此事试探贾先生的意愿之后，古剑再有信来正式约请？总之，在师陀来信到贾先生写信直接答复古剑之间，贾先生至少应与师陀之间有过沟通，只是"因事杂，久久未能如愿相见"，所以把这件事搁下来了，直到胡风逝世的消息传来，才又激活了这项约请。显然是为了更有效地夯实这层关系，信中又谈及了第三件事："我顷接香港中文大学John Denney先生邀请于9月初到港，参加在该校召开的比较文学讨论会，如能按期赴港，当前趋奉候请教。"

更改选题的请求很快得到允许，6月22日日记："昨日收到香港《良友画报》古剑信，他已知我将去港，约我为该画报写胡风。"（第215页）此后仍是各种忙碌，至8月20日："开了个夜车，写好纪念胡风的文章草稿，这时已二时了。"（237页）然后是不断修改，21日："晚上改好纪念胡风文。"（237页）22日："最后改好纪念胡文，由桂英抄写。"（238页）桂英是贾先生夫妇的养女，此时新婚不久，留在养父母身边，在"生活自立"——上班工作的同时帮忙做些事情。23日："桂英已抄好祀胡文，共十页，晚上又做了校改。"（238页）25日："对胡风纪念回忆文章又做了一些校补，并着桂英另抄了一张。明日发出。”（239页）此后直到9月17日，访港归来，回溯经历补写日记时，提到与古剑的见面：“在港住了十二天，过的港式生活。中间，《良友》古剑来访，交给他照片，预支了五百元港币。”（243页）颇有点一手交钱一手交货，银货两讫，此事告一段落，体现江湖道义的利落爽快感。

回头来看，来自香港的约稿对贾先生来说意味着打开了一扇窗，使他可以抒发由胡风逝世激发出来的迫切的表达需要。当此时刻，他所表现出的行事风格可以说是很见性格的。斯人也，乃有斯事。如果没有关于“三十年代”的记忆和“如遇故旧”的想象，也就不会有此后的连串事情了。事实上由此建立的友谊，不仅开启了贾先生晚年恢复给海外写稿的新阶段，也在很大程度上促使他下决心改变了此时深感困扰的生活状态。

三、退休的决断

对照贾先生日记《退休前后（1985—1987）》，可知正是他复出后教学科研、社会交往和写作的高度活跃期。1985年胡风逝世，贾先生自己年届古稀，相续而来的连番追悼和纪念活动对他的内心世界的搅动一定不小。他当时兼任复旦大学图书馆馆长，馆务行政及文科新馆建设利用工作占去了很多精力，同时担负国内比较文学学会和市、校内比较文学学科的创建和领导工作，以及现代文学教学及教研室领导工作、带教本科毕业生、硕博士研究生等，加上个人的阅读、写作和研究计划，各种会议和出访等，也使他备感任务繁重、角色冲突。这一时期日记中常常有熬夜、超负荷、生病的记录，也常常感叹劳累。

如5月21日："整整忙了一天，真有点喘不过气了。"（201页）而就在写下如此感叹的次日，又留下了如下记载："会上碰到方平，谈起往事，他劝我无论如何要把这些年的经历写成自传体小说，为子孙留念，否则太可惜了。"

一方面是繁重的教研和行政劳务不胜负荷，一方面深感自己的生命价值没能通过这些事务得到充分实现，寻求改变自在情理之中。1985年11月21日下午，校党委召开民主党派和无党派人士会议，通报即将准备实行的聘任制和退休制办法，贾先生应邀参加了这个会。会上人们议论纷纭，担心学术变权术、政策的"灵活性"成为护身符等，谈锋四射。当此情形，贾先生写道："我也发了言，表示愿意、愉快地接受退休处理。"想来应是干脆利落地满足了会议主办方的预期吧！他的想法是："我二十五年不能工作，平反后干了六年，……我应该争取自己的自由时间，因为'譬如朝露，好日无多'，我得有一点时间做自己应该做的事——写回忆录，不能再充当廉价的劳动力了。这几年工作每年都在加码，任务层出不穷，但工资待遇仍基本不动，自甘自苦，更要紧的我不应该就这样用去有限的光阴，应把我的生活史告诉给世人，为后人留念，也给历史画像。"（第267—268页）一种内心有火，不以世俗的权位为虑的知识分子作家的本色呼之即出了。此后，贾先生果然很快退休，除了为支持学科建设，暂时保留在现代文学、比较文学两个学科招收硕博士生的资格外，卸去了一切大学事务。此后，如这组书信中后三通（1988年8月9日、1988年12月14日、1990年6月7日）所示，他通过古剑先生巩固和扩大了与港台地区媒体的交往，除《回忆胡风先生》外，还陆续贡献了《记还珠楼主》《我的难友邵洵美》《忆覃子豪》等精彩篇章。更重要的是，以此为契机，贾先生开启了在其晚年的自我认知中最具价值感的写作阶段，留下包括《狱里狱外》[1]《暮年杂笔》[2]《不能忘却的纪念》[3]《世纪老人的话——贾植芳卷》[4]等在内的一批回忆性的重要作品。

所以，就贾先生的例子来说，可以认为对他而言，“八十年代”意味着开启了一扇朝向海外的窗，也意味着提供了实现自身生命价值的更多的可能性。面对这些可能性，他做出了自己选择，以充分自主的方式，更有效地利用了自身生命的最后二十余年。随时局的不断变迁，后来有人可能曾为他感到惋惜：退休过早，没能为自己赢得更多的晚年保障等等。进入新世纪后，他的退休工资之低，也曾一度成为街谈巷议的话题。但至少就我所知，无论公开还是私下，我不知道他曾就此表示过任何后悔的意思。晚年的贾先生，多数时候是喜乐开怀的。多年以后，当我有机会对先生决定退休的过程做这番回顾的时候，不禁心头肃然，深深为先生在这一时刻的决断所打动，那是真正的知识分子本色的光辉之辉耀。

四、佳话及其曲折

《良友画报》设立的专栏基本格式是文配图。因是画报，对图片质量的要求可能较高。贾先生9月访港面交古剑照片，应是响应这方面的要求了。然而，就在作、编双方看来已经完成关于胡风的专栏的

① 贾植芳:《狱里狱外》(回忆录)，上海远东出版社1995年初版，香港天地图书公司2001年完整版。

② 贾植芳:《暮年杂笔》(散文集)，汉语大词典出版社1997年版。

③ 贾植芳:《不能忘却的纪念》(散文集)，上海文化出版社2001年版。

④ 贾植芳:《世纪老人的话——贾植芳卷》(口述自传)，沈建中采访，辽宁教育出版社2003年版。

准备工作的同时，9月18日，与古剑之间有着频密的通信联系的施蛰存先生却就此泼了冷水："胡风文章你组稿错了，可知你还未十分明白文坛气候。关于我的介绍，也可以迟些，所以我上次信上说待到明年再看。我是在慢慢地活过来，可是，永远是一个冷门货，你想为我炒栗子，恐怕再也炒不热。'自由'这个字是翻译错误，Liberty与中文'自由'之间，原有一点距离，这是日本人的汉译铸成的错觉。"[①]施先生的"冷水"当然不是泼向贾先生或胡风的，而是来自一种老编辑家和"老运动员"的"职业敏感"——某个选题是否相宜，"文坛气候"也许是决定一切的。事实证明他说对了，古剑记下了关于此事的"后话"："这篇忆胡风文发表后，却引起内地的反应。有天老板从北京回来，对我说：写老作家很敏感，以后少登为好。这样一来筹划中的施蛰存和师陀等人就告吹了。"[②]

原来我们之所以最终没有看到贾先生留下关于师陀的文章，并不是因为他爽约，而是因为专栏夭折，原约无疾而终了。说起来也是一件令人感叹的事。参照《施蛰存海外书简》中的《致古剑》部分，可知该专栏正是在施先生的密切指点下开办的。从反映在施蛰存致古剑的书信中的信息来看，大概古剑从1984年6月前后出任在香港复刊的《良友》画报的"执行编辑"，9月开始设想一个"作家专栏"，并就此向施蛰存先生请益、约稿，施因是古在华东师大上学时的老师，对他以弟子视之，耳提面命，说话十分直率，倘有不满意的地方，毫不客气。1984年9月29日的信中第一次谈起对这个专栏的看法，说："你设想的《良友画报》专栏，我怕不合香港读者口味。香港人士对文艺

① 施蛰存：《致古剑·21》；载自《施蛰存海外书简》，大象出版社2008年版，第126页。

② 古剑：《笺注——20作家书简》，第173页。

的兴趣，只在音乐喜剧，文学作家的信息，欢迎者极少。我看还当考虑，倒是报道几个老演员，如周小燕、白杨、徐玉兰诸人，搜集她们的历史照片，印二页，比较好些。”[①]10月28日的信更是直接抢台本（用今天的话来说是抢键盘），劈头就说：“古剑同学：23日手书收到，我替你设计，现在已是10月底，你可以从85年1月起，在《良友画报》开辟一个专栏，两页（Page），每期介绍一人，不限于文艺作家、影星歌人，一切过时的人物都有，这才使广大读者有兴趣。香港市民不会对大陆作家有兴趣，每期都是大陆作家，不好。我给你开个名单，你看如何？巴金、丁玲、叶圣陶、俞平伯、周小燕、白杨、黄宗英、徐玉兰、袁雪芬、刘海粟、林风眠、张君秋、侯宝林。关于我的文章，你拟稿后寄来我提意见，最好不要整篇文章从头讲起，以照片为主，文章只是照片说明，不着重在介绍作品，而着重在生活各方面。”[②]这就不仅从选题，而且从版式、内容、风格方方面面几乎一手包办了这个专栏，古剑只要照此“执行”就可以了。此后直到第二年8月，书信中再谈及这个专栏的文字都不多，偶有涉及，全是赞扬。1985年8月9日信中有较多篇幅谈及“《良友》8月份，越来越好了，可贺”，指点苏雪林一版如何更好点、建议组织一版冰心、一版茹志鹃，后者用以“介绍大陆新一代的作家”[③]。然后就是前引9月18日直断“胡风文章你组稿错了”的信。这里值得关注的是，由上述信息可知，第一，古剑在接受施先生的指点执编《良友画报》尤其是这个作家专栏时，事先并没有同他商量过胡风选题。这是情有可原的，因为事出贾

① 施蛰存：《致古剑·12》；载自《施蛰存海外书简》，第119页。
② 施蛰存：《致古剑·13》；载《施蛰存海外书简》，第119页。
③ 施蛰存：《致古剑·19》；载《施蛰存海外书简》，第124页。

先生临时改变选题的偶然性，古剑事先并没有筹划过，只是，如前所引，他答应得很爽快，6月22日贾先生就收到了他同意改题的约稿。其次，施古师徒之间这一时期也没有谈到过师陀，师陀选题不排除别有来源。第三，我觉得更重要的是，施先生9月18日直斥“错了”，这时候离纪念胡风的文章发表出来还有将近半年之久，如果古剑先生不是一个有着自己的决断和坚持的编辑的话，他完全有机会回掉这个选题。他没有这样做，而是顶着恩师的出于考虑期刊前途的一片苦心的批评，默默信守了对贾先生约稿的承诺。在这里，我们看到了时代的曲折，也看到了时代的裂隙，更看到了在时代的曲折和裂隙中，各种力量之间内在的协商和拉扯。时代在拉扯中蹒跚向前，将要走向哪里，不仅当局者迷，即算我们这些事后诸葛，恐怕也很难点算其中的是非曲直。本来是施、古这一对劫后重逢的华东师范大学的老教授和老学生之间的合作美谈，不料碍于“气候”，即算以施先生之老谋深算悉心呵护，以古剑先生之谦谨诚敬小心从事，也还是没能确保它行久致远，确足以令人惋惜。

五、协商中的时代进展

关于80年代（尤其是前期）的“文坛气候”，贾先生在90年代末曾比拟为“解冻时节”，意象上与施先生的“在慢慢地活过来”之说有异曲同工之妙。《解冻时节》是在任敏师母病重期间，贾先生整理出版与师母的生活记录时所题的书名。“解冻”借自苏联作家爱伦堡在斯大林去世之后发表的作品《解冻》，寓意明显。《解冻时节》收入《写给任敏》（1972—1985）、《平反日记》（1979—1981）和《流放手记》（任敏）三种“家庭档案”，其中主体部分是日记：“其中反映了我们作为所谓‘胡风反革命集团’成员平反的复杂曲折的过程，记载了任敏调回上海、我们夫妇始得团聚的经历，也记录了我们当时的生活处境以及那个年代特有的社会风貌与文化风景。”[①]事实上，在贾先生日记（现存仅有20世纪70年代末恢复工作以来的部分）里，关于胡风及其同人的社会遭遇，始终是重要的记载主题。4月24日记：“今日下午王戎来，谈到老耿带来的北京近况，说，胡公因便血住院，说贺敬之找绿原、徐放、牛汉谈话，说他在下台前，要把‘胡集团’平反时留的尾巴弄掉。王戎说，前几天胡耀邦关于新闻问题的谈话，首次公开为胡风案平反，可惜外出近旬中，我未看过报。”（第189页）通常他会将这些信息视为社会政治和文化领域开放尺度的一种标杆，用于识人断事，乃至确定自己的工作方向。而当他得到胡风的病和死的消息之后，感情上更是难于自抑。4月28日：“接梅志信，知风兄已查出贲门有癌变，我在看信中，不觉眼泪夺眶而出。我们这些人受了多少年苦，但1980年的那个‘文件’却仍然留个不干不净的‘尾巴’……”（第191页）6月9日下午2时许，“接到晓谷兄妹电，风兄已于昨日下午四时故去。我们夫妇，含泪垂头，深深哀悼我们的敬爱的友人和同志，我们患难相共地在解放前后走过路，想不到他竟带着满身伤痕离开了这个世界！他是一个‘负伤的知识分子’，是一代风范，历史自有正论，任何污蔑之词，都是‘过者化也’的东西，它们必然会受到历史的残酷惩罚，显出它不过是一堆可怜的黄土，很不干净的土！不，历史的泥灰！”（第209页）

由此，向香港出版的《良友画报》争取发表回忆胡风的文章，在

① 贾植芳：《自序》；载自贾植芳、任敏：《解冻时节》，长江文艺出版社2000年版，第5页。

贾先生来说就不仅是一个值得珍惜的海外发表机会，更应视为“为后人留念，也给历史画像”的有意识的努力。同时期在内地，同样主题的公开发表仍是难以想象的。1985年10月16日日记：“收到本期《文艺情况》，那上面有一篇《胡风逝世前后》的文章。这是个内部杂志，换言之，这类文章只能‘内部’看看，不准拿到光天化日之下来。”（第253页）可以作为一个旁证。《文艺情况》是《文艺报》“在新时期文学初期，除了公开的文章外，不宜公开的内部情况、讲话和文稿特别多。编辑部在（1979年）4月20日讨论选题时，有同志提出，在正刊之外，很需要另办一种内部刊物，供大家交流参考”，因而于当年7月7日创刊的一种“不定期的内部刊物”，“办这个刊物的目的，是要向文艺界的同志们，特别是文艺理论批评战线的同志们提供一些当前文艺动态和资料，以便交流情况，互通情报，促进文艺评论的开展和文艺创作的繁荣”。[①]所谓“内部”，大概是指“革命文艺战线之内”，大致相当于正常社会文化环境下的行业共同体，因而该刊分享的大致属于“业内秘密”范畴，不是全社会共享的公共知识。正是在这个意义上，贾先生的认识中，明确划分了“内部”与“光天化日之下”的界限。而这篇《胡风逝世前后》，出自中新社记者刘北宪之手，实际上是一篇以胡风逝世为契机的人物特写，不仅报道了胡风逝世前的工作和健康状况，更重要的是透露了“胡风逝世的消息经新华社发表后，在海内引起了反响”，尤其是香港《大公报》发表的评论：“对海内外的中国人来说，却不是只从一个个人的死讯来看待这则新闻的。”[②]《人民日报》

---

① 刘锡诚：《在文坛边缘上——编辑手记》，河南大学出版社2003年版，第297页。

② 刘北宪：《胡风逝世前后》，原载于中新社《中国新闻》，引据《文教资料简报》1985年第6期转载的《文艺情况》1985年8月23日出版的总第112期版本。

于6月11日刊载新华社消息："新华社北京6月10日电，我国著名文艺理论家、诗人、翻译家胡风同志因患癌症，不幸于1985年6月8日在京逝世，终年八十三岁。胡风同志生前是第五、六届全国政协常委、中国文联全国委员会委员、中国作协顾问、中国艺术研究院顾问。"[①]7个月后，1986年1月15日在北京举行追悼会。在此期间，11月30日由公安部行文，宣布对胡风的"政治历史问题"平反，是为"第二次平反"。自1980年至1988年，胡风及胡风集团的"平反"，前后经历了三次，才"彻底平反"。由此可知，贾先生这篇酝酿和写作于从胡风逝世到追悼会举行之间、题为《悲痛的告别——回忆胡风先生》、最终发表于《良友画报》1986年第二期的近万字长文，事实上正是胡风逝世之后，知识界，尤其是"集团"成员们为之争求"落实待遇"的努力的一部分，也是1980年代"文坛气候""解冻"过程的生动体现——这不是一个纯粹"自然"的过程，而恰恰是来自于方方面面的人的努力参与协商、共同促进的过程，其进展既非轻而易举，更非一帆风顺。在此过程中，包括港台地区在内的整个中国社会为此付出的成本和代价，小而言之一个专栏的停办，大而言之时代气候的顿挫，都是不可不察，亦不可不计的。

六、真实的"八十年代"

所以，事实上在围绕古剑主编的《良友画报》所展开的（当时的）境内外文坛交往中，"八十年代"可能也并不像表面看起来那样玫瑰色。篇幅关系，本文不能详解这组书信中的其他各篇，事实上在那些

① 新华社：《著名文艺理论家胡风逝世》，载自《人民日报》1985年6月11日第3版。

篇章里面，贾先生作为执笔者的愉快体验可能会体现得少一些。稿件的每一次被要求修改、被挑选、被退稿等，都会使一种可能曾经重新闪现的作为自由写作者的玫瑰色前景暗淡一些。而整体“气候”下或隐忍或激愤的抗争，本来就涂染了浓重的沉郁色彩。如果说随着高等教育的重建和复兴而来的令贾先生忙得不可开交的氛围和气象代表着“八十年代”昂扬的正向发展，在此基础上期待自身创造力的更充分的解放，应该正是题中之义，然而我们看到，创造力的自由表达并不总是拥有且更可能突然丧失托身之地。如果港台地区代表着开放写作的飞地，借助它培育更多新的生机，也正是理当如此，然而我们看到，在飞地之上，同样布满着无形的禁区，而且可能与内地存在紧密的连带关系。所谓“时代的曲折”，指的就是这种情况。有时好比一种用于狩猎的飞去来器，控制不善反而会飞回来伤到自己。有时好比断线的风筝，一时乘风鼓荡，最终飘飘忽忽不知会折戟在哪里。总之，在“摸着石头过河”的八十年代，并没有什么确定不移的黄金时代被预约，人们所获得的，仅仅是有限的探索和协商的权利。确切地说，可能是一种鸡蛋的权利，带着它可以藏到一边去孵化小鸡，也可以用于涂抹石头或墙壁。

9月交稿之后，1985年贾先生日记中还有如下相关记载：

11月11日：“收到古剑、莫贵阳、李存煜、王克强等人信。”（第262页）

11月30日：“改好了为《良友》写的纪念胡风文，增加了平反前后的内容，写了他劳改的遭遇，又多了三千多字。俟抄好后寄去，了此一事。晚上给古剑写了信，等着和稿子一起发。”（第

272页)

12月2日:“晚，改好记胡风文，并改题《悲痛的告别——回忆胡风先生》，约七千余字，并写好给良友画报编者古剑信，明日发出。”(第273页)

12月3日:“早上和敏去邮局发信——铃木正夫、古剑(胡文)、张晓云(美国)。”(第273页)

以上是应编者要求，对稿件加以修改的过程。稿子终于寄出去了，不料还有奇遇:

12月4日:“中午桂英从学校拿回我寄往香港中文大学比较文学组的论文(即九月会议的发言稿)，包皮封面上戳着邮局海关的图章，四个大字‘不准出口’。另有通知单一纸，说我违反了下列各条中的第三条:‘未经单位批准的论文投稿’，因此不准出口。因此又由中文系主任审查了稿子，才在外事处领了一张准予出国证，下午由敏到四川北路邮政总局发出，说原来贴的二毛七分邮资作废，又花了三毛邮资。这一现象，真是一篇杂文材料，但是不便发表的杂文。”(第273—274页)

12月6日:“姜德安晚间来，他已从北京取回出国护照，后日首途去香港……寄《良友》的稿子又以‘不准出国’(未经单位批准)为由退了回来，即给潘行恭写信附上，由老姜带去，另外又写了信告知古剑潘行恭情况。”(第275页)

12月7日:“良友稿即托老姜带给潘行恭，由他转送。”(第275页)“今日发出致潘行恭及古剑的香港信。”(第276页)

12月23日："收到行恭信，文章已交古剑。"（第282页）

以上是邮送稿件过程中的花絮。这也是确凿无疑的"八十年代"，谨予录存。

2018年12月7日

原载于《山东社会科学》2019年第2期

《老人老事》编后记

蔡春华[1]

这是一册收录有贾植芳先生从1989年始至2000年写就的各类文章的集子。除了少量的几篇杂感式的文章外，主要收录有两种类型的文章。一种是先生对老友人的回忆，另一种是为各类著作写的序文。因为采用的是编年体式的编法，所以回忆文章与序文是相交错的，先生将之命名为《余年余墨》（正式出版时改名为《老人老事》），意思是要逐年清理一下自己所写的东西。本来这一集子是要由师兄刘志荣来编，因他忙于写毕业论文，我便自告奋勇地承担了下来，先生也欣然同意，于是我才拥有了这样一个弥足珍贵的机会。

我于1999年成了陈思和先生的博士，理所当然贾先生也就成了我的"祖师爷"。在我们这个庞大的师门里，有两个优良传统，一是老老实实地做人，一是踏踏实实地做学问。而这种传统正是由贾先生传

①蔡春华，福建师范大学文学院教授。

给陈先生，再由陈先生传给我们的，或者有的时候甚至可以说是由贾先生直接传给我们的。但这种“传”似乎又是无形的，看不见摸不着，你只觉着有这么一盏引路灯，有这么一个引路“人”，他的一言一行、一举一动都在告诉我，你是一个从事人文学科研究的“人”，认认真真地做研究是你分内的事，认认真真做人也是你分内的事。反之，如果没有做好，你的内心便自然而然有了一种愧疚感，这种愧疚感会一直纠缠着你，使你内省，使你自疚，直到你重新稳住脚步，安下心来继续坚定地朝眼前的光亮处走去。我一直用这样的想法这样的思路在理解所谓的“薪尽火传”。

老实地说，比起那些写序的文章，我更喜欢贾先生写老友们的文章。它们是那样新鲜生动，一个个历史人物，胡风、邵洵美、林同济、杨必、郑超麟、公木、王中……都纷纷从历史的烟尘中朝我们走来。尘埃散尽，恩怨皆休，历史冷静地从水面浮出了它的本来面目，这些饱受忧患与磨难的先人们，借贾先生的笔，向我们展示了他们的光辉人格与不屈的人生之路。后人们读着这样的文章，没有理由不深思，没有理由不奋起精神挑战生活。

当然，通读了整册集子之后，你的眼前便站立了这样一个人物，他一辈子最年轻的时光都用来在监狱里进进出出，但这种“进进出出”又不仅仅是个人的事情，而是与国家命运的沉浮休戚相关。他高举知识分子的独立人格与现实战斗精神，即使在最恶劣的环境下也不放弃追求，不亢不卑，倔强清醒地维护其精神操守，这是他的“铁汉子”式的一面。但他同时又有柔情似水的一面，他在患难中领受了妻子的坚贞，他也全身心地向妻子奉献了一生的爱，坦荡而坚定。他们一个是外柔内刚的藤条，一个是外刚内柔的磐石，相携相依，从来没有也不可能有一种苦难能战胜他们。他又是一个无私的提携后进者，不停地催你写文章，不遗余力地为你提供材料，在饭桌上不停地叫你吃菜，甚至热情地叫你抽烟喝酒。每接到“写序”的任务，不管他的身体条件是如何不答应，他总是应允下来，然后就是看书、找材料、思索、下笔，从不马虎糊涂，直至写成写序专业户，等等。

他，就是贾植芳先生，一位成长于五四，辗转于磨难，却青春依旧、永远值得你尊敬的知识分子。

2000年6月复旦南区

“我们不能让生活失色”

——追忆贾植芳先生

周立民[①]

一

阳光从那排高高的水杉叶子中洒下，转过弯就是复旦九舍十三号。在这个幽静的小院里，贾植芳先生的客厅却是一个热闹的所在：一张张年轻人的笑脸如同窗外的阳光一样灿烂，笑声接连不断。贾先生身子有些后仰，坐在摆满书报的圆桌前，刚刚抓起一支烟又立即放下，生怕别人责备似的为自己开脱：不抽了，再不抽了；说着另一只手忙端起了水杯，又对面前的学生们说：“你们喝茶啊，吃糖啊……”看着先生的表情就知道他要讲点什么了。果然，他一字一句地问：“你们——谁坐过警车吗？”

①周立民，巴金故居纪念馆常务副馆长。

这些未经世事的青年见了警察都气短三分，哪还敢惹警车啊，慌忙集体摆手，异口同声地答道：没，没……

先生越发得意了，他神秘又自豪地说：我可坐过，还有两个警卫，带着枪，去的地方也不错，吃饭不要钱……一边说着，他一边站起来表情严肃地表演着。经不住老人滑稽的样子和幽默的话语，大家哈哈大笑。随后是先生轻轻地笑，他的得意仿佛不是在说坐牢，而是中状元、坐花轿。他不止一次地说过：蹲监狱就像去外婆家一样。是的，一介书生，四度入狱，前半生差不多有一半时间都在监狱里度过，先生无意中创造了一个苦难的记录。他说："我生于袁世凯称帝的那年，年轻时曾自号'洪宪生人'，以后又经过了军阀混战、国民党专制、抗日战争等时代，一直到高唱'东方红，太阳升'。有缘的是我每经过一个朝代就坐一回牢，罪名是千篇一律的政治犯。作为一个知识分子，我是认真地付出过生命的代价的。"（《狱里狱外·序》）就这么轻松？"生命的代价"仅仅是"有缘"？这种缘分也太可怕了吧。但印象中，先生的确从未对我讲过以前的生活有多么苦多么难，这个耄耋老人将那些苦难的岁月都化成了黑色幽默，还有某种劫后余生的微微得意。比如：你们都没坐过警车吧？

于是，大家都在说先生乐观，豁达，不畏苦难……

是的，哪怕是天大的苦难，在先生的记忆中储存的似乎只有那些有趣的细节，那些沉重的内容仿佛都被自动删除了。要说苦难，先生可算是它的亲密战友，"文革"中，先生被押回复旦大学在"群众专政"下强制"监督劳动"，此时，任敏师母被赶到青海、山西，家已不存，先生的容身之地只是集体宿舍中的一张床。每天早晨七点钟就得出去上工，扫地、扫厕所、通阴沟，样样都得干；回到宿舍，他还得伺候几个管教的日常生活。当然，晚上还要没完没了地做功课：写交代、检查、思想汇报。从堂堂的大学教授，到一七八三号（贾先生在监狱里的囚号），再到“牛鬼”，真是“狱外即狱中”。肉体折磨，生活创伤，精神蹂躏，我无法想象他是怎样度过每一个这样的日日夜夜。贾先生哪怕在这样人不人鬼不鬼的日子里，仍然坚信：历史会还我们清白的；以力服人者非心服也。而对于那些不断侮辱他的人，他则想起当年的“政治犯”耶稣被押走向刑场时，对沿途向他投石头的人所说的话：“上帝原谅他们吧！他们不知道自己在做什么。”①于是，他咽下血泪开始“捣乱”：你们越是摧残我，我越要好好活。每个月三十元的生活费用，给在山西的妻子寄十元外，剩下的只能省吃俭用。但他却给自己定了另外的规矩：平常抽八分钱的“生产牌”香烟，每次挨斗受辱后却要抽一角二分的“勇士牌”；平常舍不得吃肉，挨了打偏要吃排骨。“牛鬼”也要享受享受……

这样的叙述中，辛酸、苦难都被过滤了，剩下的只是壮举豪情和不屈的勇气了，也可以说，没有一点阿Q精神又怎么办呢？特别是先生的叙述让没有过同样经历的年轻人很难捕捉到这些言辞背后的内容，何况先生的调侃、自嘲又是那么多：任敏师母在“文革”中第一次回上海探亲，常常会看到丈夫被打得头破血流，回到宿舍瘫倒在地上的情景。一次她哭着劝贾先生：“想开些，千万不要寻短见！”可是贾先生反倒过来安慰师母，又要她讲自己喜欢听的家乡的事情。师母遂强装欢颜，提到老乡听说她这次到上海，便说这是“织女会牛郎”，贾先生马上纠正：“哦，不是牛郎，是牛鬼！”每逢说到这样的细节，

① 林祥主编：《世纪老人的话——贾植芳卷》，辽宁教育出版社2003年版，第122、123页。

大家都忍不住跟着先生一起笑个不停，沉重的历史就这样化作了轻松的笑声，此时，我们也在感叹：贾先生那瘦小的身体中怎么藏着那么巨大的打不倒压不垮的生命能量！

先生的生命是有硬度的，这种刚硬既证明了人对苦难的承受力，又显示了生命本身的丰富性。先生有一枚“秦坑余民”的闲章，不知为什么，他仿佛总是这个世界的“余民”。出生那一天，即哭叫不停，浑身抽风，不久就奄奄一息。当地的规矩，人要死时土炕上垫的毡条要抽掉，当时他身下的毡条已被抽去，家里人只等着断气便去埋掉，这时父亲忽然想到家里还有一盒牛黄丸，死“马”当活“马”医给他喝了，就这么捡了一条命！谁知这个“余民”“生性冥顽不灵，从孩提时代就在家里闹事，外面闯祸”。父亲常常气得骂他：“当初不该喝那个牛黄丸，两耳招风，闯祸的妖精！”但这种“冥顽不灵”也让他天不怕地不怕，只要认定的事情就会执着地坚持。当然，另一方面也可能是让他成为一个余数，不为社会所容。

以这样的性格，身上哪怕压着五行山他也不会愁眉苦脸的，更不会轻易驯服的，无怪乎先生那么喜欢《西游记》，在骨子里从未有什么能囚禁他。于是，人生的诸多苦难都被贾先生化作了生命传奇，抗战时，他所在的部队与日军遭遇，枪林弹雨中部队被冲散，他一个人在山里跑五六天才能找到队伍。有一次，他摸黑拼命地跑，人已困乏不堪，两条腿却仍然踉跄前行，跑到天蒙蒙亮时，一道城墙挡住了去路，瞪大眼睛抬头一看，好家伙，城墙上站着日本兵，手里端着明晃晃的刺刀！幸好，先生个子小，没有被发现……讲起这些让人心惊肉跳的细节，先生仿佛说的根本就不是自己的生死大事，而是在讲一部别人写的小说。但是，有一天我突然问自己：记忆真的能被删除吗？

苦难真的能这么轻易地就化解了吗？那段黑色的日子可以置换吗？当我的理智给了否定回答之后，看着先生谈笑风生的样子，不免又怀疑起自己的判断来了。不过，有一次我与先生“抬杠”，在先生得意地问“你们谁坐过警车”时，我说：“我坐过。”没来得及得意的先生不禁一愣，我马上解释：“我在公安局工作好几年。”“是吗，是吗……”被触痛的不是先生的苦难记忆，而是抢了先生的“头彩”让他不再得意，看到老人黯然的眼神，那一瞬间，我有些后悔自己的心直口快，我何必去抢先生的“乐趣”呢？

二

当我们谈论“勇气”“坚韧”“良知”这些抽象的字眼时，历史坚硬如冰，可以说是过眼烟云，但如果把它还原为具体的人、场景后恐怕就没有这么简单了，历史就变得沉重，变得如同沙石磨砺着我们的灵魂。这些天，我心头挥之不去的是，先生追悼会那天，大约是一位50年代的老学生，她穿行在林立的花圈中，一边流着泪一边说：先生一生吃了多少苦啊，在监狱里他都吃不饱啊……

这话一下子触痛了我，我读过先生的文章，多少了解一点当时的情形：“那时正是所谓自然灾害时期，因此大家每日关心的并不是何时被释放和与家人团聚，而是如何能够活下去……因为我们都挣扎在饥饿线上，一天盼来盼去，就是希望早晚两餐稀饭能厚一些、多一些，哪怕多一口也是运气……”“打好饭后，犯人们显出非常珍惜的神情，如果铁盒子外面留有几粒米粒，就赶紧伸出舌头舔干净，然后又小心翼翼地把稀饭或干饭倒在自己早已准备好的搪瓷杯子里。”如同读张贤亮的小说让人感到心颤，多少年后贾先生感慨：“这些受过高等教育，又是都有些社会身份的人们，此刻的生活境界和人生欲望已经缩小到一般动物的境界了！”（《我的难友邵洵美》）不论是描写，还是评论，先生都保持着客观的语调，他从未哭诉过什么，所以很容易给人造成一个印象：贾植芳真幸运，蹲监狱跟邵洵美蹲在一起，居然也得到了文学史的大秘密。如同金庸武侠小说中的英雄被关在洞中却意外得了武功秘籍一样。这样的体验刻骨铭心，难道先生会那么轻易就忘记吗？哪怕他什么也不说。

多少年前，读先生的《狱里狱外》先是震撼，接下来仿佛做了一场卡夫卡式的噩梦，同样是哭不出来的，有时候，我想不仅仅是先生乐观、豁达，而是先生和他同时代人的某些遭遇有时太“幽默”了，以致不曾经历过这些的我们，反而体味不到其中的酸苦，而像在读传奇故事。1955年报上给先生戴上“土匪、少将、人口贩子、鸦片贩子”等多顶帽子，连先生自己都给弄糊涂了，虽说他“经历复杂”，可是什么时候当过“土匪”、贩卖过人口啊？终于有一天他恍然大悟：

> 我初抓进来时，除过提审外，更多是看守人员送给我一个名单，要我逐一交代（书面）。一次送来一个名单，上面列的人名，都是我过去写小说时的人物名字。我对他们说：“根本没有这些人。这些人是我做小说时编造的。”他们回答说：“你编造时总有活人根据呀！”我们同志文化水平低，他们把文学作品看成新闻记事了。我想，大约他们认为，大概我写的这些人物，就是我自己的化身，而我在小说中，写到土匪、少将、人口贩子、鸦片贩子

这些人物形象或情节以至细节。①

这样的幽默不只发生过一次，先生在后来的日记中还写到，一位来访者言：他因为写过论罗亭的文章，审查他的时候曾让他交代与“罗亭”的关系。他们就在这样的小说般的现实中生活着，我无法想象这些“故事”的经历者、承受者多少年后怎么看待这些，这些荒唐的经历，在他们永远无法像读小说一样获得某种间离效果吧？贾先生曾经叙述过一个让人震撼的细节，大难过后的路翎不时会有一些反常的行为，碰到人总是问：“我们这些人到底属于什么性质的矛盾？”对此，贾先生不知该如何作答，因为早就没有人在乎这个问题了。此时，路翎“忽然撇下我，一个人冲到屋子外面，站在院子里向天大声号叫，发出的声音好像受伤的野兽的哀号，恐怖、凄厉，惨伤里夹着愤怒和悲哀……”（《一双明亮的充满智慧的大眼睛》）谁能够体味得到一个天才的小说家壮志难酬的悲愤和压抑？贾先生认为：“路翎和胡风一样，在文学领域如同奥林匹斯山上的宙斯，能所向无敌，可是一离开文学领域进入社会，他们就变得单纯而幼稚，特别对于中国历史社会发展中的黑暗与野蛮，知识分子命运的复杂性和残酷性，都缺乏深刻的认识，所以一旦天塌地裂，他们的精神都会受不了。”他自己呢？仅凭着坚定的信念就能遮风挡雨了吗？先生可以纵酒论人生、睿智谈学问，但他的心理伤痕向谁说呢？路翎的“哀嚎”是在纾解内心的巨大悲愤，先生从未这样“哀号”过，是他没有悲愤吗？不是，偶尔的一些情绪性的流露让我们看到了先生心底沉重的阴影。六年前，先生

---

① 1989年1月13日致李辉信，收入《写给学生》，大象出版社2000年版，第101页。

的夫人任敏去世的第二天，我曾听说先生为一份报纸按照商业广告的标准规格，只登了妻子简单几行字的讣告突然有些神经质地拍案而起：“这是政治迫害！”先生说这话时，丝毫没有一丝调侃，愤怒是从胸腔中发出的。大家面面相觑，不明白他火气从何而来又对谁而去。对于这样的失态，只有了解了他们深重的苦难的人才能理解。也是那天上午，人们在外屋忙来忙去，先生的周围很清净，我默默地坐着，他突然对我说：“老太太可以了，她活了八十四岁，比某某人还多活一年呢！”对于没有历史伤痛和恩怨的我而言，先是一惊：这么多年了，心头的阴影都移不去吗？后来只有默默地点点头。

在不经意中，你还会感到先生的特别不宽容，甚至是苛刻。比如他对某些人嗤之以鼻，并以他特有的记忆力报出这个人当年在某报刊上写过哪些批判他或者胡风的文章，我们想说，那个时候都得写，没有办法，你何必又斤斤计较呢？但在这些地方，他不但斤斤计较，而且还常常计较。比如，他说起过去的一位同事，当年揭发他“开夜车”是“从事反革命活动”；现在街头重逢，同事劝他：“贾先生，你晚上不要工作得太劳累了。”他说，现在他只是笑一笑，但真想对他说：“我现在老啦，搞不了反革命活动了。”对于那些势利小人前倨后恭的行为，他也有一种一朝翻身、恶有恶报的快意。好几次，在街上散步，他指着某处说，这是当年看管他的某某人开的店，当年是动不动就训斥他：“贾植芳！”现在居然跑过来递烟，谦恭地称他为“贾先生”了。此时，我常常笑而不答，心想：你何必跟他们一般见识呢？我们听过多少文化名人“相逢一笑泯恩仇”的故事啊。可是想一想，谁承受的苦难又有贾先生深重呢？在这样苦水中浸泡过，在那些恩仇、荣辱中挣扎，难道一个大活人都不能有一点情绪上的反应吗？对此，我们的难以理解或许也是正常的，毕竟我们与贾先生的生活境遇相差太大了，置身事外我们当然可以平和地看待一切。

更何况，当今社会真是换了人间，一个老者絮絮叨叨的苦难记忆大概没有人肯去用心听，反倒贾先生的调侃如传奇故事一样被不断流传着，但老人心底的伤痕还是如奔突的岩浆伺机寻找突破口喷涌而出。这时，面对着贾先生你不会感到解压的快意，而会备感痛苦，因为我们看到的是脓血。几次住院先生都曾“胡言乱语”过，他似乎处在一种无法摆脱的痛苦幻觉中，大概每一次住院都会引起他蹲监狱的可怕回忆吧？把病房当作牢房，回到那段苦难的岁月中。先生最后一次住院也说过胡话，他说他看到老太太了，她们在开会，到处都是尸体……熟悉任敏师母的经历的人都知道，师母被流放青海后，曾在监狱中背过死尸。没想到多少年后这些画面又进入了先生的梦呓。

在监狱里，难友们曾经相约：一定要活得像个人样！这让我想起了萧乾在劫后曾有同样的决心。他们身上被人泼满了污水，但他们都想用行动证明自己是怎样的人，甚至在暗下决心：一定要做得更好。那么，他们展现给人们和这个世界的都是笑脸和潇洒的姿态。我一方面觉得像先生这样屡经苦难的人，不以苦为“乐”，还能有什么办法呢？另外一方面认为，他们的“乐”未必不是虚弱地为自己鼓劲，他们要让人看到苦难并没有打倒他们，他们不希望自己活得猥猥琐琐。这正像先生在他的散文集《热力》的后记中所言：“虽然活在失色的生活里，我们做人不能失色，应该有点火力才行……”这不是豪言壮语，而含着生命的分量。

三

等我来到复旦读书时，任敏师母已经卧床四五年了。虽然因为中风，早已难以言语，但我们却经常撞见先生在师母的床头喃喃低语，告诉师母谁来看她了，家里发生了什么事情，自己的哪本新书出版了。其情感人。后来，在先生发表的一篇日记中，我还看到他记录的师母的当日体温："敏情况良好，体温上午摄氏36.6度，下午36.7度，晚上36.7度。"先生每一天都为师母量体温，重病的师母是先生永远的痛也是他永远的温暖。

先生曾经对人说过："我现在最大的心愿是想让任敏能醒过来，好好地再过一阵子。至于花钱也就无所谓了，因为我和她来上海时手里八块铜板，一直用到现在；当年只有一卷铺盖，现在是有一个家了。只要能把她的病治好，大不了我们还是带着八块铜板和一卷铺盖回老家。"①多少次读到这段话我都禁不住潸然泪下，要知道先生说这话时已经不是海誓山盟、卿卿我我的小青年了，而是八十五岁的老者。只要师母好起来，哪怕一切从头再来，能说出这样的话要下多大的决心啊！之所以这样说，也有先生的痛，他一直觉得师母跟他一辈子含辛茹苦、飘转流徙没有享到福，总算到了花甲之年才有一个安定的家，他们不一定要吃香的、喝辣的，只想过几天安稳日子。然而，这个并不高的要求却让他们奋斗了一辈子。

他们相识在古都西安，当时任敏师母不过是二十来岁的大学生，贾先生在国民党的部队上做日文翻译，可不久便被怀疑思想"左"

① 林祥主编：《世纪老人的话——贾植芳卷》，第156页。

倾，而当时国民党部队中一旦被认定共产党分子和思想“左”倾便可就地枪毙，上司们正在商量把贾先生捉起来活埋。幸好，一位与他关系不错的文书将消息透露给他，先生与师母只有连夜奔逃。“那一夜天特别黑，真是伸手不见五指。我们不敢走大路，就翻山逃命，一路都是荒山巨石。我走在前面，慢慢地往前摸，爬过一块大石，就轻轻喊任敏，她沿着声音走过来，遇到特别险要的地方，我就回头拉她一把，把她拉上来，就这样整整逃了一夜，才脱了危险。”（《做知识分子的老婆》）任敏师母也是晋中富庶商人家的小姐，吃得下这份苦，其中的情谊有多深，先生自然心清肚明，可是，当他表达内心歉疚的时候，没想到任敏师母断然说：“我这个人苦吃得起，就是气受不起；两个人在一起，吃苦都不怕，只要不受气就行。”先生后来说：“婚后几十年坑坑洼洼都走过来了，我们都遵守着诺言；可谁知道，她吃得起的‘苦’会是这般的大。”但再大的苦，任敏师母也与贾先生一起走过来了。特别是当先生身陷囹圄，他们两个人分隔两地的时候，两颗心却紧紧地靠在一起。先生永远都不会忘记音信隔绝八年后，他突然收到师母寄来的包裹时的心情：

> 1963年10月，我突然受到了一个包裹，包裹的布是家乡织的土布，里面只有一双黑面圆口的布鞋，鞋里放着四颗红枣，四只核桃，这是我们家乡求吉利的习俗。虽然一个字也没有，但我心里明白，任敏还活着，而且她已经回到了我的家乡了。这件事使我在监狱里激动了很久很久……（《做知识分子的老婆》）

贾先生八十岁时曾写了一幅“自寿联”：“脱胎未换骨 家破人不

散”。“家破人不散”，正是在凄凉中有着这样一分温暖的鼓励，先生才有百折不挠的底气。有人把这些中国受难者的妻子们比作“十二月党人的妻子”，从某种角度来讲，他们要承受的精神压力比受难者本人还要大。这是他们双方当初无论如何都想象不到的。1946年贾先生夫妇住在胡风家中，任敏师母看到胡风经常发脾气，很害怕，有一次不禁问胡先生为什么要这么凶，胡风意味深长地说：“你以为做知识分子的老婆容易？”这句话任敏师母牢牢记住了，而贾先生后来感慨道：“但在那个时候……大约都不过是以为知识分子生活清苦，又不安分，在世界上总是不如意的事情居多，所以做妻子的格外辛劳，但他们都不会有这个思想准备，即做个正直的知识分子，在未来的社会里还有更大的不测与风险去承受。”（《做知识分子的老婆》）

这样携手共艰危的一对夫妻，在终于获得了安定生活时，突然遭遇病魔的打击，先生的焦虑、急迫可想而知，而先生“八块铜板和一卷铺盖回老家”的话，并非夸张的豪言壮语，还基于师母长期卧病，作为一名退休教授，他的生活并不宽裕，所以那几年里，先生总在不断地写啊写，他只能用这样的方式为师母的医疗费而尽心尽力。但所有的努力始终抵不过病魔的凶残。2002年11月20日，天下着恼人的冬雨，我突然接到在医院值班同学的电话：赶紧接贾先生来！那天路上的车非常堵，坐在出租车上，望着车窗外的细雨，先生一言不发，凭着他的历练恐怕已经预感到什么。到了医院，在乱糟糟的走廊里，同学示意我老太太已经去世了，医生正在处理。我们只好谎称不知道在哪个病房让先生等一等，病房的人会来接我们，实际上也是平复一下他的情绪。但显然先生的情绪更焦躁了，他不住地问：怎么还不来接我们？终于来到病房，看到这一切，先生反倒很平静，他痛声问医生：不能再抢救了吗？当得到无望的回答时，他在病床前缓缓地为共患难几十年的妻子跪了下来……第二天，先生在客厅中枯坐，突然命人马上打电话给出版社，叮嘱他们一定要在自己即将开印的一本书前加上对妻子怀念的献词，这是一个书生仅能做到的最隆重的哀悼了。

后来才知道，这本书是先生的经济学研究专著《近代中国经济社会》，它写于1946年从国民党的监狱出来后，当时，先生躲在沪西的阁楼上，两个月足不出户，趴在箱子上日日夜夜地写着，需要资料由师母出去借，生活上也由师母照顾，等写完这部稿子，身体完全垮了，一天早晨，先生突然昏倒。但这样的生活也不能持续，不久特务又光顾了，他们又不得不赶紧逃到青岛避难。这就是他们的生活，在妻子离开的时候，想到这些，先生分外心酸。师母去世次日的日记中记下了他的沉痛心情：

昨天未写日记，搁笔，因为昨天是一个阴暗的雨天，我们这个两人世界的家庭的“半边天”——一个平凡而伟大的女性，我亲爱的妻子任敏已于昨日（20日下午2时30分）离开了我们两个人共同建立的“家”远行了……昨夜全家每个居室大小灯光通宵明亮——为我的亲爱的敏照路，也许她仍在我们这个院子里徘徊，望着眼前旧居怅惘、落泪……

我亲爱的妻子，敏，您慢慢走，不久的将来我们会在另一个世界团聚，就像您活着的时候，我们到处流浪，在颠簸不平的羊肠小道上携手一脚高一脚低地前行，挺着胸脯前进。

……

我在这个您生活了八十四年的世界里，向您送行摇手，因为在不远的将来我们又将团聚，再次营造我们两人世界的家庭！

我相信在那另一个世界里，我们凭自己的体力和精神劳动，辛辛苦苦营造建立的家庭不会像您生前那样，一再受到政治暴力的摧毁和抢劫，这种有中国历史特色的生活悲剧。

……[①]

四

虽然苦难总是伴随着先生，但是他的周围却从不缺少笑声，这是性格、气质使然，也是不同时代的青年人回馈给他的礼物。可是先生扶植年轻人的佳话，在50年代却成为他“拉拢革命青年”的罪证，但这种打击没有阻隔他与年轻人的交流，在新时期先生更是以极大的热情与青年人保持着热线联系，在他的客厅里，有他指导的研究生，也有慕名而来、素不相识的年轻人。大家都一视同仁：一杯茶一席谈。陈思和教授至今还记得，先生在没有完全恢复工作的时候，他们师生常常是一杯白酒、几根酱瓜、数粒花生米，边吃边谈的日子。我也听说，有一阵子，周末的午后，先生家的客厅中摆着酒摆着菜，先生端坐中间，与众人议论风生，而周围的人也有来了走走了来的。这样的吃吃喝喝至少说明了先生与年轻人没有隔阂，也说明先生喜欢有年轻人围在身边说说笑笑的时光，直到后来他不能这样喝酒了，但“来玩玩”却总是欢迎的，先生家的那扇门总是对青年人开放的。

先生招待我们的除了糖果、点心、茶水之外，还有书，很难形容每次拿着先生的书走出的兴奋之情，送书给人时先生也非常开心，于

---

① 贾植芳：《在那个凄风苦雨的日子里——哭亡妻任敏》。

是得到先生的赠书就似乎不是什么恩赐，因为在他那里没有什么主次、尊卑，来的都是客，来的都是朋友，哪怕是对我们这样的晚辈；而给大家最好的礼物就是书，哪怕你自己买了他的书请他签名，他还常常会再送你另外一本。时常讲到尽兴时，先生会突然问：我的某某书你有吗？——接下去的事情就不用多说啦，于是，我们可以像小孩子得着糖果一样手舞足蹈了。先生的客厅中一年四季人来人往，他的“糖果”不知要准备多少，但他从不计较这些，送书的大方是老一辈知识分子的“通病”，他们不在乎世俗的功利，更在乎精神的沟通，书自然是传达精神最好的媒介，他们希望更多人能分享这种精神的快乐。

记不清贾先生送我的第一部书是什么了，但这部《历史背影》（江苏文艺出版社2008年1月版）是最后一部却是无疑的。不过，这次不是在他的客厅里，而是在病房中，而且，在病床上的他还执意用颤抖的手签上名。那是今年年初的一个午后，我们一家，还有志荣兄在冷雨中去医院里看先生，随后陈老师也赶到了，老少四代人让不太宽敞的病房显得很喧闹。先生很喜欢小孩子，不断地命桂芙大姐给我女儿拿糖吃，并说：“养个女儿就是开了个银行。”这也越发纵容了她的泼性，便以银行董事长的派头大模大样毫不拘束地躺到病房中的另一张床上。我知道，《历史背影》是李辉、应红夫妇专门从北京赶来将样书直接送到病房的，病中的先生一直惦念着这本书，仿佛一个孩子对于某个预约怀着急不可耐的心情那样盼望着，所以书一出来，他们就赶到了上海，可以想象先生看到书的兴奋，这样，躺在病床上他也可以有不断赠书的豪举了。《历史背影》集合了先生不同时期怀念师友的新旧文章，这些人都是20世纪中饱经风雨的知识分子，先生是写小说出身的，常常能够捕捉住他们的生活细节，又能传神地表达出来。通读全书不难发现，先生在不同时期所勾画出有着不同经历、性格各异的这些知识分子却有着一个共同的品质，那就是对知识分子的良知和正义感的强调，并通过他们展示中国知识分子的精神之魂。先生说他们都有书生本色，有“独立人格意识”，有“良知和正义感”，他们“追求的是精神生活的丰富多彩”而不是物质享受。

我们这个师门，入学的第一堂课就是来拜访贾先生，先生会问每个人的籍贯，自然而然也就天马行空地聊到各地的人和事，先生从来没有高谈阔论地向我们灌输过什么大道理，但在他的言传身教中，在他所描述的这些知识分子的风貌中，难道您还感受不到他的价值取向吗？这种颇带仪式性的举动仿佛在提醒我们，有责任延续一种知识分子的精神传统。

先生的《历史背影》就这样伴着我走过了这个多雪的冬天，迎来了春暖花开的季节。我想先生也该出院回家了，又可以到他的客厅中听他高谈阔论了。关于先生的消息也不断支持我的想法。直到有一天突然传来先生“不大好”的消息，我完全惊呆了。当4月24日上午赶到医院时，先生戴着氧气面罩虽然十分不舒服，但头脑还很清醒，还曾侧头看人、应声，谁知等我下午4点钟再返回病房的时候，我期待的奇迹越来越远去了。

忘记是哪家报纸发的消息了，写的是：著名学者贾植芳昨夜去世，几代学生病房送别。说得不错，先生弥留之际，连医院的走廊里都站满了他的学生、他学生的学生；从年过七十的50年代老学生，到80后的徒子徒孙，先生一辈子没有亲生子女，但他与这些人的情感又何止是血缘关系！先生追悼会的前夜，他在各地的学生都赶来了。在一家饭店中，日本学者山口守教授动情地说：先生去世，他感到犹如失去了父亲。我们几个人都眼含泪花，默默不语，最近我又收到山口先生的电子邮件：

此次为贾老师追悼会赴上海匆匆忙忙来去……我在美国期间心情一直不好，直到现在还时而想到贾老师，悲痛之情刺着我内心深处。和你们说实话，丧礼那天，我在赶机场的车上因旁没人而直哭，司机先生是个好人，装着没听见我的哭声。我自己也没想到哭声不是从喉咙里出来而是从内心深处出来的。后来到美国开会。会议结束之前，有一位美国学者过来和我聊天，知道我曾在复旦大学，就来问我的老师是谁。我就说“贾植芳老师”，但一下子嗓子哽塞，说不出第二句话，眼泪盈眶，就说不下去了。她可能猜到我这么难过的原因吧，直安慰我，甚至旁边的几位都很同情我，竟使我更难过。我在给张业松的E-mail上说，觉得自己是孤儿一样，因为我们学术上、精神上的父亲已离开了我们。剩下我们学兄弟该多多联系，多多见面。

我不知道山口先生是否注意到先生1987年10月31日的一则日记：

收到博源信，并转来他译的山口守给他的来信，因为上次我对博源说，山口守到现在还没有一个固定的职业，为他担心。博源回去给他写了信，传达我的意见。因此引起山口写来一封长信叙述自己的身世、理想和追求，非常朴实诚挚，像一篇有哲理的散文。通过这封信，我对山口君肃然起敬，他的思想状态，使我想起自己的青年时代，我的坎坷的一生。

我想山口先生读到这些一定会禁不住落泪的。不过，先生在怀念梅志的文章中曾说："此时此刻，面对梅志先生去世的噩耗，我知道，我也不能哭泣。因为梅志先生的榜样教导我们，哭泣不是我们的性格！"我也想拿先生的这话来安慰与我同样悲伤的朋友们、老师们。

五

最近，以前的日记从异地拿到了我身边，我在里面搜寻着关于贾先生的最初印象。1994年4月14日，在北京召开的巴金国际研讨会上，我第一次见到贾先生。4月17日日记中记下我们的一次单独谈话："贾先生到我的房间，谈了一通关于文学研究的问题，老人的话我并不一定都能听懂，但这么大岁数的人，思路敏捷，观点新而开放，实在让人敬佩。讲到他回忆录的写作，贾说：要让人知道，贾植芳到底是什么东西。老人讲话很幽默，很随和，没有名教授的架子。"当日在车站辞别时，我还记下了贾先生特有的豪爽的话语："有事到上海找我，要什么书可以来信说一声。"

再次见到贾先生是三年后的8月30日：

晚上，张业松带我去见贾植芳先生……老先生刚刚从外面吃过饭回来，是日本人请他的，他顺便说起很多自己在日留学的事情，并与我谈了东北沦陷区文学研究的状况……最后，我请他给《狱里狱外》题词，他题完了说：请多批判！说到该书续篇，老先生说：要写就写"'文化大革命'就是好"。他一直把我送到门口，并说：小周，要多写东西，一定要学好外语。语重心长。

学好外语，多写文章，是先生经常鼓励年轻人的话，他还会捎带这样一个玩笑：外语很重要，以前，上海滩的妓女都会五国话呢！说着还会用各种语言煞有介事地表演一番，真是寓教于乐啊。问到他在写什么，他常常说：我已经写不动了……但我知道，先生在“文革”结束之后，一直坚持记日记，已经出版的《解冻时节》《早春三年日记》，还有《退休前后》想必早已引起有心者关注，先生一双阅尽人间沧桑的眼睛看周遭大千的所感所想尽述日记之中，这日记可以称得上真正的“历史背影”，如果能够都整理出来以原貌出版，将是中国知识界这三十年来最重要的记录之一。先生用行动、用文字在自己的晚年奋力书写那个“人”字的同时，也记下了人间许多非人的行为，这样的书写是可以传世的。

记忆中的一幕幕总是先生鲜活的影像，在情感上，我无论如何也难以接受先生离开的事实。在他去世的次日，我又来到他的客厅，他平常坐的那张椅子还在，沙发上、书桌上堆满了书报，我觉得先生那笑声并不曾消失，我仿佛还能听到他讲了多少遍的老故事，或者他带着狡黠的表情在谈某位达官贵人的佚事，不时先生也会抽出一份报纸或杂志，说上面的文章与你的研究有关，你可以回去看看……来吊唁的人有忍不住哭出了声，但我有悲伤却哭不出来，因为我始终觉得他还坐在那里……前些天骑车走过国顺路，我还习惯性地想拐进九舍，但又突然停住了，远远地望着那高昂着头的水杉，良久沉默。

2008年5月14日晚

第㊁辑

无私无畏即自由

生命的历程，对我来说，也就是我努力塑造自己的生活性格和做人品格的过程。我生平最大的收获，就是把「人」这个字写得还比较端正。

人格光辉　永存世间

——贾植芳先生去世一周年祭

谢天振[①]

先生走了，走得很突然。我清楚地记得，去年的这个日子，即农历大年初二（公历是2008年2月8日），我照例是和内子曼娜（先生总亲切地称呼她“小金”）一起要上门去给先生拜年的。这已经是我们好多年来每年春节生活中的“固定节目”了：年前我总是与思和先约好，我们两家一起于大年初二去给先生拜年，同时在先生家一起吃个午饭。但这次我事先打电话过去，却获悉先生不在家，住进医院了，我听了不禁一怔。于是年初二一早我就与内子赶紧打了个的赶往医院探望。进得病房，先生还睡着没醒，陪在一旁的先生的侄女桂芙把他推醒。先生见我们来了，显得很高兴，兴奋地讲了不少话，问我最近又去哪里开会讲学。他把上海作协新出的一套小说丛书拿出来给我们看，还

---

①谢天振（1944—2020），上海外国语大学高级翻译学院教授。

要内子挑几本带回家去看。桂芙告诉我，先生其实并无大病，之所以住到医院里来，主要是看中这里比较暖和，另外医疗条件也有保证，万一有什么不适，随时叫得应。桂芙说他们打算等天气转暖和些就出院回家。我看先生的脸色、神气，也确实不错，红光满面，讲话的声音也依然是那么洪亮，所以倒也放心不少。临走前先生还与我开玩笑，说要我请他上饭馆吃饭。我说：“好，待您出院后我们就去。”然而我们怎么也不曾料想到，我这句话竟然成了一张永远也无法兑现的“空头支票”。

3月底4月初时，先生的身体情况好像还很正常，没什么异样，但4月22日清晨，6点刚过，我还未起床，突然响起了电话铃声。我拿起听筒，只听见听筒那头先生的养女桂英带着哭音对我说：“谢老师，先生不好了，你赶快过来看一看吧！”我听了大吃一惊，赶紧起床，匆匆漱洗完毕，就在大门口拦了个车赶往医院。到了医院，只见先生的情况的确很怕人：双目紧闭，鼻孔塞着氧气管，嘴张得很大，大口大口地喘着气，胸口一起一伏，显得很吃力，一旁的支架上吊着葡萄糖盐水瓶。桂英凑在先生耳朵边大声说：“谢老师来看你啦！”但没有什么反应，眼睛似乎睁了一睁，但终究没有睁开。我对桂英说：“不要叫了，就让先生静静地躺一会儿吧。”我发现先生的肚子显得很大，桂英说医生怀疑先生是肠梗阻，但因为前不久刚装了心脏起搏器，所以不能开刀。看着先生上气不接下气地吃力地喘气，我们在一旁看着的人也都很难受，但又帮不上忙，只能在心中暗暗祈祷上苍保佑先生能尽快渡过这个难关。因为那天正好是我们高翻学院研究生考生入学口试，我必须参加，所以8点多我也只得匆匆离开医院回学校了。下午4点多，口试结束，我立即给医院打了个电话。桂英告诉我，作家沈善增先生来过了，沈先生对气功颇有研究，他给先生发功，似乎有些效果：先生放了几个屁，还有了想如厕的感觉，这说明上下通了。听了这个消息，我心中宽慰不少，心想先生这一辈子挨过了不少人生的难关，现在这个难关最终应该还是能挨过去的吧。

4月24日下午3点多，我在复旦光华楼会议室参加一个文艺学研讨会，我和上海师大的孙景尧教授刚刚发完言不久，突然接到宋炳辉从医院打来的电话，称先生现在的情况很不好，如果走得开的话，希望我能立即去医院。景尧在一旁听了也非常着急，我们于是一起向主持会议的朱立元教授打了个招呼，便急匆匆地离开会场，由景尧开车，直奔医院。

赶到医院，先生的病房里里外外已经站满了人，约有二三十个。大多是先生的学生，或学生的学生，也有几个是报社的记者，表情都很凝重。医生和护士紧张地一会儿进，一会儿出。我穿过人群，挤到先生的病床前。桂英看见我，便凑到先生耳朵旁边说："谢老师来看你了！"我也凑上去大声叫了两声："贾先生！贾先生！"但是都没有反应，只见先生闭着双眼，非常吃力地，甚至不无痛苦地大口大口地喘着气，床头上监护器屏幕上的绿色波线则不停地在忽高忽低地跃动，显示老人正在和病魔做最后的抗争。病房门口的走廊里，刚从北京特地赶来的李辉告诉我说，他中午刚到时与先生说话，先生还有反应，眼睛也能睁开，似乎还有一点交流，但两点以后先生的眼睛就睁不开了，跟他说话也没有了反应。五点半多，王生洪校长又一次来到病房，据说他一直就在医院守着。他关切地听桂英和桂芙对先生病情进展的介绍，宽慰了她们几句，然后又对陪同在一旁的思和关照了好些话。

人越来越多，大多是闻讯赶来的各个时期的贾门弟子和陈思和老师的门弟子。连远在苏州的范伯群教授也不顾自己年事已高，闻讯后立即要了辆车，急切地往医院赶来。大家都已经不说话了，默默地看着医生和护士不断地进进出出病房，心中一边在暗暗希冀奇迹的发生，但另一边，根据医生护士的表情也理智地意识到，也许最后的时刻就要到了。突然，传来桂英、桂芙以及一些女同学在病房里的哭声，随即又听到了孙正荃老师的朗朗声音："先生，您走好！先生，您走好！"我下意识地看了一眼手表：六点三刻。有好几个人急着挤进病房，想与先生做最后的告别。病房里显得有些忙乱，我没有立即走进病房。我站在电梯口走廊的窗户边，望着窗外城市上空渐渐降临的暮色，强忍已久的眼泪这时不由分说地夺眶而出。我突然意识到：对我人生道路产生最重要影响的一个人已经离我而去了！我感到悔恨：因为近一年多来，由于教学、会议、讲学、赶稿等各种各样的原因，我去看望先生的次数比以前少了很多，心里总想自己离先生这么近，随时随刻都可以去看先生的，先生也永远会怡然地坐在他书房的藤靠椅上，手中拿着一本书，等着我去跟他说话。然而从现在起，我却再也看不到先生了！我再也听不到先生那爽朗开怀的笑声、那风趣幽默的话语、那充满睿智的评点、那语重心长的叮咛了！远处天边有一朵小小的云彩正渐行渐远，那是先生不朽的灵魂正在向天堂升去吗？暮色渐浓，但先生的音容笑貌、他支着拐杖踽踽而行的身影，以及我与先生相知、相识、聆听先生教诲的往事，却犹如电影中的画面，一个接一个，无比清晰地浮现在我的脑海中。

与先生交往，首先感受到的是他的平易近人、平等待人。先生是名闻海内外的著名作家、翻译家、中国现代文学研究的权威，但你与他交往时从来也不会觉得他有一丝一毫的名人、大学者的架子。如果你为他做了点事，哪怕是一件微不足道的小事，他都会放在心上，而决不以名人或长辈自居，觉得享受人家对他的帮助或效劳是理所当然的。我与先生建立起比较经常和深入的交往，也正是由一件小事开始的。1985年9月，香港中文大学举办比较文学研讨会，邀请海峡两岸的比较文学学者，包括十多名大陆学者参加。这是改革开放以来国内人文学界第一次有这么多的学者同时走出国门、参加在海外举行的学术会议，国家教委（现教育部）对此非常重视，专门把这十几名学者组成一个代表团，由时任高教一司的司长蒋妙瑞先生（后任中国驻美大使馆公使衔教育参赞）和外语处处长杨勲担任领队，委派先生担任代表团团长。当时各学校和单位的经济条件没有现在好，不可能为大家都提供直飞香港的机票，所以规定大家先到深圳集合，然后由深圳过罗湖海关，再搭乘火车去香港中文大学。考虑到先生年事已高，特准其直飞香港。但先生的独立行动及生活自理能力不是很强，需要人照顾，我于是表示我可以全程陪同先生，同时负责照顾先生在港期间的生活起居。然而好事多磨，申办赴香港开会的手续比出国要复杂得多，好不容易我和其他代表都先后拿到了各自的签证，偏偏先生的签证老是批不下来。当时国门初开，有一个出境的机会极为难得，先生很体谅人，所以一次次地对我说："你不要等我了，你管你先去吧，我自己会来的。"而我既然已经承诺在先，当然也不会弃先生不管而自顾赴港开会的，所以我也一次次地安慰先生说："不用担心，我会等你的。"后来我们一直等到距开会只有一两天的时候，思和专门从上海飞到北京去把先生的签证取来，这才圆满解决了先生赴港开会的事。先生事后对我说："如果你一人先去了香港，那我一个人是不会再去开这个会的了。”香港回来后没几天，先生打电话来邀我去他家吃午饭。我原以为这大概是先生正好要招待他的朋友或其他什么人，顺便让我也去一起去吃饭的吧。谁知到了先生家里，一看只有我一个人，我这才明白，原来先生是特意准备了这顿午饭来专门答谢我对他赴港开会的照顾的。我很感动，因为陪先生赴港开会于我来说其实并不需要付出特别的精力和心思，至多也就是每天陪着他从我们下榻的宾馆走到会场，然后在会议结束后从会场走回宾馆罢了。相反，我倒还因此沾了先生的光。先生有一批解放前留在香港做生意的老朋友，几十年不见，获悉先生来香港开会，特地在一家非常高档的大酒店设宴招待先生，与先生叙旧。我因为要陪先生，也就有幸忝陪末座，我也因此生平第一次走进如此豪华的大酒店，第一次尝到了以前只在小说中读到过的鱼翅、鲍鱼等山珍海味。但先生不这么看，他觉得你照顾了他，他就要设法有所表示，甚至回报。这也是先生做人的一个基本准则。

先生的平等待人并不限于我们这些与他有共同专业的人士之间。有一次内子帮我去先生家还书，结果回来后她告诉我，先生与她谈了一个多小时，谈得津津有味。这让我非常惊讶，因为内子是高分子专业，与我们这些搞文学的简直没有任何共同语言，但先生就是有这样的本领，他与各行各业的人都能谈得来，还能与他们交朋友。在先生家的客厅和书房里，你不仅能见到来自中国香港、中国台湾、日本、美国等海内外的著名作家、诗人、学者，你同样也能见到一些非文学专业的人，见到普通的工人师傅、小男孩，等等。先生对他们都一视同仁，都同样热情地接待。我们好多次在先生家吃饭，那位工人师傅都与我们同席。那个小男孩更是有趣，他把先生家就当作他自己的家了，下午三四点钟放学不回自己的家，径直走进先生家的厨房（先生家的厨房门永远是敞开的），大声叫嚷着：“我肚子饿了，给我做碗面吃！”先生也就赶紧让桂英或师母给他做面。先生这种平等待人的态度折射出的是他内心深处对每一个人的关爱，对每一个生命的尊重。

先生一生坎坷，坐了四次牢，一生最宝贵的岁月都是在监狱里度过的，所以他一生在物质上其实并没有富裕过，然而他对物质生活、对金钱，却看得很淡。他有一种快乐的金钱观，他经常对我说：“小谢，我刚到上海的时候，身上只有八分钱。到现在这八分钱还没用完呢。”说完后爽朗地哈哈大笑，言下之意，现在能过这样的生活，能有这么点钱，都已经是白赚的了。所以我与先生交往二十多年，从来没有听他说起钱的事。特别是在他晚年，与日渐上涨的物价和他的家庭开销相比（除日常开销，他还要支付一个全职保姆的工资），与我们这些后辈的工资收入相比，他的退休工资就显得相当微薄，甚至很不合理，但我也从来没有听到他对此有所抱怨。他仍然一如既往，永远是那么的乐观，开朗，豁达。

尽管并不富裕，但先生对朋友、对学生，却是极其慷慨大方、从不吝啬的。我听先生说过一件往事：解放前他还年轻的时候，和一帮朋友都还在上海滩上奋斗打拼。他靠写文章、译书赚些稿费，黄永玉、方成（那时他们也还都是小青年，也还没成家）靠给报纸画画赚点钱。相对而言，他赚的稿费还比他们画画的钱多一点。有一天黄、方两人来到先生家，但家里没有什么可吃的，于是师母便悄悄地把一件大衣拿到当铺里去当了，换回几个钱，然后买了阳春面、猪头肉回来，让大家饱餐一顿。80年代复出以后，先生仍然是这样的作风，朋友、学生也都喜欢上他家去，高晓声、孙立川等，都在先生家住过。其中接连有好多年，几乎每个星期五，我和思和，还有宋炳辉、张新颖、张业松等年轻人，都会在先生家午餐。为了让朋友、学生吃得好，先生还特地让桂英和她先生去专门进修了厨艺，家里还专门添置了圆台面和转盘。台湾诗人罗门、林耀德80年代初访大陆，他们先到北京等地，后到上海拜访先生，并在先生家与我们一起共进晚餐。饭后他们对我们说，这是他们在大陆吃到的最好吃的一顿饭。美国的李欧梵教授也喜欢到先生家来吃饭，与先生聊天。90年代初，李欧梵先生好像正在为撰写一本关于现代主义的书来上海找资料。有一天晚上，他来先生家晚餐，先生约我作陪。饭后送别时李欧梵教授对我说，听贾先生讲话，很过瘾，对他了解三四十年代的老上海，很有帮助。

说到吃饭，我还想起一件趣事：有一次先生请伍蠡甫先生夫妇吃饭，也是让我作陪。我因为经常在先生家吃饭，所以吃饭时并没有什么顾忌，想吃什么就夹什么菜吃。伍先生见状大吃一惊，说："你是真吃啊？"我们听了都大笑，因为先生请人吃饭，都是很真诚的，真心实意地希望客人吃好、喝好，所以大家从来都是畅开怀喝酒，无拘无束地吃菜的。伍先生是老上海老派作风，就像我的父母从小教育我的那样：到人家家里吃饭切不可放开吃，夹菜就夹在自己面前的菜，不可夹自己对面盘子里的菜。出去做客到人家家里吃饭，最好先在自己家里吃点东西垫底，免得到人家家里吃多了，吃相难看，等等。

尽管并不富裕，先生还在一件事上也是出手非常大方的，那就是买书和赠书。80年代曾经内部发行过一套装帧豪华的线装本《金瓶梅》，定价要好几百元，相当于先生好几个月的工资，但先生毫不犹豫就买下了。我每回到香港去开会，先生总会开出几本书的书名，要我到香港去帮忙代购。香港的图书比内地的图书要贵好多倍，但先生从来不考虑这个问题。他买书时大方，赠书时也同样大方。每逢先生有新出版的书，他总要买下好几百本书分别赠送给朋友和学生。有时候并不很熟悉的人正好到他家去，他也会热情地把刚出版的新书签上名赠送给人家。国内图书的稿酬普遍都不怎么高，所以我对桂英说，像先生这样买这么多书送人，恐怕他的稿酬还抵不上他的买书钱呢。但先生从来不计较这些。与此形成鲜明对照的是，他在为改善家里的物质条件花钱时却显得很“小气”：一台十六吋的彩电，还是1985年与我一起到香港开会时带回来的，一直看了十多年后才换了一台二十一吋的。洗衣机、空调等，也都是在他晚年的最后几年时才添置的。而早在八九十年代，他好几次出国回来，都拥有买这些家用电器的“指标”（当时都是极其难得的紧俏商品），但他都让给人家了。对物质生活，先生从来就没有什么高的要求。

先生更关心的是国内高校的人文学科建设，更关心的是学生的学业以及他们的学术成就。他是“文革”后中国大陆最早大力倡导比较文学教学与研究的老一辈学者之一，与北京大学的季羡林、李赋宁先生等南北呼应，有力地推动了比较文学在中国大陆的重新崛起。孙景尧、卢康华两人相互本不认识，是在先生的热心牵线撮合下，才分别从哈尔滨和南宁来到上海先生的书房，携手合作，推出了中国大陆第一部比较文学专著《比较文学导论》。同样，也是在先生的积极联系、推荐下，加上先生的老友、时任浙江文艺出版社总编的夏钦翰先生的支持，中国第一本比较文学杂志《中国比较文学》于1984年在浙江文艺出版社正式刊行。先生对这本杂志非常重视，多次对我说，看一门学科是否确立，有三个标志：第一是是否有本学科的理论专著，第二是有没有走进大学的课堂，第三是有没有一本自己的专门杂志，关照我一定要认真把这本杂志办好。他不仅自己为杂志撰稿，还写信约胡风这样的著名作家为我们这本新创刊的杂志写稿。与此同时，他还经常为杂志荐稿。

其实，在先生家里吃饭并不是单纯的吃饭聚会，更多时候更像一场小型的学术聚会。一起吃饭的也不限于我们几个常客，经常还有报社、杂志的记者，出版社的编辑，以及外地来上海出差专门来看望先生的专家学者，等等。因此，饭前，饭后，甚至在吃饭过程中，谈话的内容也大多离不开学术研究。我们或是听先生讲文坛往事以及先生自己的传奇经历（我曾把先生在50年代上海提篮桥监狱里邂逅邵洵美的故事转述给乐黛云、饶芃子教授听，她们听了也非常感慨，唏嘘不已），或是彼此交换学术信息，畅谈各自的研究计划。我和思和给台北业强出版社主编的几套丛书，如“外国文化名人传记丛书”和“中国文化名人传记丛书”等，就都是在先生的书房和饭桌上酝酿成熟的，这些丛书给我们的青年教师、博士生们提供了练笔的机会，也给他们走上学术研究的道路提供了一个良好的开端。先生尽管年事已高，但他的思维却仍然非常活跃，学术视野开阔，经常会给我们出一些好的点子。正是在他的建议下，我翻译出版了《普希金散文选》，任一鸣翻译出版了《勃留索夫日记钞》、宋炳辉翻译出版了《伍尔芙日记选》，等等。朱静教授也是接受了先生的建议，把纪德的《访苏归来》重新翻译出版，赢得了读书界的注目。我本人关于翻译文学、翻译文学史的思考，更是得益于先生的许多教诲，包括具体指点我去阅读陈子展的《中国近代文学之变迁》和王哲甫的《中国新文学运动史》，从而使我对中国的翻译文学史概念的形成、发展过程有了更加深刻的认识和了解。

先生晚年最高兴的事就是看到他的学生们、晚辈们有新的科研成果出版，发表。每次当我把我新出的某本书给他送去时，他的兴奋之情简直比他自己出了一本新书还高兴。他对学生、对晚辈的这种关爱是由衷的，发自内心的，为此他在晚年不遗余力地为他的学生、为晚辈们的科研成果写序，目的就是为了让学生们、让晚辈们能早日在学术界脱颖而出。而让我感动的是，先生在为我们这些晚辈和学生的著作写序时，从不居高临下，而是持一种非常谦和的心态。正如他在为拙著《译介学》写序时所言："写序虽然花掉了我不少时间，我却是乐此不疲，因为我觉得为中青年朋友的著作写序，实际上也是一个与中青年学者交流思想的很好的机会。在写序的过程中，我也从他们的著作中掌握了不少当代学术界的新信息，看到了不少新思想，也学到了不少新知识。"不难发现，平等待人的思想实际上体现在先生行为的所有方面。

先生走了，不过我觉得先生没有走远，他仍然在我们身边。他的音容笑貌，他的崇高品格，他对我们的无私关爱，将永远留在我们心中。

2009年1月27日

无私无畏即自由

——写在贾植芳先生逝世十周年之际

王宏图[1]

岁月倏忽，转瞬间贾植芳先生离开我们已近十年了。沿着岁月的长河回溯，当年的情景仍历历在目。我最后一次见到先生是在2007年11月初，那时我即将去国远行，到德国汉堡大学孔子学院工作。我去辞行时，先生已住在上海第一人民医院的病房里。深秋时分，天色溟濛，先生精神疲怠，和我交谈了几句，便昏昏睡去。当时我心中有种不祥的预感，近一年来他频繁进出医院，体力精力加速衰颓，恐怕时日无多。不到半年，春暖花开之际，远在易北河畔的我便得悉先生过世的噩耗。因路途遥远、公务繁杂，我没能参加先生的送别礼；当年冬至日，我返沪期间，和诸多师友一同参加了先生骨灰的入葬仪式，总算弥补了心中的一分缺憾。

①王宏图，复旦大学中文系教授。

我20世纪80年代中后期师从先生攻读比较文学硕士研究生。在那个年代，它和美学等人文学科一样，是众人追逐的显学。细究之下，并不是比较文学本身有什么特殊的魅力，而是它为闭关锁国日久而对外来新鲜精神食粮饥渴异常的国人提供了一条门径，得以一睹外部世界的阔大奇伟与精彩。毕业后我去了上海社科院，随后又负笈美国两年多，再回母校复旦工作，我一直和先生保持联系，聆听他的教诲。和当今研究生培养模式日趋美国化、数量化不同，当年贾先生并不给我们正儿八经地上课，我们每隔一两周便到先生府上相聚，海阔天空地聊天讨论。先生不时就一些热点学术与文化问题提出独到的见解，同时将一些书推荐给我们研读。

乍看之下，比较文学颇为诱人，它要跳出民族文学的藩篱，对两个或多个国家的文学现象和作品进行比较性阐发。然而，一入其门，初学者便会感到其繁难无比。最为明显的便是对于语言的要求，掌握多门外语可视为一项基本功。先生早年留学日本，兼通英、日、俄等多种外语，除文学外，对于哲学、历史、社会学等领域也多有涉猎。在先生门下耳濡目染日久，我也学习了法语（到德国工作前后又学了德语），并博览群书，力图为自己奠立一个广阔的知识背景与框架。至今记忆犹新的是，先生时常勉励我要多写，多翻译。回想数十年来，自己在文学创作、研究、批评和翻译诸方面都花费了不少工夫，然而所得甚薄，实在有愧于先生的期望，但毕竟自己也一直努力践行着先生的嘱托。

贾先生本人并不是一个纯粹的学者，他传奇式的一生一直是人们津津乐道的话题。他曾引用一位外国作家的话说：“一个人只要经过两种出生入死的境界的磨难，就可以获得自由了，这两种境界就是战争与监狱。”他早年因参加“一二·九”学生运动被捕，后东渡日本，抗日战争爆发后归国，毅然投身抗战。他先后被日军和国民党军警关押，而时间最长、最为酷烈的莫过于1955年受胡风冤案的牵连，身陷囹圄长达十年之久。这是不折不扣的磨难，同时也是生命的巅峰体验。他迈过了世人难以逾越的门槛，拥有了一览众山小的宏大视野，日常生活丛生的种种琐屑的烦恼愈发显得无足轻重。然而，这种心境、气度与境界的达成并不轻松潇洒，并不是体验另类人生的游戏。它向人索取极为高昂的代价，甚至以生命为赌注。它将人置于“生存还是死亡”的刀尖上，犹如参与了一场惊心动魄的俄罗斯轮盘赌，不知左轮手枪在哪个瞬间会射出置人于死地的枪弹。人在这种极端性的境遇中踯躅前行，稍有闪失便阴阳两隔。可以设想，如果没有过人的勇气，一旦身陷其间，轻则身心俱疲，重则精神崩溃，沦为任人操控的懦夫。而一旦挺过了种种考验，仿佛凤凰涅槃浴火重生，眉宇间洋溢着超凡的大智慧大勇气。

多次翻读先生80年代的日记，有个细节让我难以忘怀。那时他出任系学术委员会委员，多次参加职称评审工作。熟悉当代中国高校内情的人都知道，这是一项极为繁难的事务，评审者常常陷入僧多粥少的窘境。据先生记载，在评审结束后，常有落榜者登门诉说种种委屈愤懑，祈望先生能高抬贵手，行起死回生之功。先生在日记中毫不客气地批评他们目光短浅，沉陷于个人利益的计较中而不可自拔。有人或许会说先生站着说话不腰疼，不通人情，过于刻薄，因为职称毕竟是高校教师职业生涯中的大事，是对他们自身价值与业绩的综合评价，很少有人能超脱于此。这种想法或许有其合理性，但在经历了生死劫难的先生眼里，职称之事无异于人生中功利性的点缀，而非根本，更不是生命意义与价值的基石。

不难发现，贾先生作为民国初年生人，血脉中流淌着五四新文化运动的流风余韵，勇敢无畏地追求个性的自由和民族的解放，在世界文化的宏大视野中铸造新型的中国文化。光这一点，就足以为我生后辈的楷模。我们昏沉的心头也栖息着一个自由的精灵，它不时提醒我们不要麻木，不要随波逐流、心甘情愿地沉沦于黏腻的现实中，要有勇气追求自己的生活，活出自己的那份精彩。但我们又是那么孱弱，那么缺乏勇气，一个小小的挫折便万念俱灰，便乖乖地磨平自己原本并不尖锐的锋芒，躲在厚密而陈腐的盔甲后，低三下四、依样画葫芦地演完自己卑微苍白的人生。

在先生离世十周年之际，我想起了法国革命家丹东的一句话，“大胆，大胆，永远大胆！”巴金曾将它作为座右铭，而先生的一生可谓这一格言的忠实体现。在诡谲多变的尘世中，它对我们既是警醒，又是鞭策。

2018年2月

贾植芳先生的最后时刻①

张业松

贾植芳先生不喜欢住医院，但好像很喜欢上医院。不记得有多少次，我主动要求或被叫去陪他上医院，“检查”或“拿药”。他总是兴致勃勃，穿好平时不穿的外套，戴上平时不戴的呢帽或遮阳软帽，拿上在家不怎么用的STICK（拐棍），叫上出租车，用现在的孩子们的话来说，很“拉风”地出门，一路上指点街巷，劲头十足地讲述他当年在其中的冒险经历。而且基本上，不论是否实际需要，他这样出一次门，总要在外面找个馆子吃顿饭，——多数时候是吃面，在我想来，很有点想方设法延长“进城”的时间和快乐的嫌疑。师母不在以后，先生的体力和精力衰退得很明显，这样的“找乐”的机会少了，偶尔有之，他沿路的谈兴尽管仍在，毕竟有些谈不动，对场所和事迹的指

①本文曾刊载于《书城》及《中华读书报》，全文作为“代跋”，收入张业松著《文学课堂与文学研究》，复旦大学出版社2008年11月版。

点限于点到为止了。

等到真的需要住院了，他又会变得很不耐烦，总是在病情稍有好转的时候，就嚷着要回家。他把住院叫作“坐监”，我想不是因为耐不住性子，而是不喜欢这种受约束的生活。受约束倒也不是说真的像坐监一样丧失了人身自由，或因他过去的四次牢狱经历而对“疑似”监狱生活怀有恐惧，而是，这种生活打乱了他原有的生活秩序，影响了他熟识的与生活发生关联的渠道和方式。对于一位教授，或一个知识分子来说，什么才是他最不乐意放弃的与生活发生关联的渠道和方式？贾先生的行为给出了答案，那就是读和写。哪怕只是在医院里住两天，哪怕是在多至六床的普通病房，只要病情许可，他也会要求把家里的书报和纸笔带来，而且蚂蚁衔草似的，今天一本明天两本，不多久病房就会呈现出临时书房的模样。2007年11月11日，贾植芳先生因肺炎迹象到上海市第一人民医院干部门诊求诊，随即确诊，入住该院国际部特需病房，至12月8日，在他自己的反复要求下出院。近一个月的住院时间，在我的记忆里已经是超长记录了。但随即，因停止用药而复现的症状再次把他赶回了病房。2007年12月11日，贾植芳先生最后一次入院，在医院里度过了他一生中最长的一段住院时光，至2008年4月24日星期四18:45分，因肺炎并发心衰、肠梗阻（指标显示高度恶性肿瘤可能），最后导致呼吸衰竭，抢救无效死亡。据近十年来负责照料他生活起居的桂芙女士介绍，先生约在临终前五小时陷入昏迷，前五天放弃读写。他的最后一篇日记写于4月18日，记述了“大晴天”里几位学生的来访，及重温收在《贾植芳文集》第二卷里的《〈中国现代文学社团流派〉序》，因为前一天来访的郜元宝透露这部书将由复旦大学出版社再版。

先生临终的时刻，我在学校授课。复旦大学课表第九节18：30分开始，在关掉手机前的最后一刻，我接到陈思和老师的短信：贾先生危急。我狠了狠心，关掉手机，对着一个超大教室和一个实时连线分教室里几百名复旦大学网络教育学院的学生开讲近代小说，主要是恽铁樵的《工人小史》，一篇勾画近代上海机器工业和城市文明成长轨迹和模式的杰作。我对学生说，如果你们想要了解自己的祖辈在上海立足的历史，或者关心今天的农民工如何融入"现代大都市"，就应该认真阅读这篇作品，因为它提供了近代工业和城市吸纳和改造外来人口的基本模式。按照这种模式，工业和城市把来自四面八方的"流动人口"吸纳过来，以极其残酷的方式教给他们城市生活的基本规则，在迫使他们付出惨痛代价之后，最终使他们在最低生活保障线上容留下来，正式作为一个城市市民去展开自己的生活，而城市和工业也由此日益膨胀，逐步发展起来。我一边以比平时快许多的语速讲着这些，一边脑子里迭现着先生多次向人讲述过的他自己"兜里揣着八分钱来上海花了一辈子还没花完"的故事，同时还想着，先生不会怪罪我的吧？如果他是我，他也会上好这堂课的吧？更重要的是，他一定会像往常那样，挺过这次危机的吧？明明我昨天下午去看他，他的气色、眼神和头脑还是那样的强旺着，不过因为喉间有痰，说话含混，呼吸费力。医生会有办法解决的吧？

据说周作人获知鲁迅的死讯，仍然声色不乱地上完了他该上的课，从容拍掉手上的粉笔灰，才变出悲哀的声调说："鲁迅死了，我要去看望他的母亲。"我终于没有修炼到这样的程度，也本无效颦的意思。脑子一忙就容易乱，心绪乱了，课就讲不下去，只好请同学们原谅我匆匆讲完该讲的内容提前下课。19：30左右打开手机，涌入的是何清兄的短信：先生6：46分走了。是别的报信的电话：先生很不好，你快点去吧！是急忙求证得来的信息：人已经没有了。脑子轰轰着，跳上出租车往医院赶，首先想到的是该通知谁谁，谁谁谁，还有谁谁谁，这样一直冲到先生病床前。从电梯口到病房，各处赶来的人们已经塞满半层楼面，但现在回想，好像除了两位在我出电梯的同时要进电梯的先生之外，我对当时冲过去时谁在为我让路、谁在与我打招呼似乎毫无印象。出现在我眼前的先生，盛装仰卧，面色舒展，平和如生。我站在他的左面，伸手到被单底下握住他的左手，温软如昨。他外套的衣领被被单压住一只角，我伸出另一只手为他理理好，手背贴近面颊时，仿佛感受到他的体温。我的下巴忍不住抖动起来，在咬合不住的时候，鼻翼也跟着翕动起来。我终于崩溃，再一次在先生面前彻底暴露了自己的软弱。令我难以自制的是，就在昨天，就在同一个位置，以同一种姿势，我还一如往常在聆听着先生学术上的关怀，答应着会跟进他的关心；先生尽管呼吸困难，说话费力，全身插满管子，头部转侧一下也很不容易，却是眼神清亮，头脑清晰，面色充满生气，也还在一如往昔地与他尚不熟悉的我的学生们做着快乐的约定：等我病好了，请你们来家里做客！……

此前两天，由于先生病情恶化，思和老师指示我循惯例组织同门轮流陪护。最后经在读师弟刘涛的协调努力，按一天两班排定了每周七天的日程，做好了协助先生与病魔持久周旋的准备。在值班表排定之前，我另外要求我自己带的几位学生从周三开始轮流去医院守候，以备急难。周三上午是李碧琰，她从医院打来电话说贾先生看起来确实不大好。我午饭后赶去医院，她仍在那里，张新颖、栾梅健二位教授和即将毕业的日籍师妹木村泰枝也在，她带来了两只祈福的千纸鹤。先生在午睡，而且要做一个开通输液通道的小手术，暂时不便探访。大家在休息厅交流了一阵情况，他们几位先走，我留下来等换班的朴彗廷和陈文烨。她们到来时，先生的输液通道已开好，而且并没有费什么事。我带她们两位进房跟先生见面。与前几天相比，先生的面貌已有所变化，纵横交错的管子令人心情沉重。但他精神不错，见我即跟我招呼，说了一大串话，只是呜哩呜噜听不清楚。他一边说一边用眼神跟我交流，大约见我迷惑，又放慢语速说一遍。前几天从澳洲赶回来的先生养女贾英听懂了他说的第一个意思，是说“胡风会议文集”；我自己听懂了第二个，是说“朱锡侯”。我懂了，原来他仍在关心着这两件和我有点关系的事。第一件是指2002年复旦和苏州大学合办的胡风一百周年诞辰学术讨论会文集，这部文集拖延了好几年，最近总算落实了出版单位，我是会议的操办者和文集的编者之一，先生是在向我打听出版进度。朱锡侯的事情则是指，我曾带给他一章已故生理心理学家朱锡侯先生的口述回忆录记录稿。在这章书稿中，朱先生回忆他和贾先生早年的交往，以及因这种交往在反胡风运动中受牵连的经历。先生大概是要和我交流读后感。明白他的意思后，本来沉重的心情忽然为之一轻：先生还是原来的先生，只是目前遇到了一点麻烦而已。没问题！凭他战场上滚过、监狱里蹲过、忙碌里累过、劳改队里锻炼过来的身体和精神，哪一次闯鬼门关不是全身而返？所以，一定没问题！桂芙说：“你看他说得多好啊！病好了到家里来做客，这话说得真好！”两位女生听到先生的邀请，也是连声谢谢。

鲁迅晚年病重的时候，有一天晚上醒来，喊醒了广平，请她开开电灯，给他“看来看去的看一下”。广平大约以为他在说胡话，惊慌地问为什么，鲁迅说：“因为我要过活。你懂得么？这也是生活呀。

我要看来看去的看一下。”广平终于没有听懂，没有开灯。鲁迅躺在黑暗的夜里，感受着街灯的光穿窗而入，屋子里显出微明，他“大略一看，熟识的墙壁，壁端的棱线，熟识的书堆，堆边的未订的画集，外面的进行着的夜，无穷的远方，无数的人们，都和我有关。我存在着，我在生活，我将生活下去，我开始觉得自己更切实了，我有动作的欲望——但不久我又坠入了睡眠”（鲁迅：《“这也是生活”》）。

鲁迅出色地描绘了一位病人对人间生活的留恋和渴望。然而，一位有着这样的要求和想法的病人，也并不是普通的病人，而是能在及身而有的诸种事物之外，建立自己与“无穷的远方，无数的人们”之广大世界的联结的人。确切地说，这样的人就是知识分子。

贾植芳先生在他最后的日子里，留给每一位常来常往或偶一往访的接触者的印象也许都不尽相同。我作为先生的再传弟子，在先生遽然辞世带来的困难里，努力记下这一鳞半爪，希望有助于增进读者对一位广受敬重的老知识分子的了解。我想说的意思其实很简单，一句话可以说完，就是：贾植芳先生终生保持了知识分子的本色和关怀，他活在鲁迅的脉络上。

2008年4月27—28日

怀念，在先生远行以后

何　清[1]

没想到我是以那样一种方式与贾植芳先生告别的。我在那天中午突然地起了一种强烈的愿望，想第二天到上海去看望贾植芳先生，没承想这一去竟然是与先生所见的最后一面——就在我去的那天下午，先生和他的学生以及学生的学生永别了！从此，阴阳两隔。望着先生瘦小的背影消失在另一个陌生的世界，想着先生此去一路少不了会遇到各色的魑魅魍魉，定然不会太平，想着那个冰冷的世界的黑暗，想着先生的孤独和无助，不禁悲从中来。可又想先生一辈子浩气正声地活着，是经历过大悲苦大劫难的煎熬和洗礼的，寻常的鬼魅又算得了什么。更何况先生在世时的热肠和侠义，经常是盈门宾客，有朋四海，到了那里，定然也会有温暖的随行和情义的援助。即便这样想，在先生去世后的很长一段时间里我始终无法面对先生已经

[1]何清，苏州科技大学人文学院教授，图书馆馆长。

不在了的现实。

今年的4月24日是先生逝世两周年的日子，郁积于胸的怀念绵长醇厚，成为先生远行后时时泛起的回味和遥想。当我翻阅着这本新近出版的《我的人生档案——〈贾植芳回忆录〉》时，先生的音容笑貌竟是那样清晰地重现于眼前。尽管这些文字在过去先生健在的时候陆陆续续都曾读过，但在先生远行后的重读却是别有一番滋味在心头。我曾多次在先生的书房兼客厅中听他讲他的家庭、他的人生，以及跟他发生过关联的枝蔓丛生的历史，如今只能在静静地阅读中浮现那些与先生相处时的温暖的情景了。

贾植芳先生时常为人所乐道的名言就是："把'人'字写端正！"他的一生就是用行动和生命诠释"端正的'人'字"的一生。《回忆录》由"且说说我自己""狱里狱外""我的三朋五友"三部分组成，所选篇目基本涵盖了先生坎坷曲折的人生历程，说己论人，风骨毕现。第一部分的文字可以说是先生对人生的概述，涉及个人与家庭、个人与社会、学习与生活、个人与文学的关系，诸如《我的第一篇小说》《我的写作生涯》《怀念丸善书店》《上海是个海——我在上海的生活史》《一个老年人的自述》《在那个凄风苦雨的日子里——哭亡妻任敏》这些篇章，从一个热血青年写到耄耋老人，这里有青春的叛逆，有与文学的结缘，有温馨的怀念，也有感人至深的大痛之言。先生生命的足迹，就是一部20世纪中国知识分子的精神史，个人被历史裹挟着走过崎岖不平的道路，但从没听先生抱怨过，那是他一生的选择，虽九死其犹未悔！

"狱里狱外"，先生曾以此概括自己的人生。从20个世纪30年代中期开始，他曾先后四度入狱：1935年在北平参加"一二·九"爱国学生运动首度被捕；1945年在徐州从事日本人的策反工作被日伪特高科逮捕；1948年在上海因文贾祸被国民党中统局特务抓入大牢；1955年受胡风案牵连开始了长达二十五年的监狱及劳改生涯。这样的经历听起来颇有些传奇色彩，但它绝非想象的虚构，更不是浪漫的革命故事的演绎，而是一个追求真理、热爱自由、向往民主的爱国知识分子苦难人生的真切履历。先生说他的一生就是：从一个监狱到另一个监狱。“狱里”似乎是归宿，“狱外”倒像是过渡。细想起来，先生此言饱含了他难以尽述的屈辱和痛苦，也证明着他不屈地抗争和坚执的忍耐。他的人生的黄金时段基本是在监狱里度过的，他在专制和强权的时代里以自己受难的方式见证着社会的症候和人的表现。回忆录中选取了先生关于后两次入狱的文字，比较详细地记述了他对于监狱乃至社会的感知、体验和认识。《在亚尔培路二号》详尽地叙述了先生在1948年被捕入狱的缘起和狱中生活，对国民党法西斯统治的专制黑暗、特务的无法无天、从肉体折磨到精神摧残的残酷暴行，提供了一份亲历亲见者的确凿的证词。人们借以知道了国民党统治下的监狱里是怎么酷刑逼供，怎么诱民入罪，怎么践踏人的尊严，怎么随意剥夺人的自由和权利。也把监狱这样一个特殊社会环境里的人性表现记录在案，人性与兽性，清晰地表演在监狱这个独特的舞台上。“人的斗争”是知识分子为了反抗黑暗的恶势力而进行的意志力的较量，追求精神的独立，以不屈的姿态留下了“人的证据”。

20世纪50年代初的几年是贾植芳先生生活相对比较安定的时段，革故鼎新的社会变迁使当时的知识分子怀揣希望的激情投身于火热的时代，他们理所当然地认为中国革命的胜利有自己的参与、努力和奋斗在里面，以胜利者自居是他们发自内心的确认，并非趋势攀附的沾光，这也就不难理解新中国刚一成立胡风就创作了《时间开始了》的长诗，以豪迈的政治热情为革命的胜利献上了一首由衷的颂歌。但50年代又是一个重新确立社会秩序和文化规范的时代，各种文学力量被规范整合后置于新的体制框架内，“一体化”的要求终于使文学在政治面前丧失了自身的独立性。然而胡风在当时的语境中无疑是个异数，这位诞生于30年代左翼文艺运动中的左翼文学理论家，坚持五四以来的知识分子启蒙立场，自觉地继承鲁迅开创的现实战斗精神，对蕴含于大众中的“精神奴役创伤”进行批判。他的观点和认识，与主流意识形态的文艺思想产生严重的差异和分歧，最终上升为政治问题被强加上“反革命集团”的罪名予以镇压。贾植芳先生因与胡风的关系而被目为该集团的“骨干分子”遭到逮捕，成了这个冤案二十多年沉冤的最大的受害者之一。他在《狱中沉思：我与胡风》中说：“我之所以成为这个人为认定的‘集团’的‘骨干’，完全是我与胡风之间的、在患难中建立起来的深厚的友谊关系。我与胡风的感情，主要是出于友谊以及对朋友忠诚这一古老的中国人的为人道德。”他还在《乍暖还寒时候》一文中也说过，他尊重的是胡风正直的人格力量，是与胡风几十年来生死相连的友谊，铭记于心的是胡风在他最困难的时候所给予的帮助，是朋友就不应该背叛，对那些“卖友求荣”毫无操守可言的趋炎附势之徒表达了他的不齿。其实，在当时的情势下，要想划清界限也是件很容易的事，推波助澜、落井下石、反戈一击者大有人在，更何况趋利避害是人的常性，待时过境迁之后，可以用身不由己、形势所迫敷衍而过，无须悔过，更不必担责。唯其如此，巴金先生晚年的《随想录》所表达的一个“忏悔的人”的哀痛和自责才显得那么空谷足音般弥足珍贵。贾植芳先生选择了对朋友的忠诚，也就意味着要兑现隐含其中的心灵的期许，就必须承担“有难同当”风险，绝不屈于权势而出卖灵魂，而是以灵魂的受难来证明人格的操守和道德的品质。他漫长的监狱人生，劳改役使，将一颗没有奴颜和媚骨的铁骨铮铮的精神的头颅高高扬起，终成为检验那个时代的某种精神标尺。

先生不屈的精神成为一种人格风范，但它负载了太多的苦难、屈辱和痛苦，这之中还包含了他的妻子为他承担的苦痛和折磨。他在《做知识分子的老婆》一文中回忆了妻子任敏为他所累而坐牢和流放青海的苦难历程。在先生眼里，任敏师母是一位平凡而伟大的女性，她用超凡的忍耐接受并默默承担着因先生而起的命运的不公，尽管这并不是先生的错。她选择做了知识分子的老婆，要承担的东西很多，包括物质的清贫和精神的动荡，不可能有安稳的小日子，受苦、受累、受难，为他思想的不安分所累。担惊受怕，患难与共，相濡以沫，可以想见，就这样一路走来的险途，岂是几个简短的词语所能涵盖得了的？这里面有局外人难以想象的苦与痛，恐怕就连先生也未必确知究竟，如一个女性被发配到西北的偏远地区，孤独无助无告的处境下需要有多大的勇气和心力去面对？需要忍受多少常人难以忍受的磨难？师母是有文化的女性，她把自己的遭遇写成了《流放手记》，尽管记录的是一个侧面，但却是对灾难性的历史事件的有力补充。胡风妻子梅志也写下了《我陪胡风坐牢》，这些文字都是一个历经苦难的“知识分子老婆”的记述，她们不是被视为“异端”的思想的制造者，却是这种思想者的妻子，牵连之深不言而喻。想到那年师母去世的追悼现场，先生对师母深深地跪谢，令所有在场者动容不已。这一跪之中表达的是先生对妻子在风雨人生中对自己的追随、扶持、理解和给予的爱的温暖的谢意，也有先生为自己带给妻子苦难的内疚。无论是“狱里”还是“狱外”，先生与师母始终不离不弃，风雨相随。

一个自称是“社会中人”的知识分子，自然少不了“三朋五友”，可从那些先生回忆的对象来看，也多是些“道上”的朋友，集中在学校中、出版界、文化界，都是以“知识分子”为范畴的认同。先生是一个重情重义之人，在那些相识相交的友朋之中，有患难与共的文友兄弟胡风、路翎，有曾经共事复旦的余上沅、林同济，有所谓“托派分子”长者郑超麟，有现代文学学科研究的开创者乡党王瑶，有受先生牵连的学生、美学家施昌东，有编辑家尚丁，还有相识于不同时期的作家巴金、萧军、陈瘦竹、戴厚英，以及诗人公木、覃子豪等等，这些名字大都与20世纪中国的文学史、文化史、思想史关联深切，贾植芳先生的关于他们的忆旧性的文字中，或赞赏其学识，或欣赏其风骨，或追怀其友情，言语之间，知人论世，极富洞见，先生在对“历史中的人”的叙述中也在不经意间把自己的冷热性情和看取人世的眼光凸现了出来。

由于贾植芳先生特殊的人生经历的缘故，人们谈论最多的是关于苦难与人格的话题，而他作为一个著名教授、学者在中国现代文学研究和中国比较文学学科建设方面所做的贡献反而被遮蔽了。他从一个曾经著名的“七月派”作家到大学教授，在荆棘密布险象环生的现实路途中完成了人生的转折和定位。对此，他说：“我成了一名身为教授的职业者，但我不是科班出身的书斋学者，我是在时代风浪中奔波的知识分子。教书育人，这是我一辈子颇感欣慰的大事。”其实，于先生而言，作为教授、学者是其人生角色里扮演时间最长的身份标志，相应的教书育人、著书立说是本分也是责任，他常说做人是第一位的，如果人品不好，学问也好不到哪里。这与中国知识分子传统强调的“道德文章”是有相关之处的，人的道德修养和人格境界无疑会提升学问的层次和学术的水平。因此，先生的育人常常是以不拘泥于形式的方式完成着潜移默化的浸染，学生们既润泽了知识的光辉，又感受了人格的魅力。先生之学从煌煌四卷本的《贾植芳文集》中便可得以明证。正如陈思和老师在《〈贾植芳纪念集〉编后》一文中所总结的：“您从六十四岁到九十二岁，继续笔耕大量文字，是学术研究论文和演讲、提携后进的序跋书信以及您作为历史见证的回忆录和散文，这还不包括您主编、编译、策划的大量资料文献。后者的文字数量大大超过了前者，所涉及的领域更加宽广，创作发展成了惊心动魄的回忆录，翻译演变成中外文学比较的研究，文学批评成为对现代文学的研究和资料汇编。”

贾植芳先生在回顾自己的一生时说：“在坑坑洼洼的道路上，活得还像个人。”这本《我的人生档案》就是要告诉人们一个大写“人”字是如何完成的，一撇一捺，先生都是背负着巨大的苦难的“书写”。“人”的站立，是先生高贵的精神的站立，他在有形之中灌注了正直不屈的灵魂，所以写得端正。一个疏离于主流意识形态，疏离于政治权力中心的知识分子，如何在体制严统的环境里保持独立的精神品格，维护人格的尊严，这是一个无法轻言的问题。贾植芳先生用了一生的行动来回答，答案是沉甸甸的，而答题的过程更是九死一生的艰难，按先生的话说，如同孙悟空西天取经，须经“八十一难”方得正果。记得高尔基在《不合时宜的思想》中说过：“我们不应该忘记‘纯粹’的真相，因为它是我们最宝贵的财富，是我们意识的最明亮的火花；这种真相的存在，是人对自己提出崇高的道德要求的证明。”

就此而言，贾植芳先生的“人生档案”无疑具有这样的意义。

原载于《中国社会科学报》2010年4月27日

不想写的回忆

孙宜学[1]

整整十年了！我一直要写，却一直未写出来一个字。有很多字在我的心里，在我的生活中，生命里，拥挤着，飘动着，可就是落不下来，静不下来。

论写字，我应该不算一个懒人，可唯独回忆先生的文字，我一直不敢写，也不愿写，因为我担心一旦形成文字，就一定得字斟句酌，得注意文风，一些不必说清也难以说清的东西就具体在文字里了，一些装饰性的东西就会让我觉得愧对先生。我对先生的回忆，我一直觉得根本无法具体，因为一旦具体，我就好像又看到了先生手拿烟卷沉思的身影，以前我看到先生的这个身影就万念归于平静，现在我却千方百计抵触看到这个身影。我有时也想把自己对先生的思念条分缕析一下，可此念一动，我就好像要把自己的神经用解剖刀切割一样，

①孙宜学，同济大学国际文化交流学院。

疼！所以我宁愿让自己对先生的缅念，就这样原生态留在我身上或身外的某处，以为这样先生就无处不在了，这样我就知道自己还无时不在先生和师母身边了。

我今天终于要写点什么了，但我知道，我写下的这些文字，都只是在痛苦且徒劳地捕捉先生手中的香烟飘出的那一缕缕青烟，一闪一闪的红，是先生抽的烟在闪，这时的先生，总是在沉思，好像在看着我。

原谅我，先生。

人生就像走路，每逢在歧路，最思指路人。而在先生身边时，却感觉无论人生遇到多少歧路，都可以通向同一个目的地。因为先生，就是通达之路。先生不但给我们铺路，还教给我们如何铺路，最后还把自己变成了路。我们则沿着先生的路，在陈思和老师总指挥下，一段一段地接下去铺，逐渐铺成一条树木葱茏，鸢飞鸟鸣的路，不但我们走，也可让越来越多的人走。

1995年9月，我入陈思和老师门下读博士，也就是进了贾门。第一次去先生家是陈老师领着去的，我一路忐忑，但在陈老师面前尽力掩饰。先生德高望重，我不知道第一次见到先生时应该如何谈吐举止得体。但先生看到我们，就问了一下名字、家乡，就完全接纳我们了，没有让我们产生丝毫的“外人感”，也让我们觉得在先生跟前做什么都是得体的。于是之后我们进先生家，就像回自己家一样自然了，不分时机，不问场合，想去就去，遇到开心事去，遇到不开心的事也去。去后也不一定非说什么，做什么，就给先生报到一声，然后就或沙发或椅子坐下，师母必会拿出几样点心，剩下的就是先生爽朗的笑声。一开始实在听不懂先生在说什么，只感受到先生说得高兴，我们就高兴，先生时不时爆发大笑，虽然我们一开始也不知为何笑，却都不由自主地被带着笑了。一段时间后，若有新的客人来，我们竟然都可以做翻译了，甚至能同传，这也是先生感染之功吧。

实际上，先生最初还会时不时问一下我们能不能听懂，或者讲一个方言误会事件，过段时间后，先生可能就根本不管我们听懂听不懂，只自顾说着，笑着，若突然停下，就是要抽口烟了。静下的先生，则往往神情凝重，似乎思路回到了什么地方，过去的某个时间，我们此时也就静静地等着，直到先生爽朗的笑声再起，我们也跟着一次次笑起，"笑声起伏，和着先生抽烟的节奏，犹如接歌"。师母则或坐或站在先生旁，不时让我们吃点东西，饼干，小蛋糕等。若赶上吃饭时间，师母则一定要给我们备饭的，若有客人在，则一定让我们陪着喝几杯，没客人，也必有酒，但不一定喝多少。酒，先生历来不限我们的量，而且显然很乐意让我们稍微贪点杯，对酒量不好的学生，就鼓励锻炼一下酒量，为此先生常常示范性地喝一小杯。陈老师也似乎对此持鼓励的态度，我们有点酒量的就有点骄傲了。所以从贾门出来的学生，一般都有一点酒量，但一般不属于所谓会喝酒的类型，因为都喝得实在，不会劝人喝，也不习惯被人劝，喝就喝了，哪有那么多虚礼。所以我们与人喝酒，常常先醉。先生仙逝后，我每醉都会想起先生，泪有时就会滴到酒里，和着喝下，就醉得更快，心里痛。

先生家是个大乐园，但只为智者之乐。先生无论谈什么问题，最终都是为了让我们变聪明而不世故，变真诚而不愚蠢，知廉耻而不自卑，求学问而不钻营。所以谈话中先生总会谈及历史上的一些人和事，以及人事之间的纠葛和矛盾，并不多做评价，但我们的年龄，也大致理解其中的是非曲直，于是也就让我们仿佛从眼前的一面面镜子中看到了一些从来都想不到的人和事，而要做什么样的人、做什么样的事以及如何做事，也就在一次次听先生的谈话中渐渐明晰了，内心的某些犹疑和漂浮也就渐渐消除或凝固了。现在想想，这个过程真是奇妙，就好像自己看着自己成长一样。先生天生是好老师，他的心血，都毫无保留地输给他的朋友和学生了。先生身边真真实实存在着一个纯净的气场，只要进到这个场域内，就会被熏染、被净化、被同化。当然，不是每个人都有资格进到这个场内的，先生手里也有一把锁的，这把锁，就是人心。即使偶尔有误进或误被引进到这个场内的人，一般都会因无法适应纯净的空气而悻悻而出。有时谈到这样的人，先生就说："得有慧根才行。"这时的先生，很严肃。

先生喜欢散步，我们就轮流陪先生散步。国顺路、国权路、复旦校园、五角场……先生想去哪里，我们就跟到哪里，师母都是一起的。散步中不时有人跟先生打招呼，先生有时叫得出对方的名字，有时叫不出，甚至不认得那是谁，但也都热情地回应，等打招呼的人走远了，先生就回过头来对我们神秘地一笑："不知道是谁。"我们就表扬先生，说他是天生的外交家，先生就嘿嘿笑，很得意的样子。

有一段时间先生皮肤痒，很难受，陈老师也着急，到处托人想办法。后来外语学院的朱静老师介绍先生去一位老中医家看病，我们就每周定期轮流陪先生去，先扶先生到国顺路小区门口，打车到医生家里。医生饱经沧桑，两位老先生见面，又都健谈，所以刚开始两人还认真谈病情，过不了一会儿就谈起天来了，而且还越谈越兴奋，声音也很响，让我总觉得先生是来会友的。医生爱好文艺，收藏了很多小人书，每次先生到后，他给先生看病，就让我们去看小人书，看我们认真看，也喜欢看，就鼓励我们拿走。我们就抬头看先生的态度，先生就笑笑，说，拿吧拿吧。业松、怀清和我都有小人书情结，自然乐意，拿走了不少。先生下次来看病，则肯定会给医生带礼物。我们笑称是买书钱，先生就笑。

先生最让我们慌乱的是生病住进第一人民医院，陈老师紧张的表情现在仍常常出现在我面前。我们害怕先生受苦，也担心师母。陈老师托人安排先生住院后，严锋、业松、怀清我们轮流在先生家里陪师母和在医院值夜。那是一段揪心的日子。先生不擅长寂寞，可医院处处写着“安静”字样，我们在医院就尽量压低了声音陪先生说话。白天来看望的人多，先生还不觉得冷清，但到了晚上，先生醒来，就只能看到趴在床边打盹的我们了。我们那时也出奇地警惕，先生一有动静，马上就会醒来，先问先生要不要大小便，这时先生竟然还有点害羞，我们就笑话他封建保守，他也就承认了。陈老师让我们每天都定时向先生汇报师母情况，这样先生才能睡着。而先生每次醒来，都会问师母在家怎么样了，我们就提高声音说“师母很好”，先生就会平静下来。夜里先生有时会做梦，梦中有时会大喊，我们就赶紧叫醒先生，然后看着先生再睡着。先生若真的醒了，就会给我们谈天说地，谈人谈兽。先生从不直接褒贬人事，只是就事论事，就事喻人，我们就会心地笑。先生有时会突然问我们：能不能抽根烟？陈老师预先就知道先生会提这个要求，所以早就明确告诉我们严守防线，我们当然坚决执行，所以每次先生提出这个要求，我们都以医生的权威请先生支持医院工作。实际上，我们也看出来了，先生并不是一定要抽烟，只是逗逗我们，大家乐一乐。

在先生身边的日子，就这样让我有了一种家的感觉，有了与家人在一起过日子的日常快乐。先生每天都在担心着我们，指导着我们，那种情分，我养了女儿后，更懂了。现在，我和爱人、女儿总是时不时想起先生，谈起先生，女儿总是说："我的名字就是老爷爷起的！"女儿可能也想起了老爷爷把自己抱在腿上和我们聊天的情景了吧。

逝者如斯

——怀念贾植芳先生

许丽青[①]

四月，仍是春天的季节，葱茏的绿树，馥郁的花香，怡人的暖风，一切都让人感觉惬意，而先生的辞去最终还是让我们觉得意外。其实他的病状，我们是知道的，我以为他这次还会化险为夷，大家都心存侥幸。可是他最终还是选择离去，在这样一个让人留恋的季节，也许是他太向往那个白云居空的悠然世界，或许是他太想与故人相聚。

贾植芳先生的四次牢狱经历：1936年，因为参加“一二·九”学生运动，先生首度入狱；抗战后期，他又被日伪抓进牢房；1947年因为给进步学生刊物写文章，他又被关押了一年多；1955年的“胡风案”，先生也未能幸免。《狱里狱外》中先生对自己几经囹圄、伤痕累

①许丽青，南通大学文学院副教授。

累的一生也有感慨，回顾这样的一生他觉得奇怪，仿佛唐僧命中注定的八十一难一样，但是，如果历史重演，他说仍会选择自己该走的路，终生不悔，真的是“虽九死其犹未悔”。在我的眼里，这样的人生几乎是难以想象的，苦难的一次又一次叠加，传奇一般。断断续续地读着先生的文字，不多的几次接触，想着他的遭遇，我的脑子里总是盘桓着一个问题：为什么会这样？为什么有时候人对待同类会残忍恶毒甚于兽类？为什么人性恶的演绎没有底线，是因为人类拥有智慧的缘故？

对于自己的苦难，先生并不怨天尤人，而是坦然面对，他曾经对妻子说：“我没有罪，问心无愧。”这是他的清醒、豁达与乐观，也是他坚持下去的力量。1967年的一天，贾先生被大会批斗回来，一进门就倒在地上，头被打破，流着血，他坐下来半天也没说话，来上海探亲的任敏女士哭着劝他：“想开些，千万不要寻短见。”因为当时想不开而轻生的人很多。这时贾先生却高声朗笑道：“那才不会，你放心好了。”他张开嘴，对妻子说：“你看我的舌头不是还好好的吗？”为了让先生开心，妻子说到他儿时的旧友小豹子，小豹子曾说任敏到上海看贾先生，是织女会牛郎。先生听后笑着说：“哦，不是牛郎，是牛鬼。”那样的时刻先生也能风趣得来。

先生与任敏女士活着的时候，一生颠沛流离，跌跌撞撞，他们自然而然地相爱结合，也没有任何法律和仪式加以认可，这些最终都成了让先生感觉愧对妻子的事情。即便是他早逝的前妻，先生每每想起也总是伤感，也总觉得自己亏欠那个女孩太多，他曾先后几次回乡看望过她的孤坟。在《做知识分子的老婆》一文中，先生慨叹：“三十年前，我从北平的监狱出来亡命日本，给家里留下一个亡命者的妻子，由父母照料到她病死。没想到三十年后，我的政治官司老是打不完，又一个囚徒的妻子回到了故乡，与父母相依为命。不过，这回是由她来照料老父老母，直到把老人送了终。”读先生与任敏女士的两地书，还有他的日记，颇多让人感动之处：有购物细节，有生活上的彼此叮嘱，有对亲人和故土的思念，也有对自己个人处境每日变化的描述，他们从不向对方诉说自己所经历的苦难，而是有所选择地讲述各自身边的人事以期互相安慰和勉励，健康、相聚是他们当年最大的希求。先生在日记里也写到过自己的学生，但他都不交代全名，这缘于他劫难之后的余悸。不为自己，而是担心会牵连到学生，太多这样的前车之鉴了，他不得不如此。从这里可以看出先生对后学青年的舐犊情深，他发自内心对青年的爱护意识，这一点很像鲁迅先生。对于年轻人的发展，先生也是不遗余力，年轻人出书他帮着审阅、校对，写推荐，还不乐意署上自己的名字，并戏言这种陋习是“老头子陪绑”。他自己不在乎名义上的东西，认为毫无意义，但是他又明白中国社会的观念决定那些名义的东西在年轻人的事业途中会起作用，于是他也尽力帮忙争取。这正是先生的爱心，他的正直与通达之处，这是一个善良、宽容而又智慧的老人。

关于友情，他和胡风的友情，先生是这样说的：“在我的文学生涯和生活中，胡风都给予了热情扶助和无私帮助，我都是永远感激和难忘的……我与胡风的感情主要是出于友谊以及对朋友忠诚这一古老的中国人的为人道德。”这段话说得平静却铿锵有力，正是这样的忠诚带来了先生后半生中最漫长的一次牢狱监禁，但他并不后悔结识胡风，也从未动摇自己的做人和交友准则。

经历了太多的劫难，先生什么都看得非常的通透，他曾在《一个老年人的自述》里幽默地说：

> 我也常常到火葬场去参加告别仪式，每逢这种场合，像我这样拄着拐杖的三条腿角色一般都被安排在前面一排的位置上，面对墙上用黑边围绕的死者遗像低头默哀。每当这种时候，一种幽默感就会在我心里油然而生：火葬场里旧人换新人，独独墙上那颗钉子一成不变，今天挂了这张像，我们在底下低头默哀，明天还不知道轮到谁在上面谁在下面。

先生的这种幽默中有种根植于骨髓的一份认真，这是他对于生死的严肃思考的结果。对于死亡看得如此淡然，想起追悼会现场上那么多人哀思流泪，我想倘若先生在天上可见我们芸芸众生的这一幕，也许他会淡然一笑的。

先生把自己定位于一个普通的知识分子，一个大时代里的小角色，在年过八旬之后他对那段历史有过这样的概括：

> 岁月如晦，该遗忘的早已遗忘，能留下若干痕迹的印象也全然失去时间的意义，他们模糊地构成黑白相杂的一片，犹如太极图式，光亮中夹杂了若干阴暗的斑点，昏黑里又闪烁起一丝白光，黑中有白，白中有黑，黑黑白白，白白黑黑。我在这复杂的世界里，或是在这复杂世界里对另一个世界的追求、爱憎、信念以及种种遭遇，都可以作为它的见证。

回望过去，回望自己所追求所经历的一切，先生还是那般淡然，该遗忘的或怀念的在隔了这么久远的一段时光之后都带上了沧桑的痕迹，这淡然中也自有一种坚定。我相信他的追求与信念仍了然于胸，并且不可摇撼。如今那已然逝去的风与雨，血与火交织的岁月，那也已逝去的光与影、黑与白错乱的岁月，都已离我们愈来愈远，似乎邈远不可辨了。经历过的人们会觉得历史就活在自己身上，无法剔除；而未经历过的我们只能靠想象，靠先者的体验去感受历史的真，历史的血肉分明，遥想他们当年的奋斗与挣扎，豪气与理想，爱恨与离合，既是感受别人的人生，也是反思民族的历史，更深地体验着自己的生命。历史并不抽象，它就是我们活着的和曾经活着的每个人的每一天所构成，每一个我们看似平淡安详的日子，也许都有惊涛骇浪。先生的文字让我们这一代从未经历过风浪的年轻人开始明白那已经逝去一代的苦难、追求和信念，也让我们明白自己应有的梦想和担当。

复旦中文系的学子们感慨最多最深，很多人为先生的一生唏嘘不已，有为他叠纸鹤祈福的，也有抒写挽联表达敬意和哀思的，复旦BBS论坛中文系系版4月24—25日留言可鉴：

Nisifia：哭，他们都走了；每一秒都有生命在出生，在消亡，想想很虚幻……

Alyliu：先生也是高寿了，走好……忽然觉得好寂寞啊！

Jaytree：最佩服他的骨气，“文革”中是不避友难不畏强权的硬汉子！

Shayukun：今天上孙洁老师的课，还问了问贾先生，没想到晚上再提，就是故人了……

Tangleiduck：是在我刚刚开始上课的时候哦……没想到一边

我在听着课，另一边就这么悄悄走了。

Liangfei：先生走好，愿您在我们不知晓的时空里，重新获得自己的命运。

Looming：大雅遽归，懿言嘉范成绝唱；斯文不坠，薪尽火传待后人。

Octavianus：于今七月少一老，空忆大罗天上君。

Sunxu：先生走好！愿先生和任敏先生在那边的世界里恬然相守……

看着那些留言，感慨和感动之际，思绪也随之缥缈起来，人生天地间，忽如远行客，这个世界似乎让人感觉有些不真实，尤其经历了太多传奇的人生。先生的一生犹如一部现代启示录，永远激励后学，他的铁骨铮铮、无私忘我与恬淡通达，最终还是在很多时刻感动着很多人。昨天的真实并不随昨天变迁，生命的结束并不是终点，而是另一个开始。每一次平凡的日出和日落，在岁月的长河中如沧海一粟，然而在我们的记忆和思念深处，总意味着很多。浩渺的时空，似乎遥不可及，其实每一个逝去的时空都未曾逝去，每一个逝去的往者都活在永恒里，一样的感觉和思维，一样的爱恨和悲喜。在某个月色满窗的夜，让我们深情的怀念，怀念那张亲切的容颜和那些曾经逝去的岁月。

他不会再到我们这里来

——贾植芳先生逝世十周年祭

陈晓兰[1]

2008年4月24日，贾植芳先生生命垂危，宋炳辉打电话告知这一消息，我立刻赶到上海第一人民医院，直奔病房，看了最后一眼：他弱小的身躯静静地躺在床上，氧气罩几乎遮盖了他的整个脸庞，床头柜上的仪器屏幕显示着心脏跳动的曲线。一颗强大的心脏已经衰竭，那根起伏微弱的波浪线很快会变成一条直线，接着便迅速消失，闪烁的黑屏，宣告死亡，任你们活着的人高声呼喊、哭泣，他的灵魂已经离开此岸。据说，在灵魂离开肉身的刹那间，处于阴阳交界中的灵魂隐隐约约地会听见人间尘世的呼喊，并同时看见一片天光，他已不再有痛感，他已感觉不到肉身的存在。我那时想到了天使。有天使会待在病房的角落吗？如果在的话，他会超然地看着医生徒劳地奔忙、亲

①陈晓兰，上海大学文学院。

人痛苦地呼喊吗？他会对他说“我是来带你回家的”吗？我下意识地看看病房的角落，我想，天使在的话，会看见这些无助的人，而我什么也看不见。我抬头看看输液架上挂着的药瓶，液体通过输液管静静地流向他的血管。那输液架让我感到它就像一个十字架。它让我想起了十字架，想起了十字架上的受难者，想起了这个即将离开我们的顽强的老人说过的话：“我曾经理智地、自觉地为了某种人生信仰而去选择巨大的苦难”，“知识分子就像耶稣一样，总是要一代一代背上十字架的”。

医生还在尽最后的义务，亲友们在等待奇迹的发生。我走出病房，大脑一片空白，泪水像溪流一样流个不断。我不知道那泪水从何而来，我无法将它关闭。我分不清是在为自己、为大家，还是在为那个受尽磨难的人，为他所遭受的一切磨难而流泪。耳边回响着他曾经说过的话：一个上过战场、坐过监牢的人，是不惧怕死亡甚至随时准备迎接死亡的。战场和监牢，使人认识一切。而认识了一切，就获得了自由。现在，他真的自由了。

师友们静候在病房外。

夜幕降临了。医生宣告了最后的时刻。虽然大家已经有所准备，但一时还是反应不过来，紧接着便是一片慌乱，慌乱之后则是一片空白。

晚上，在医院太平间的一间小屋里，陈思和老师主持举行了简短的告别仪式。之后，一个陌生人将那个瘦小的身躯放进旁边冷冻箱的一个抽屉里，迅速关上，将扑面而来的冷气锁住。我的心一阵紧缩。一个人的生命就真的完结了。桂芙大姐心痛地呻吟着。我永远也不能忘记她的呻吟的痛苦。她真的失去了她的姑父了。我们再也看不见他笑，听不见他讲故事了。复旦校园里再也不会有他拄着拐杖散步的身影。复旦九舍再也不会那么热闹了。过去几十年来，因贾先生而去复旦九舍的人，没有再去的理由了。

贾先生去世后，在一次媒体采访中，陈思和老师说：随着贾植芳先生和“七月派”作家们的先后离世，一个时代结束了。如果这个“时代”，指的是先生们所经历的那个内忧外患、充满苦难的时代以及这个时代给他们留下的磨难和痛苦的记忆，真希望这个时代真的结束，永远结束。作为中国现代历史的参与者和见证人，他们的信仰和他们的人生选择以及他们为之所付出的沉重、惨烈的代价，无疑包含着悲剧的崇高，令人敬仰，但同时也令人恐惧。但愿历史不再重演，以免不能经受试炼和考验的人经受试炼和考验。突然明白，“一个时代结束了”的意味：我们已经失去了这样一些人，失去了这些曾经为了美好的社会理想和人生信仰理智地、自觉地去选择巨大苦难的人们。他们是国家的栋梁、民族的脊梁、社会的良心，他们具有独立人格和独立思想，他们是真正意义上的知识分子。但是，现在，他们一个接一个地离开了这个世界，离开了我们。他们不会再到我们这里来，而我们却要到他们那里去。

1990年，贾植芳先生在《我与胡风先生的交游史》一文中这样总结了自己的人生选择：

> 在那个战乱动荡的社会政治环境里，我没有做一个坐在书斋里寻章摘句、咬文嚼字的学者，过比较平静、安稳的生活，而且我也不屑于在祖国烽火连天中做这样的学者，更没有做发战争财的商人，虽然我是商人家庭出身，但我又没有找一个安定的职业，只为个人的生计操劳，而是把有机会到手的工作当作一个中国知

识分子对祖国和人民的脱离历史的苦难，走向新生应尽的历史责任来从事。我这种对生活意义的追求，我这种不合时俗的生活态度，使我在动荡的时代里，东奔西走，在生活中遭到打击，遇到挫折，使自己的人生道路上充满了坎坷和灾难。①

在1941年的《沉闷期的断想》中他如此说：

书这东西是可以增进世界的发育，但也可以消没著书人的生命……一个年轻轻的有血有骨头的人就躲进书斋，以著书立说为事，总是可怕的事。而且是一种无聊。安德列夫说："垂死的人想活在著作上，是太可悲的事。"这位被谥为"一个受伤的知识阶级"的话，确实是可以思议的。②

他更看重的是"文字以外的力量"：

一生能为人类写一卷书，是高尚的德行，但这写必建筑在坚固正直的人生基础上。在这个时代，我觉得文字还不够是一种真正的手段，用来报复自己所切恨与憎恶的。③

对他而言，人生永远是第一义的，文学则是第二义的。他的人生本身就是一部蕴含丰富的书。他不愿做一个安坐于书斋写文章的书生，即

① 贾植芳：《不能忘却的纪念——我的朋友们》，上海文化出版社2001年版，第5页。
② 贾植芳：《贾植芳文集・创作卷》，上海社会科学院出版社2004年版，第102页。
③ 贾植芳：《贾植芳文集・创作卷》，第103页。

使写作，也要做一个来去自由的作家，而这写作也必然要有益于社会人生。他的文学创作，对于中国社会现实政治、经济状况的研究，他的翻译工作，他复出后对于学科建设、新生代青年人的培养，都是他人生信条的实践。他自称是"社会中人"，被称为"书斋外的学者"。

作为五四精神培育下走上人生道路的现代知识分子，贾植芳从五四新文化中汲取了人生而平等、自由、尊严的精神营养，同时，其思想和文化性格的形成又深受"红色"的30年代的深刻影响。如同三四十年代许许多多有良知的知识分子，他憎恶国民党政权的政治和文化专制主义，自觉地担负起社会责任，献身于民族救亡运动，坚持知识分子的独立人格和自由思想，这些也成为他立身行事的基本准则和理想灯塔，召唤他走出荆棘之地。他的充满苦难坎坷的一生，证明了坚守这种人生准则和理想的艰难与危险。

1935年，贾植芳因参加一二·九学生运动抗议国民党政权与日方的妥协而被北平警察局逮捕入狱，由他的伯父疏通关系保释出狱后于1936年6月逃亡日本，如他自己所说，开始了流亡加留学的生涯。他不听经商的伯父希望他学医和学商的规劝，而是选择社会科，致力于研究中国社会问题，并通过覃子豪、李春潮参加留日中国学生的进步文艺活动，开始了与左翼文学运动的联系。日本侵华战争全面爆发后，他便毅然放弃学业回国参加抗战，于1938年随留日学生训练班到汉口，他被分配到山西中条山前线做日文翻译，授上尉军衔，同时受胡风委托为在抗日根据地具有很高威信的《七月》杂志写战地通讯，报道抗日前线士兵与群众的抗日消息。1939年，他拒绝到国民党的干训团接受提拔前的训练，离开了军队，辗转到了西安，回到已大部分沦陷的山西探亲，旋即又离开家乡，前往重庆，因路费被偷返回陕西与山西交接地宜川县秋林镇，此地当时是山西省府和阎锡山第二战区司令部所在地。阎锡山想留他在自己的部队做教官，给中将军衔，月饷一百八十大洋。这促使他迅速离开此地，因为他先前正是为了不做官才离开国民党军队的。他穿越宜川到洛川的黄土高原，经西安到重庆，经同学介绍，到国民党的军报《扫荡报》当编辑，但很快他又不得不离开重庆，再次踏上了漂泊者的路。

他在1940年1月27日和3月7日致胡风的信可以解释他离开重庆的原因：

> 重庆的气候恶劣、空气坏，过得很窒气，在垃圾堆一样的工作上，活得寡而无味。[①]

> 我已决心脱离报社，来重庆五月，呼着极不自由的空气。[②]

1940年4月，他离开重庆到了西安，他在信中写道：

> 人的灵魂由愤怒变得粗暴，觉得生活的本质，就真如尼采所云，分别善恶，而用力量去征服恶。[③]

> ……找得一个机会的职业，又像爬在云泥里。[④]

---

① 贾植芳：《贾植芳文集·书信日记卷》，上海社会科学院出版社2004年版，第16页。
② 同①，第17页。
③ 同①，第18页。
④ 同①，第19页。

他决定再次回到前线，于是又一次离开西安，一路北上到宜川，因为这里更靠近前线。他第二次来到秋林镇参加了国民党的军队，但是很快就因为赤色嫌疑而离去，他再次回到西安。皖南事变后，文化人有的做了国民党政权的文化帮凶，有良知的知识分子则抗议国民党的暴行而离开重庆，胡风辗转香港到桂林，贾植芳在西安与小商贩混在一起做小买卖糊口。1943年，他在西安街头看到工兵部队招考日文翻译，便通过应聘到驻扎在陕西省朝邑县的国民党工兵第三团任职，不久被怀疑为共产党，面临被活埋的判决，于是再次踏上逃亡的路途。1944年，他因参加抗日策反活动，被徐州日伪警察特高科逮捕关押三个月，日本投降后被释放。1946年他辗转到上海，1947年9月，应共产党的地下报纸《学生新报》之约撰写了《给战斗者》一文，又应复旦学生的小报《文学窗》之约发表《暴徒万岁》，被国民党特务以煽动学潮罪抓捕，关押半年多，直到1948年春被保释出狱。

《人的证据》再现了这次被捕和受审的经历，揭露国民党中统局特务们（有些还是臭名昭著、令人闻风丧胆的七十六号的小角色）对于共党嫌疑犯的身体和精神虐待，亲眼见证了国民党监狱中的共产党员所遭受的酷刑，这些不是我们在影视剧中看到的景象，而是活生生地发生在他和他的狱友们的身上的事实，这让他对于国民党政权有了进一步的认识：

> 可惊的愚昧无知，用脚后跟思想，穷凶极恶以敲诈发财，在别人的痛苦中找欢乐以外，却并没有任何什么信心和它自己那一套的政治认识，所以没有什么政治责任心，全是混饭吃的东西，譬如这中统局，是国民党的心脏地带，但是你看看他们的行事，

不就是说明这国民党不仅没有一个政党的作风，简直不能说是一个政党，没有一般政党的资格，只是一伙图财害命，杀人放火，无恶不作的匪帮！[①]

贾植芳的人生选择和他的遭遇，为三四十年代有良知的知识分子憎恶、抵抗国民党政权而倾向左翼、认同共产党的政治立场和人生选择做了生动的解释。就贾植芳而言，他完全可以像他的大哥贾芝那样循规蹈矩做一个书斋里的学者，或者继承伯父的产业成为一个买办，或者留在日本以逃避中国的灾难，或者利用自己的留日学生身份和日语技能在国民党的军队里混得一官半职……他有很多安全的、合乎常情的选择，但是，在每一次重大的历史关头，面对强大的政治高压，他都做了完全相反的选择，并身体力行地参与到改造社会的行动中去。他为这种违背世俗而合乎理性的选择付出了沉重的代价。90年代初，当他论及中国现代知识分子的命运时说："我出身地主，我伯父是买办。我要是不出来读书，我就是黄世仁。后来我做的事，也不非要说是背叛了原来的阶级，也不是什么赎罪，只是想，活着就是要像个人的样。"[②]原来，活得像个人的样，是极为不易且须付出代价的。

50年代初，当胡风被公开批判，贾植芳本可以利用他的哥哥贾芝的关系躲过劫难，但是，他却在那个濒临深渊的时刻为他辩护。被捕当天，复旦大学党委和上海高教局领导询问他"胡风搞的什么阴谋"，他大为光火地说："胡风按正常组织手续向中央提意见，又不是在马路上散传单，怎么是阴谋?"当领导问他与胡风是何关系时，他更为光火：

---

① 贾植芳：《贾植芳文集 · 创作卷》，第232页。

② 贾植芳：《贾植芳文集 · 理论卷》，上海社会科学院出版社，2004年版，第366页。

“我们是写文章的朋友，我们旧社会里患过难，他在最困难的时候帮助过我，就是这个关系。”[①]他一直认为：根据自己的独立判断说真话是知识分子的良知，不卖友求荣，不过是最基本的做人道理，这还需要选择吗？然而，他却为此付出了惨重的代价——丧失自由二十五年，十一年的监禁和十四年的监外劳教。他入狱时四十岁，解除劳教时六十五岁。

1981年，时隔二十六年后，贾植芳和任敏去探望住在上海龙华精神病院的胡风（他已患严重的心因性精神分裂症）。四个老人劫后重逢。胡风不停地流泪，梅志不停地擦拭泪水，它们又不断地流下来……

> 直到我们离去时，他呆呆地望着门口我们的身影，兀自流泪不止。我们也不能自持了，我们夫妇泪流满面地离开了这个变相的监狱——精神病院。是的，时隔二十六年之后，我们终于又相见了，我们的泪水里，有着欢欣的激动，而在他的这种激越的感情里，还包含着对因他的名字而遭株连的许许多多朋友和青年的歉愧之情。但是人们是不会怪罪他的，因为这是历史的恶作剧，咎不在他。
>
> 这之后，我每次因事进京，或路过北京，总要抽空去看望他。[②]

---

① 贾植芳：《狱里狱外》，上海远东出版社1995年版，第93页。

② 贾植芳：《贾植芳文集·创作卷》，第365页。

1990年10月，贾植芳应邀赴日本，在他留学的母校日本大学文理学部做了“我与胡风先生的交游史”的演讲：

> 我和胡风先生通过这场灾难的考验和磨难，反而更加深了我们之间的理解和友情。胡风先生逝世五年了，但我们夫妇和他的遗孀梅志夫人和孩子们，仍一如既往地亲切地来往着。经过生死大难的苦难考验的友谊，就是永恒的友谊，真正的友谊。[1]

据梅志回忆，90年代，北京上海等城市人们看望老人有时会送燕窝，“正宗雪窝，天然补品”是名贵而稀罕的礼品，价格不菲，大约百元以上，即使自己获得这样的补品，也舍不得自己享用而是再转送其他需要蛋白质和维生素的老人。1996年贾植芳赴京开作代会，亲自带来一大盒燕窝送给梅志。梅志检查自己的存货，发现好几盒燕窝都是他送的。

贾植芳与胡风的患难友谊，他对于胡风的忠诚，不仅仅是对于传统伦理道德诸如不卖友求荣、对朋友有情有义的坚守，更重要的是对于胡风身上体现的知识分子的操守和风骨的支持。从贾先生与我们的交谈和他自己的著作中，都可以看到他对于胡风的高度评价：

> 我没有在他身上发现任何利己主义、虚伪、圆滑等庸俗的市侩习气的东西，或盛气凌人、自认为高人一等的那些官僚化文化人的恶劣行为。他是个讲信义，重感情的知识分子。他继承了鲁

① 贾植芳：《不能忘却的纪念——我的朋友们》，第14页。

> 迅的精神，在他身上没有丝毫的奴颜与媚骨。他是对人民革命的文化事业忠诚无畏的革命作家。①
>
> 是中国现代文学史上继鲁迅之后的又一个正直青年知识分子的精神导师，同时又是青年人赤诚的朋友。他对新文艺运动的贡献与对文学青年的扶植、关怀、帮助，于我个人的有限的经历，都是一个证明者。②

在贾先生的心目中，胡风是一个敢于说真话，具有独立人格和个性主义激情的知识分子，他憎恶敌视和迫害进步知识分子和作家的国民党统治。他在险恶的政治文化环境里坚持自己的工作岗位，编杂志，以作品思想和艺术质量为取稿标准，而不以作者的名位为准，他培养了一批年轻的作家和诗人。因此，贾先生对于胡风无怨无悔的友谊，实际上是他对于知识分子理想和人格的忠诚与捍卫。

早在1949年，贾先生蛰居青岛时，偶然在街头发现了英国学者爱德华·奥布莱恩的《晨曦的儿子——尼采传》一书，他花了一个月的工夫翻译这部著作，他在译者序言《旧时代的回忆与告别》中如此评价尼采：

> 尼采他起码要我们没有虚伪地做一个真人，坚持了人的价值和尊严，而他的生涯和悲剧却值得作为我们知识人的一个警惕性的训诫和启示。我们要深刻地认识所谓“孤独之伟大”（易卜生

① 贾植芳：《不能忘却的纪念——我的朋友们》，第6页。

② 贾植芳：《狱里狱外》，第117页。

语）的危害意义，那是新时代知识人的最大精神危机或堕落……这本书使我沉思再沉思——知识人的命运问题。在“不是跌倒，就是站起来”的新的时代中，知识人精神上没有战斗和战斗不够的结果，在不是堕落（无耻和反动）就是疯狂（超越现实的孤傲和自满）的历史旋律中，这真是一种空前的战栗和激动。[①]

在他看来，知识分子的孤独和孤傲不是伟大而是疯狂，这也是中国现代知识分子区别于西方知识分子的根本之所在。胡风以及贾植芳，的确不是孤独者，共同的政治使命和价值观把他们连接成一个社会群体和精神共同体，险恶的环境和自觉担负的政治使命使他们自觉追求这种知识人的社会联合和精神归属，正是这种联合使得现代知识分子的社会作用极为显著，也正因为此，知识分子作为一种政治力量受到各种政治势力的警惕。

1994年，贾先生在一次答《上海社会科学报》记者的采访时谈到中国知识分子的回归与超越：

中国现代知识分子都是理想主义者、浪漫主义者。坚持自己的理想不容易，在现实面前碰壁，就要另找出路。有一个现象很奇怪，就是20年代北大新潮社的那帮人，搞学生运动出身，后来大多成了国民党的高级干部。这些人镇压“一二·九”运动。一代闹一代，自我否定，走向自己的反面。为什么？因为他只有走向自己的反面，才能得到功名富贵，如果要照直走下去，死路一

① 贾植芳：《狱里狱外》，第26页。

条。因此，知识分子的“回归”就成了一种非常有意味的现象：一些人最初是反封建，最后却走到了反面。年轻时是洋务派，老了是“义和团”，“扶清灭洋”。比如郭沫若，早先写《女神》，讲个人主义，反叛得不得了，最后却转回来，拥护一些原来他自己批判过的东西。①

他认为，中国知识分子具有独特的民族性和悲剧性，是一个值得研究的问题。他的坎坷的一生本身就是这种民族性和悲剧性的体现，而他对于历史的回忆也从未离开过这个命题。

1941年他在《沉闷时期的断想》中说：“一个人不仅要温习过去生命里的欢乐，更应该温习过去的痛苦，后者对于‘人’的生长上，极为重要……能和世界一齐痛苦的人，是最伟大的人。这痛苦包含了创造和斗争意义。”②从贾先生晚年所写的一系列回忆性文字中，我们可以进一步理解贾先生所坚守的知识分子的精神内涵。这些回忆大多是对于他的老友们的人生经历和精神品格的描绘，如早年负笈欧陆、才华横溢的范希衡，在长期不堪其苦的逆境中苦心劳志，尽十年之功翻译伏尔泰的《中国孤儿》，直至生命的最后一刻。他赞扬范先生忠于所业，死而后已，“极左”的灰尘无以窒息其精神的高洁和灵魂的高贵。还有那个气呼呼地跑到贾先生家里讨论自己作文的学生施东昌，因受株连而遭受磨难，忍受精神和肉体的疼痛，成为美的探求者。他为这个才华横溢的学生所遭受的磨难和英年早逝感到彻骨的痛苦和无尽的悲哀。这个总是开朗幽默、坚忍顽强的老人，总是以黑色幽默的口吻回忆自己的不

① 贾植芳：《贾植芳文集·理论卷》，第366页。
② 贾植芳：《贾植芳文集·创作卷》，第104页。

幸，却在夜深人静的时候，常常为了这些知识人的遭遇而潸然泪下，被他们知难而进的坚韧品格所鼓舞：

> 他们的可贵之处是在季节转换、深陷绝境之后，并未沉湎于消沉麻木与怨尤逃避的无为或无所不为的历史泥泞之中，而是仍然以昂奋之姿，肩负起历史与时代所赋予的重任，忧国忧民，埋首工作，要把失去的时间补回来，为了社会进步和文化建设，蹒跚前进，发挥自己的余光与余热。①

1987年的一则日记中，记载了他阅读《中外名人座右铭》一书的摘录：

> 在绝望的坚壁前正是希望的火花闪烁的地方，因为只有这个时候，你才发现了自己，认识了自己的价值，明了了生命的意义，不在于你从世上得到了什么，而是体味到了什么，这里才有诗，有哲学。②

他将这段话作为自己的座右铭，他说这些话正好说明了自己的生活态度。因此，这个饱经忧患，数次被暴力剥夺自由、被推到死亡边缘的人，却总是给人以温暖、激励，因此，他并不孤独。

他在《不能忘却的纪念——我的朋友们》的自序中说：

---

① 贾植芳：《不能忘却的纪念——我的朋友们》，第137页。

② 贾植芳：《贾植芳文集·书信日记卷》，第416页。

> “物以类聚，人以群分。”我作为一个接受过现代科学与文化教育的知识分子，虽然生性喜交朋友，但绝不滥交。我交友是有选择的，有原则的。古人评价文人用“道德文章”这样的标准，我认为用于现在，也不失其原则的真理性，虽然，随时世变迁，“道德”与“文章”的内涵发生了巨大变化。我认为，人品是第一位的，才学是第二位的。我交友，首先看他的人品，做人道德，其次看他的才学和能力。[①]

贾先生在复旦九舍的家，向所有来访者敞开。这里总是人来人往，络绎不绝。国内外知名与不知名的学者，普普通通的退休工人，进校时间不同的校友，文化界的工作者，以及从他的山西老家来的乡亲。起初，我感到迷惑：一个经历了如此磨难的人，为什么还对于人世如此信赖？如此热情好客？人们为什么从四面八方，络绎不绝地来到这里，看望一个毫无权势、一无所有的耄耋老人？渐渐地我明白了，人们来到这里，就是为了看看这个为了人生信仰和友谊付出过巨大代价的人，看看他，与他聊天，从他这里获得某种精神的安慰。我相信，当一个偶遇挫折或孤独忧郁的人，来到这个饱经忧患却依然心胸豁达的老人面前，在他的陋舍里听他风趣的谈笑，自己遇到的那一点挫折和困难实在算不得什么，自己的苦闷和焦虑也就显得可笑、浅薄而释然了。来到这里的人，坐在他那个拥挤不堪的房间里，与他和其他不期而遇的来访者漫无边际的谈话本身就是目的。在这里相遇的人之间，淡忘了高低贵贱、成功失败、年老年轻的等级界限，彼此有

---

① 贾植芳：《不能忘却的纪念——我的朋友们》，第1页。

一种似曾相识的感觉。这种共通感就是对于人的一种理想和境界的敬仰，对于人本身的尊重，以及人与人之间的友好、平等、关爱、同情和理解。虽然贾先生离开人世已阅十年，但是，他从来未被遗忘。

俄罗斯有一句谚语："谁记住一切，谁就感到沉重。"的确，贾植芳这个名字，所承载的历史的重担，远远超出了一个人所能承受的极限。

2018年2月于上海

对着先生的雕像

陈思和

我赞美雕塑家的眼睛
能够在平面的相片中
透视出立体的灵魂；
我更赞美雕塑家的手
把一个高贵的生命
复活在西部的早晨。

我看您毛发耸立
头颅微微仰起；
我看您双眼圆睁
凝视着未来
又一个故事发生；
您的右手伸向前方

仿佛在等待
新的命运交响曲的
敲门声。

啊先生您不要惊讶
这里是一片新的家园
您不会感到陌生。
您的身后
是您的藏书您的遗物
依然弥散着您的一贯精神；
您的前面
每一天都是新鲜活泼的
青年学生。

先生您曾经多次说
要认识中国就要去西北
那里浩浩瀚瀚，晨晨昏昏
天地自然孕育民族的精魂。
这里有祁连山脉不化积雪
这里有如火似荼丹霞奇景
这里有风吹草低牛羊成群
这里有您喜欢的面食和酒
还有您的新结识的朋友，
有情有义豪爽热烈的一片赤诚。

今天我们来瞻仰您
行列里旧雨新知
有您的几代学生传人；
今天我特意带来几位年轻人
您不认识他们
他们也没见过您
但愿他们活泼的青春
连接起您的血脉传承
走出十字架的阴影
从此学会做一个
端端正正大写的人。

2016年7月2日于张掖

附录

贾植芳张掖“落户记”[1]

姚峥华[2]

一

20世纪90年代的一天，我从书架上随手拿出一本书——《文坛悲歌——胡风集团冤案始末》（作者李辉，1989年人民日报出版社）。翻开，如坠入一个深渊，越坠越深，不可自拔。

这是一场“史无前例”的运动，两千多人受到波及，不少人家破人亡。路翎、阿垅、鲁藜、牛汉、绿原、彭柏山、吕荧、贾植芳、谢韬、王元化、梅林、刘雪苇、满涛、何满子、芦甸、彭燕郊、曾卓、耿庸、张中晓、罗洛、方然、王戎、化铁这些如今已成了一个个文化

① 本文写作得到李辉老师、河西学院刘仁义校长、图书馆薛栋书记、文学院赵建国院长及王明博老师大力支持，同时参考了陈思和教授在河西讲堂上所做的学术讲座内容及其著作《我的导师贾植芳先生》，特此鸣谢。

②姚峥华，深圳晚报社文体中心执行主任，《阅读周刊》主编。

符号的名字被冠以“胡风分子”罪名，下场悲惨。

书页翻得我惊心动魄，开始以此为轴心，向外扩展追索。梅志的《胡风传》，彭燕郊《回忆录：那代人》，贾植芳《狱里狱外——一个“胡风分子”的人生档案》《贾植芳致胡风书札》，晓风编的《我与胡风》，何满子《跋涉者——何满子口述自传》，冀汸回忆录《血色流年》，牛汉的《牛汉诗文全集》……只要是关于“胡风分子”冤案的作品，尽可能掘地三尺找来瞅瞅。当然，还有舒芜的《回归五四》《舒芜口述自传》。所涉各人角度不同，都从自身出发，围绕同一个案件做各自的陈述。

多年后，我在自己“书人”系列的第一本书《书人·书事》中写到李辉，标题是《他不知道，他是我的启蒙者》。对，李辉是我的启蒙者。在“胡风”分子及“七月派”诗人个人命运于时代大背景下的颠沛流离，他着实为我开启了一扇窗，穿越时空，开始触碰那些于历史大潮中被裹挟着沉浮又不甘为此低下头颅的生命之光。在这些书的启蒙下，我跟着他开始“滚雪球”，从胡风，“七月派”诗人，到五四文化老人们……

也是多年之后，李辉谈起他写的“文化老人”系列，深切地提到了一个人，他的恩师，“胡风分子”骨干之一的贾植芳先生。“那是1979年，当时我正在复旦念书，他则刚回到中文系资料室当图书馆管理员。每次去找书，他会与我谈上许久。从他那里我知道了不少现代文学中的人物、作品和掌故。”李辉大学期间研究巴金，贾植芳一直强调要看原始资料，要尽量采访当事人，所以他在大学时期开始采访巴金和巴金的朋友。一起在贾先生指导下开始“文学学术研究之旅”的还有他的同班同学，现任复旦大学图书馆馆长、博士生导师的陈思和教授。“这就是我‘文化雪球’的核心，之后越滚越大。”工作后，通过巴金和贾植芳，李辉又认识了更多现代作家如冰心、萧乾、卞之琳、黄苗子、耿庸、王戎、萧军、聂绀弩、艾青、臧克家等。三十多年来，李辉就这么“滚雪球”，埋头完成了一部部纪实作品。“贾先生对我确定研究方向和对文化感兴趣方面起了最直接的重要影响，可以说影响了我的一生。”他心底里把贾植芳尊为父辈般的师长，敬仰并热爱着。

2008年4月贾植芳先生去世，《我的人生档案——贾植芳回忆录》2009年1月由江苏文艺出版社出版，贾植芳著，罗银胜编。2008年是个文化灾年，那一年去世的文化老人一个接一个，贾植芳九十二岁，彭燕郊、王元化八十八岁……都是“胡风分子”。

还剩牛汉，《我仍在苦苦跋涉——牛汉自述》2008年由三联书店出版。忽然有时不我待的感觉，我迅速与《新文学史料》的郭娟（时任杂志执行主编，现为主编）联系，2011年1月6号，一个寒冷的下午，我们直奔牛汉先生的北京住地朝阳区八里庄北里。于我而言，那是一个富有历史意义的时间节点，见面一刹那，心底里浮现的是“时间开始了（胡风的诗）”。我似乎亲身与历史那趟列车有了交集，牛汉先生所谈的所想的所表露出来的，此刻都已经不重要了，耳边呼啸而来的，是负重承载的列车伴随着时代风云滚滚而去。2013年9月29日，牛汉先生去世。

二

一直说，我有“胡风情结”——对胡风及其分子的悲惨遭遇，有着深切同情。往回推，没有恩师贾植芳，也许就没有李辉笔下的“胡风分子”……也许就没有我最初对这一系列人物的关注，甚至没有了长此以往对这个“特殊群体”所赋予的“特殊情感”，也就没有了后来目视陈思和教授领衔贾先生弟子承担贾氏工程时的血脉偾张……

这只是一个假设，但它完全可以成立。

这根线就这么奇怪地串联了起来，没有缘由。直到这一天，2016年10月11日，我年休假恰巧来到塞上江南甘肃张掖河西学院。

走进“贾植芳研究中心”那一刹那，内心世界瞬间定格了。后来我一遍遍地告诉身边的朋友，贾植芳先生研究中心，设在甘肃张掖。每个人的第一反应是，贾先生生前不是一直在复旦吗？紧接着第二个反应，他的家乡不是山西襄汾吗？我估计其后还有第三第四个疑问，就像我第一眼看到“贾植芳研究中心”，各种问号接踵而至。

不奇怪。贾植芳先生真的落户张掖了。

这里先容我列上一个时间表，罗列一番大事记，再细细述说。

2011年9月，甘肃省委组织部向上海南京两地派出了前后二十名大学校长挂职学习，河西学院校长刘仁义从9月5日至2012年1月，抵达复旦大学当校长助理（此时距他到河西学院当校长为时一年），他希望两个学校“结亲”，把河西当成复旦在西北的驿站。2012年4月两校达成协议，2012年6月在复旦光华楼签署协议，同年增加复旦到河西的招生计划。

2012年9月河西学院第一批老师到复旦挂职。

2013年6月教育部正式批复文件，复旦对口支援河西学院工作全面开展。自此，从学术会议到学者互访，双方每年人员往来数百人次。

2013年底，陈晓兰（河西学院八五届的校友，现任上海大学中文系教授）路过贾植芳故居，得知任敏的侄女桂芙女士有处理贾植芳先生藏书的意愿，于是极力向桂芙女士和自己的老师陈思和教授建议将贾先生藏书捐赠与河西学院。其实自2008年4月24日，贾植芳先生走完了他九十二年风雨人生其后几年里，如何处置贾先生宝贵的藏书，成为陈思和教授和贾先生后辈贾英、桂芙女士多次商讨的问题。

2014年3月捐书意向达成，4月8日河西学院刘仁义校长带队到复旦，与陈思和教授具体接洽。自捐书活动筹划始，复旦中文系研究生办主任刘存玲，带领陈思和教授十多位研究生，义务工作，完成了接受来书、整理盖章、清点造册和打包装箱工作，并编辑出了十多万字的《贾植芳教授捐赠书目》。

2014年4月28日贾植芳先生藏书捐赠河西学院仪式在复旦举行。贾门弟子共捐献七千零三十六册；复旦图书馆二万六千册；复旦出版社五百多册。共七十多箱。（其中，贾植芳先生个人藏书共三千三百多册，有签名赠书一千一百一十一册。当得知贾先生藏书将捐赠河西学院后，作家王安忆挑选自己的著作和藏书一百二十册襄助。复旦中文系教师和贾先生弟子，包括陈思和弟子，共三十多人以贾植芳先生名义也慷慨捐赠图书，使赠书达到了七千多册。）

2014年 5月20日，这批赠书运达河西学院图书馆，图书馆设立了“贾植芳藏书陈列馆”（书法家蔡仲渝先生题写了“贾植芳藏书陈列馆”匾额）专室，并组织人员，对贾植芳先生赠书进行了盖章登记和分类编目，短短一个月时间内实现了网络书目查询和开放阅览服务。

2014年7月7日，贾植芳先生藏书陈列馆和复旦学者文库揭牌仪式在河西学院图书馆举行，陈思和教授亲赴张掖参加仪式并为河西学院全校师生做了学术报告“我的导师贾植芳先生”。

2014年10月11日，贾植芳弟子李辉亲赴河西学院拜瞻贾先生藏书。在他倡议下成立了河西学院“非虚构中心”及“贾植芳讲堂”。此外，李辉捐出他与恩师贾植芳先生两百多封通信中珍贵的三十六封，并发愿动员更多的知名文化人和贾先生弟子向河西学院捐书，到河西学院“贾植芳讲堂”讲学。

其后，在陈思和、李辉和陈晓兰的协调下，贾植芳后人桂芙女士将贾先生书房的六个书柜、一组沙发、一张圆桌、一张写字台和部分贾先生生前用品（衣服、手杖）捐赠予河西学院。

2014年12月4日，河西学院图书馆书记薛栋抵达复旦将贾先生的遗物运抵河西。

2016年7月2日，由复旦大学和河西学院主办的“贾植芳与中国新文学传承国际学术研讨会”在河西学院举办。会议期间，进行了贾植芳雕像揭幕仪式，国内首个“贾植芳研究中心”“贾植芳讲堂”揭牌，以及黄永玉先生为“贾植芳研究中心”“贾植芳讲堂”题名的书法作品捐赠，贾植芳先生书信捐赠，同时李辉及夫人应红捐书两千七百多册。

来自复旦大学河西学院两校师生及贾植芳后人亲属代表，以及美国、日本、韩国和台湾地区专家学者等近百人参加了此次学术研究会。陈引驰教授、谢天振教授、山口守教授、赵建国院长、薛栋书记等做了大会主旨报告。

2016年7月，陈思和、李辉做了题为“贾植芳先生的印象与非虚构写作”的学术讲座，为“贾植芳讲堂”的第一讲。复旦大学中文系教授张新颖做了题为“谈沈从文的后半生”为“讲堂”第二讲。

2016年7月，现代文学研究专家、华东师范大学陈子善教授做题为“张爱玲搜集与整理”为“讲堂”第三讲。

2016年9月，非虚构作家梁鸿做了“我写梁庄”为“讲堂”第四讲。

2016年10月，观复博物馆馆长马未都做了“我与观复博物馆”为“讲堂”的第五讲，解放军原副总参谋长熊光楷将军做了题为“国际关系和国家安全”为“讲堂”第六讲。

2016年12月，著名媒体人、时事评论家曹景行先生做客贾植芳讲堂，讲述“我所经历的美国总统竞选”，为“讲堂”第七讲。

……

从时间表可以看到，长达数年的时间，数十人上百人的力量，在接力地完成这一件不管从地域从籍贯从渊源从嫡传都似乎讲不通，但却是天高地远风轻云淡至善至美的一番仁义之举。

参加揭牌仪式后，陈思和为河西学院收藏恩师贾植芳藏书深深感动，发自肺腑地说：“书在人就在，生命就在。贾先生的书在河西学院，他的精神和灵魂就在河西学院，河西学院就是我的家，我一定会再来。只要河西学院需要我召唤我，要我上课、讲学、做任何事情，如果你们愿意，我都会抽时间来，因为这里就是我的家。”

同样发自肺腑的还有一个人，李辉。在留言簿上，他写下：“历史有缘，与贾先生相遇复旦，一生从此改变。感恩唯有回报，愿为河西尽心尽力。文化传承，先生永在!”

……

发自肺腑的当然还有很多很多，河西学院“贾植芳研究中心”留言簿上落满墨迹，饱蘸深情，传递着分明是一份文化情怀，一份文学召唤。

那晚，如水夜色下，张掖宾馆的湖边，我们一圈圈地绕湖行走，比赛着谁走路的里程多，年届花甲的李辉像个小朋友，已化为“张掖人”不能自拔，他细数着下一年的讲堂版图，池莉、白岩松、曹可凡、毕飞宇、张炜……天上的星星一闪一闪，他的大眼睛也一闪一闪，西北夜空下涟漪荡漾的湖面竟是那么美。

三

河西学院的校长刘仁义教授理科出身，有着深深的人文情怀。我们穿过偌大的校园，一草一木一砖一瓦皆整洁有序。刘校长颇为自豪，“与复旦合作，能一流就一流，打扫卫生也可以一流。建设学校，我们有理想，标准和制度。”

草坪绿地上立着一块不规则的石头，上边刻着两个红色大字“大家”，彰显着艺术之美。在地处丝绸之路河西走廊兰州以西乌鲁木齐以东、两千公里范围内唯一的这一所综合性本科学院内，处处流淌的一种精神，一份理念。对，“灵魂激活了!”“捐书，建馆，安家，这是三部曲，我们要把贾植芳陈列馆变为一个交流的空间和平台，让学术薪火继续传承下去。”刘校长大展心中宏图，“这是一个个美丽的故事。”

张掖那些天，我听到了很多美丽的故事，它似冥冥之中，如一股无形的力量，一只看不见的手，把河西学院与贾植芳先生联系起来。缘分，其实早就种下了。

贾植芳的弟子遍天下，陈思和教授是多年陪伴在他身边的弟子之一，与他有着亦师亦父的亲密感情。1992年，陈思和招收的第一个硕士研究生何清（现苏州科技大学教授、图书馆馆长）恰好来自位于张掖市的河西学院（2000年以前称张掖师专），在何清对故乡地理风物及美食的描绘下，陈思和对河西走廊及河西学院有了一些感性的认识。陈思和2000年招收的比较文学博士生陈晓兰，则是河西学院八五届的校友。陈教授对母校的感情十分深厚，对贾植芳先生非常敬爱，当她听闻贾先生藏书亟待安置的消息后，极力向桂芙女士和陈思和老师建议将其捐赠予河西学院，并促成了这桩文苑佳话。陈思和为此赋诗赞之："西北芝兰海上传，幽香暗渡黑河川。贾门三代情诚系，一纸史诗比石坚。"这首诗的墨宝以镜框装帧悬挂在河西学院图书馆的"贾植芳研究中心"内，面向东南，满屋芬芳。

更神奇的是，河西学院图书馆书记薛栋，1982年毕业，分配进河西学院（前身为张掖师专）图书馆工作，1984年5月派至复旦大学图书馆实习，有幸成为时任馆长贾植芳先生属下；三十年后的2014年4月，他再次来到复旦大学图书馆挂职三个月，又成为复旦新任陈思和馆长的属下，由此与贾先生师生两代结下了难得的情缘。此次图书的搬运及捐赠仪式，"贾植芳藏书陈列馆"揭牌仪式他都是重要的参与者之一。作为一名在图书馆浸润了三十五年、当馆长十五年的"老馆藏"，他对贾植芳藏书有着与众不同的情感，在他眼里，这些书架上的书本，俨然是一个个珍藏着人生密码，有着体温和情感，诉说着世事变幻的生命。

如果说他们三个河西人与贾先生以及陈思和的相遇是一种巧合，那么，更巧合的还有——河西走廊有中国第二大内陆河黑河，发源于祁连山脉，是张掖的母亲河。黑河边有一个古代遗址，叫“黑水国”，当我们金秋十月跋涉抵达时，那个神秘的“黑水国”只剩沙漠里一处小土堆。旷野寂辽，枯木无声。可是，万里之远海上之滨陈思和教授的书斋，竟然取名“黑水斋”！这是暗合还是神合，唯有天知道。陈思和有感而赋诗：“黑水藏书本我愿，斋名伴读十余年。今知古国合天意，复旦河西喜结缘。”

至此，我们只得感慨造物主的神奇。

莫急，意外的事情确实陆续有来。

在陈列馆的玻璃橱柜里，展示着薄薄的两页书信，抬头是：“尊敬的贾先生：您好！并拜问任敏先生安好！”

因字数不多，这里全文抄录：

在1989年5月在武汉全国首届胡风文艺思想学术讨论会上有幸拜识先生，至今六年过去了，无缘再聆听指教，但对您时怀尊敬想念之心。今托何清老师奉上《胡风文艺思想新论》一书，敬请先生批评指导。我一生身处边塞小城，教学之类工作十分繁忙，且见识闭塞，资料缺乏，利用业余时间矻矻孜孜研究胡风文艺思想，而有《新论》的出版（此书的出版也是极其艰难的），以我的条件，此书的浅陋可想而知，因此奉献于先生之前，觉得十分汗颜，虽然如此，此书所述，都是我个人研究中的所见所识，而且从研究中益愈崇敬胡风先生的为人和为文，也包括像对先生这样的胡风故交好友的敬仰和爱戴。因此专诚奉上，聊表敬意。如先生能有时间一顾，并把批评意见告我，则幸欣感谢之至。

落款“尚延龄，1995年5月26日于张掖师专”。二十年前的一封信，从张掖河西学院的前身投寄出去，抵达贾植芳手中。贾植芳先生当年回信与否，我们现在无从查证。但信纸保存完好，规整地夹在《胡风文艺思想新论》一书的书页中，与这一批赠书一起回到河西学院。像是一个轮回，一份由胡风思想联结而成的信之情缘天南水北二十年绵远流长。写《胡风文艺思想新论》的尚延龄老人早已退休，回到故里。学院老师说，他儿子尚缨现为河西学院艺术系老师，他见证了父亲当年写给贾植芳先生的亲笔信回到“贾植芳研究中心”。

这让人不得不再次惊讶。

美丽的故事，自有它美丽的力量所在。

贾植芳先生是非常接地气的作家和学者，有着深深的草根情怀。陈思和教授得其真传，早在20世纪90年代，就身体力行地主编推行出版了甘肃作家系列，对西北一隅的文化现象及民间文化十分关注。也正因此，他认为把贾先生藏书安放在遥远的西部，符合贾先生一贯精神。种种缘由，促使他及一大批贾先生弟子主张将贾植芳先生藏书捐赠到河西学院。贾师藏书运抵“贾植芳研究中心”后，陈教授赋诗一首，表达心怀：“感念恩师灵在天，遗书护送到祁连。植芳万里丝绸玉，浩瀚精神大漠烟。”据工作人员介绍，在“贾植芳先生藏书陈列馆”揭牌仪式上，陈教授朗诵了这首诗。在“贾植芳与中国新文学传承国际学术研讨会”上，他哽咽着朗诵了清早写就的一首现代诗《我对着先生的雕像》，在场所有人无不动容。

四

在晚年的自传《我的人生档案》自序中，有这么一段：“我曾自号洪宪生人，以后又经过了军阀混战、国民党专制、抗日战争等时代。一直到高唱‘东方红、太阳升’的新社会，有缘的是我每经过一个朝代就坐一回牢，罪名是千篇一律的政治犯。作为一个知识分子，我是认真付出过沉重的生命代价的。我在这个世界里的追求爱憎信念以及种种个人遭遇，都可作为历史的见证。为青年及后代提供一些比正史官书更加丰富和实在的东西。”

贾先生的四次牢狱为：

第一次进监狱，是因为参加了1935年那场著名的“一二·九”学生运动，大约两月时间；

第二次进监狱，是因为在徐州搞“策反”，被日伪抓进监狱，大约不到一年；

第三次进监狱，是因为“煽动学潮”，被国民党抓进监狱，约一年；

第四次进监狱，是因为“胡风”进监狱，前后（坐牢，改造）约二十三年。

所幸的是，每次挨批斗之后，他便自我改善伙食，抽点好烟犒劳自己。“从心里可怜这些批斗自己的人，因为他们是‘奴在心者’。”

他与胡风的交往，有师生情，更深的是私谊。陈思和教授在河西学院讲堂上讲了一个故事。那时贾植芳从日本回来后经胡风介绍到重庆某报馆谋生，之前两人没有见过面，“胡风接到信，就匆忙地在整个重庆报界找贾植芳这个人。可能是一副落魄的样子，使他感到意外又不是意外，所以显然使他竟有些黯然伤神的表情。他的眼睛湿润了，以致他竟顾不上围绕着他的那片亲切笑容，立即从长衫口袋里摸出一卷钞票，跨步递给还坐在地上的我，声调温和地说，‘这是二十元钱，你过去在前方寄稿子来，还存有一点稿费。’”这些点滴细节，足以证明贾植芳心目中的胡风是何等高大。以至于后来尽管他得到来自哥哥贾芝（李大钊女婿，2016年1月去世，为社科院民族文学研究所离休干部）的警告，以及各方的压力，贾植芳对胡风均无疏离避祸之举，身陷囹圄之后，也保持了志士之尊君子之风。

与妻子任敏风雨六十年的爱情，更被传为佳话。1955年后，贾植芳因“胡风”牢狱之灾，夫妻分隔长达十一年之久。1962年，任敏被放了出来，她跑回贾的老家山西襄汾侯村。“1963年10月，我在狱中突然收到一个包裹，包裹的布是家乡织的土布，里面只有一双黑面圆口的布鞋，鞋里放着四颗红枣、四只核桃。”“我激动极了，抱着包裹，流泪了。一遍遍告诉自己，她还活着，任敏还活着。”任敏晚年犯病卧床不起，贾植芳不离不弃悉心照料。2002年任敏离世后，贾植芳每天早上在她的遗像前放置一杯牛奶，说，这是任敏的早点。这一习惯，保留到2008年他过世。

待平反之时，贾植芳已经六十五岁了。之后虽然历任复旦大学教授、图书馆馆长，中国比较文学学会第一届副会长……然而他对自己的创作成就有很清醒的认识，“我虽然从30年代以来，就开始学习写作文学作品，并出版过小说集、散文集，也写点剧本和杂文等，但我充其量不过是文坛上的散兵游勇；虽然我甚至因文受祸，在新旧社会都吃过断命的政治官司，从50年代以后，就基本做了绝育手续，实在算不得什么作家。80年代初期，我又蠢蠢欲动，试图重新挣扎，写了些小说和散文。”

对自己一生的评价，他总结为：“生命的历程，对我来说，也就是我努力塑造自己的生活性格和做人品格的过程。我生平最大的收获，就是把‘人’这个字写得还比较端正。”

贾植芳的研究生严锋说，每当我结交新知，告诉人家先生是我的老师的时候，对方十有八九会立刻变作肃然起敬的神色。做先生的学生，我常常有一种说不出来的骄傲。

此时，我就有这么一种骄傲，对着电脑屏幕，在空白的文档上，写下的是关于“贾植芳”的文字。不管分量如何，不管文笔如何，至少，我在触碰历史，触碰那些因受李辉老师启蒙而持之以恒关注的“胡风分子”命运及其他。在“贾植芳研究中心”留言簿上，我握着笔思量了半晌，不敢轻易下笔，最后，一笔一画地写下：“端端正正做一个‘大写’的人——观贾植芳研究中心有感”，以此表达我对贾先生的敬仰和缅怀之情，也借此作为对自己未竟之业的鞭策和警醒。

五

贾植芳曾当着夫人任敏的面对陈思和说，“我们无子无女，也没有任何家产，所有的财产就这几本书。”

河西图书馆“贾植芳藏书陈列室”里，二十五组定制的书架，一行行有序排开。从复旦运来的贾植芳七千多册藏书便在此处安身立命。图书馆书记薛栋介绍，贾先生位于复旦大学第九宿舍家中的书斋藏书，是他在1978年平凡昭雪恢复工作后陆续积累起来的。其来源一是先生二十多年来节衣缩食不断光顾书店所购买；二是多年的老友、同仁、学生和出版编辑机构赠书，而赠书中签名本数量很多，每本书都有着生动的故事和特殊的纪念意义。贾先生大量的藏书以现代文学作品集和研究类图书为主，其次为中国古典文学和外国文学类图书，也有部分哲学社会和研究“文革”的图书，而最具特色的当属“胡风集团”的图书和比较文学研究类图书。

书架上有多种分类，“贾植芳藏书（中国当代小说）”“贾植芳藏书（中国文学作品集）”“贾植芳藏书（各国史 亚非欧澳美）”“贾植芳藏书（综合性图书）”“贾植芳著作与研究、“七月派”研究、胡风问题与胡风作品、胡风相关作家作品如罗洛、牛汉、王元化”……“胡风分子”中很多熟悉的名字，都在这里一一出现。翻开书页，看着浓淡不一的字迹，或横或竖的亲笔签名，远近各异的落款时间，恍惚间有生命脉膊在其间跃动，梅志、绿原、徐放、化铁、张中晓、路翎、王元化、阿垄、鲁藜、彭燕郊、罗洛、牛汉……这些因“胡风案”四处飘零的“分子们”，似乎又聚拢到一起了，时间并没有把他们分开，从“七月派”到“胡风分子”，历史老人不过只是开了一个大大的玩笑而已。他们，依然挺立着，正如牛汉在他的回忆录中写道：“我和我的诗所以这么顽强地活着，绝不是为了咀嚼痛苦，更不是为了对历史进行报复。我的诗只是让历史清醒地从灾难中走出来。”

我开始找寻一个人，他很重要，又很另类，他在这一批人是格格不入的，所有因“胡风”冤案受到波涉的血雨腥风中，他甚至有“始作俑者”之嫌，以至于后半生背负着不被饶恕的荆条，踽踽独行。是的，他便是舒芜。

在《回归五四》的序言中，舒芜曾经写道：“那么多人受到迫害，妻离子散，家破人亡，乃至失智发狂，各式惨死，其中包括我青年时期几乎全部的好友，特别是一贯挈我掖我教我望我的胡风，我对他们的苦难，有我应负的一份责任。”这几乎是我所能找到的他最大限度地对自己的忏悔了。

拜见牛汉先生时，我特地考证了在“交信”问题上他对舒芜的态度，八十九岁的老人思维敏捷，逻辑清晰，面对我斩钉截铁地说：绝不原谅，决不含糊。

仿佛间，我看到了一些“平反”后的场景——

> 贾植芳访路翎，他们在一间无门的平房房间里见到，一块喝带去的二锅头。路翎时而默然，时而冲出房间悲愤号叫。其房间无书，书架上摆着瓶瓶罐罐，装着油盐酱醋，书桌上，只有一张《北京晚报》。
>
> 贾植芳访萧军，问：“老萧，你还认得我吗？”萧军说：“怎么敢忘记呢？胡风家里的那个贾植芳。你在我这里吃个便饭。”贾植芳说：“算了吧，咱们就见见面。再见面就是开追悼会了。”再见时，头发都白了。不久讣告就来了，向遗体告别。
>
> ……

书架上，没有发现“舒芜”二字。我想，这很正常。可转念间又些微失落。离开张掖前的一天，大侠突然喊着，快，发现了一本。跑过去，薄薄的一本，《说梦录》，上海古籍出版社1982年出版，品相达九品，保存完好。翻开，扉页上写着“植芳任敏兄教正，舒芜1982年12月26日”。

这个时间值得认真考量。因为，1982年之后发生的一系列事，关心的读者应该清晰如昨。2006年，舒芜在《万象》杂志上刊发了《贾拒认舒版本考》，对“传说”中的贾植芳“拒认”舒芜事件进行了考辨。贾植芳阅后补了一句：“这个人无聊。”有弟子从贾先生的日记中找到原委，说上边写得很清楚：“1984年我到北京参加第四次作代会时，住京西宾馆，舒芜也作为出席会议的代表来访问我，被我拒绝情况，事实是，在会议期间，某一天上午，我听到叩门声，开门后，原来是舒芜来访。我以对陌生人的冷淡态度问他：‘你找谁?’他则是满面笑容地像熟人的表情对我说：‘就找你。’我听后以不屑一顾地冷淡态度回答说‘我并不认识你’后即随手重重地把门关闭。因为经过这几年的考察，我发现他对自己50年代犯的卖友求荣的无耻行径毫无悔罪表现，是一个有才无德的无耻之徒。因此，与他断然绝交，划清界限。”

历史的烟云，总这么聚拢来又散开去，当事人亲历者最有发言权。

陈思和教授说得好：“当我研究现代文学的时候，现代文学就是一条河流，我就是这个河流里面的一块石头……那么这个文学史就是一个活的文学史，是有生命的文学史。我是在这个里面的一个人，就像河流里的一块石头一样，我感受到这个传统在我身上这样流过去（《我的导师贾植芳先生》）。”

我这里也想套用陈思和老师的语式，因了河西学院贾植芳研究中心，因了贾植芳藏书陈列室，因了这些“七月派”作品，现代文学历史在我的眼前徐徐展开。因为有了陈思和、李辉，对我而言情况就不一样了。我脑里子看到的贾植芳便是陈思和李辉的贾植芳，而我脑子里记得的胡风就是曾经与贾植芳过从甚密的胡风了，那么，我脑子里记得的鲁迅就是曾经教育过胡风的鲁迅了……这样一来，这些人跟我的距离就完全拉近了。

陈引驰教授称贾先生藏书是“精神遗产的有形载体”，“当你打开一本书，阅读书页上的批语、感悟时，其实就是在用一种清晰可见的方式与前辈进行思想的沟通……”

不由得羡慕河西学院的学生，他们是何其幸运，可以从书架上随时拿下一本本书，随时翻开一本本签名本，随时找出一条条生命经纬，随时细细地理清脉络作为自己的研究课题写下论文。那将是极好的一种自我提升和历史保存。

六

历史的天空，总那么高远。

“贾植芳先生在血脉上没有后代，但在学术后代很多很多。”

“‘贾植芳藏书陈列馆’今后将进一步收藏贾植芳著作、手稿、日记、书信和贾植芳研究资料，胡风问题研究资料，‘七月派’及现代文学流派研究资料，贾先生弟子与复旦学者个人著述。通过不断地专题特色文献汇集，建设国内特有的贾植芳研究文献信息中心，固化贾植芳藏书捐赠和复旦大学对口援建河西学院的成果……”

“着力打造国内贾植芳研究中心、贾植芳研究文献信息中心和贾植芳品格育人阵地……”我所接触到的刘仁义校长、赵建国院长、薛栋馆长，还有王明博老师、王德主任以及很多很多河西学院的教授老师们……他们的话语在耳边响起，我听到的并非一派豪情壮语，学校大事记的目录正一行行往下延伸，进入2017年，项目还在扩展。

贾植芳先生一生飘零，颠沛流离，历尽坎坷，其身后，他的藏书带着他的人格魅力他的思想遗产，欣然抵达广漠的大西北，“安身落户”。从这个意义上讲，贾先生是幸运的，他没有后代，但弟子们都是他的学术后代，这一批后代还将越来越壮大，在复旦，在河西，在广大喜爱“七月派”作品的读者中，波澜壮阔起来，以先生朴素的做人理念为座右铭，认认真真划一个大写的“人”字。

薪火传承的火把，正在照亮西北塞上的天。

2016年12月29日

贾植芳著译目录

张业松

一、创作

《人生赋》(小说集)，署名杨力；收入《七月文丛》，海燕书店1947年版。

《热力》(散文集)，署名杨力，上海文化工作社1949年版。

《当心，匪特造谣!》(活报剧)，署名杨力，上海文化工作社1951年版。

《贾植芳小说选》(小说集)，江苏人民出版社1983年版。

《悲哀的玩具》(小说散文合集)，北岳文艺出版社1991年版。

《狱里狱外》(回忆录)，上海远东出版社1995年版；香港天地图书公司2001年再版。

《暮年杂笔》(散文集)，汉语大词典出版社1997版。

《雕虫杂技》(散文集)，山西教育出版社1998年版。

《花与鸟》(散文集)，吉林摄影出版社1999年版。

《解冻时节》(书信日记集)，与任敏合著，长江文艺出版社2000年版。

《写给学生》(书信集)，大象出版社2000年版。

《不能忘却的纪念》(散文集)，上海文化出版社2001年版。

《老人老事》(随笔集)，大象出版社2002年版。

《世纪老人的话——贾植芳卷》(口述自传)，沈建中采访，辽宁教育出版社2003年版。

《早春三年日记（1982—1984）》(日记)，大象出版社2005年版。

《历史背影》(散文集)，江苏文艺出版社2008年版。

《我的人生档案——贾植芳回忆录》(回忆录)，江苏文艺出版社2008年版。

《把人字写端正——贾植芳生平自述与人生感悟》(散文集)，东方出版中心2009年版。

二、译著

〔日〕西泽富夫等：《人民民主主义的长成与发展》，棠棣出版社1950版。

〔德〕恩格斯：《住宅问题》，泥土社1951年版。

〔捷〕基希（E. E. Kisch）：《论报告文学》，泥土社1953版。

〔俄〕契诃夫（Антон Павлович Чехов）：《契诃夫手记》，上海文化工作社1953版[①]。浙江人民出版社1982年版；百花文艺出版社2000年版；百花文艺出版社2005年第2版；湖南文艺出版社2006年版（插图本）。

---

① 该书为贾植芳据神西清氏日译本并参照S.S.Koteliansky & L. Woolf英译本进行的重译。

〔苏〕巴鲁哈蒂（С.Д.Балухатый）：《契诃夫的戏剧艺术》，文化工作社1951版。

〔苏〕谢尔宾娜等：《俄国文学研究》，贾植芳辑译，泥土社1954版。

〔美〕郑清茂等：《中国现代文学的主潮》，贾植芳主编并参与翻译，复旦大学出版社1990版。

三、理论

《近代中国经济社会》（专著），棠棣出版社1949年版；辽宁教育出版社2003年版。

《劫后文存》（序跋集），学林出版社1991年版。

《历史的背面》（学术自选集），山东教育出版社1998年版。

四、编辑

《中国当代文学研究资料丛书》，编委。

《中国现代文学史资料汇编》，编委。

《中国比较文学》（期刊），编委（1984—1990），主编（1991—1996，与季羡林联名），顾问（1997—2008），上海外语教育出版社。

《中国当代文学研究资料·赵树理专集》，复旦大学中文系赵树理研究资料编辑组编，福建人民出版社1981年版。

《中国当代文学研究资料·闻捷专集》，贾植芳编，福建人民出版社1982年版。

《中国当代文学研究资料·巴金专集》，贾植芳等编，江苏人民出版社1982年版。

《巴金写作生涯》，贾植芳等编，百花文艺出版社1984年版；百花文艺出版社2006年版。

《文学研究会资料》，贾植芳等编，河南人民出版社1985年版。

《巴金作品评论集》，贾植芳主编，中国文联出版公司1985年版。

《中国现代文学社团流派》，贾植芳主编，江苏教育出版社1989年版。

《中国现代文学词典》，贾植芳、蒋孔阳、潘旭澜顾问，上海辞书出版社1990年版。

《中国现代文学总书目》，贾植芳主编（与俞元桂合作），福建教育出版社1993年版。

《中国近代散文精粹类编》，贾植芳主编，上海文艺出版社2000年版。

《现代散文鉴赏辞典》，贾植芳主编，上海辞书出版社2003年版。

《中外文学关系史资料汇编（1898—1937）》，贾植芳主编（与陈思和合作），广西师范大学出版社2004年版。

五、文集

《贾植芳文集》（四卷），上海社会科学院出版社2004年版。

《贾植芳全集》（九卷），北岳文艺出版社（2018年版）。

编后记

贾植芳先生离开我们十一年了，但是，他从来也没有从我们的思想和意识中消失。

在贾先生去世的十一年间，与贾先生同辈的先生们一个接着一个离开了人世，贾先生的第一代学生中，章培恒先生、范伯群先生也先后离世。借用雨果的话说：就在他们离世的同时，在他们留下的空荡荡的位子上生出新的进步。一种形式的消失，以另一种形式复现。逝去的不会成为过去，而是作为传统的一部分被后来者纪念。章培恒先生曾说：自1952年到1955年短暂的时间里，贾先生培养了一批学生，复出后又培养了一大批学生。“诸位学生能够有这样一位老师，在做人、在做学问上、在培养学生上，还有培养广大的青年上，能够从贾先生身上学到很多东西……贾先生既教给了我做人，也教给了我做学问。”范伯群先生回忆说：贾先生为我们编写了一部最优秀的“如何做人”“如何教书育人”的好教材。可以说，曾经有幸成为贾先生的学生，或者曾经与他接触并深受其影响的后学晚辈，都曾深受其影响，并为贾先生的为师之道所感动。2014年，贾植芳先生藏书捐赠河西学院，贾植芳图书陈列馆、贾植芳纪念馆、贾植芳研究中心、贾植芳讲堂在河西学院相继成立。贾植芳先生的图书惠及河西学子，其人格、精神也在西部这片广袤的土地上发扬光大。正如河西学院前任校长刘仁义教授所言:“河西学院的师生被贾先生的人格魅力所感动,同时也被贾先生和他的学生们所感动。是什么样的人格力量使得陈思和教授、李辉先生如此敬重他们的老师,对自己的老师如此充满感恩之情,并在他的身后义务地做大量有意义的工作。看看他们,我们不得不思考如何做学生、如何做老师这样的问题。”

呈献在大家面前的这部文集,是贾植芳先生的三代学生跨越半个多世纪的回忆,记录了他们各自从贾先生那里获得的学术和精神上的滋养。

谨以此文集纪念贾植芳先生。铭记先生教诲,把人字写端正,谨守为师之道。

感谢北岳文艺出版社续小强先生的大力支持,感谢庞咏平女士为文集的出版所付出的辛勤劳动。

陈晓兰

2018年3月6日